Otto Pfleiderer

Moral und Religion

Verlag
der
Wissenschaften

Otto Pfleiderer

Moral und Religion

ISBN/EAN: 9783957005557

Auflage: 1

Erscheinungsjahr: 2015

Erscheinungsort: Norderstedt, Deutschland

Hergestellt in Europa, USA, Kanada, Australien, Japan
Verlag der Wissenschaften in Hansebooks GmbH, Norderstedt

Cover: Sandro Botticelli "die Geburt der Venus"

MORAL UND RELIGION

ACH IHREM GEGENSEITIGEN VERHÄLTNISS

GESCHICHTLICH UND PHILOSOPHISCH ERÖRTERT

VON

OTTO PFLEIDERER,

DR. UND PROF. JENA.

LEIPZIG, 1872.

FUES'S VERLAG (R. REISLAND).

MORAL UND RELIGION.

VORWORT.

Kurz nachdem mein Buch: „Die Religion, ihr Wesen und ihre Geschichte" (Leipzig, Fues, 1869) erschienen war, fiel mir die von der Teyler'schen theologischen Gesellschaft gestellte Preisfrage über das Verhältniss von Moral und Religion in die Augen und reizte mich zu einer Arbeit, die dem Gegenstand jenes Buches so nahe verwandt ist und demselben insofern zur Ergänzung dient, als sie dasselbe Problem, das sich jetzt täglich mehr als die brennendste Frage der heutigen Culturwelt darstellt, von der entgegengesetzten Seite aus in Angriff nimmt.

Dass diese Preisarbeit in den Mussestunden meines Pfarramts zu Heilbronn a/N. entstanden ist, wo ich in Benützung gelehrter Hülfsmittel auf das Nothdürftigste beschränkt war, kann und will sie nicht verleugnen. Sie dürfte trotzdem allen Denen, Theologen und Laien, etwas bieten, welche in unserer stofflichen Zeit den Geschmack an denkender Betrachtung der menschlischen Dinge noch bewahrt haben. Möchte sie dasselbe Geschick haben, wie jenes grössere Werk, dass sie im selben Masse, in welchem sie den in der starren Exklusivität ihrer Pcsition oder Negation befangenen Parteileuten missfällt, die Billigung jener auserwählten Gemeinde fände, die fest entschlossen ist, weder auf wahre christliche Frömmigkeit noch auf ächte moderne Bildung zu verzichten.

Noch muss ich mir eine Bemerkung erlauben, zu welcher mich die Erfahrungen bei dem erwähnten Werk veranlassen. Mehrere der Herren Kritiker haben unbillige Forderungen an dasselbe desswegen gestellt, weil sie sich nicht klar machten, was das Buch eigentlich sein und geben wolle. Da vermisste denn der Eine eine ganze Dogmatik, der Andere — je nach persönlichem Geschmack und Geschäft — eine Metaphysik, und ein Dritter gar eine vollständige Anthropo- und Ethnologie — lauter Dinge die völlig ausserhalb der Idee und Aufgabe einer Religionsphilosophie lagen. Daher will ich nun also hier, obgleich diess eigentlich schon aus dem Titel zu entnehmen wäre, doch zum Ueberfluss auch noch ausdrücklich erklären, dass diese Preisschrift weder eine Geschichte noch ein System der Moral geben will — zu jener fehlte ihr viel, zu diesem alles, — sondern eben nur das Verhältniss der Moral zur Religion, wie es sich in der Geschichte aufzeigen und aus der Idee beider entwickeln lässt, will sie soweit, als der Rahmen einer solchen Preisarbeit zulässt, erörtern. Mehr will sie nicht geben, mehr fordere man nicht von ihr.

Jena, Juli 1871.

Professor Dr. **Pfleiderer.**

INHALTSANGABE.

I. THEIL.

Geschichtliche Entwickelung des Verhältnisses
zwischen Moral und·Religion.

I. ABSCHNITT.

Moral und Religion bei den Griechen.

1. Glaube und Sitte im Volksleben und in der nationalen
Dichtung.

2. Die philosophische Moral.

2. Geschichte der Moral in der christlichen Kirche.

I. PERIODE:

Die Kirche als verfolgte, im Kampf um ihre Existenz gegenüber der unchristlichen Welt bis Constantin.

II. PERIODE:

Von Constantin bis Carl M.

Die Kirche als Staatskirche im Frieden und Bündniss mit der christlichen Welt.

III. PERIODE.

Das Mittelalter: Die Kirche als Weltherrscherin.

II. THEIL.

Kritisch-philosophischer Theil.

I. ABSCHNITT.

Kritik der modernen Gegensätze.

II. ABSCHNITT.

Thetische Entwicklung.

I. THEIL.

GESCHICHTLICHE ENTWICKLUNG

DES VERHÄLTNISSES

ZWISCHEN

MORAL UND RELIGION.

---

1. Abschnitt.

MORAL UND RELIGION BEI DEN

GRIECHEN.

1. Glaube und Sitte im Volksleben und in der nationalen Dichtung.

1.

„Es ist der charakteristische Standpunkt der homerischen Ethik, dass die Sphären des Rechts, der Sittlichkeit und der Religiosität durchaus noch nicht auseinanderfallen, sondern in unentwickelter Einheit bei einander sind." Dieser Satz, in welchem Nägelsbach, der feine Kenner des Griechischen Alterthums das Resumé seiner „homerischen Theologie" zusammenfasst, gilt nicht nur von Homer, sondern charakterisirt den sittlich religiösen Standpunkt der Griechen überhaupt, ja geradezu der ganzen alten Welt. Und es hängt diess aufs engste zusammen mit dem Eigenthümlichen der antiken Weltanschauung im Vergleich zu der modernen. Die Alten vermochten noch nicht den Menschen als solchen, das einzelne menschliche Individuum in seinem unendlichen Werth anzuerkennen, sondern der Einzelne galt ihnen nur etwas, sofern er Glied eines Ganzen war, Angehöriger eines Volks, Bürger eines Staats. Wenn Aristoteles sagt, der Mensch sei ein $\zeta\tilde{\omega}ov$ $\pi o\lambda\iota\tau\iota\varkappa\acute{o}v$, so drückt diess genau den antiken Begriff vom Menschen aus, wornach er seine Bestimmung erst verwirklicht als Staatsbürger, somit auch nur als solcher der eigenthümlich menschlichen Natur und Würde theilhaftig und also fähig wird, Träger von Rechten und Pflichten zu sein. Damit ist schon gegeben, dass dem Griechen die sittlichen Verhältnisse ihre Geltung nicht haben auf Grund der allgemeinen Menschen-Natur, sondern nur auf Grund der Volksgenossenschaft und des Staatsverbands, oder mit andern Worten: dass dem Griechen die Sittlichkeit noch keine besondere Sphäre neben dem Recht ist, sondern in diesem noch aufgeht. Zum Beweise dafür sei nur an einige der signifikantesten Punkte erinnert.

§ 2.

Der Umkreis des sittlichen Verhältnisses fällt für den Griechen zusammen mit dem des Rechtsverbands; er erkennt eine sittliche Verpflichtung nur an gegenüber dem freien griechischen Bürger; nicht gegen den Nicht-Griechen oder Barbaren, nicht gegen den Unfreien oder Sclaven und nicht unbedingt und vollständig gegen das Weib, das ja auch in bürgerlicher Beziehung nur halb rechtsfähig war.

Der Inhalt aber der sittlichen Verpflichtung ist dem Griechen zusammengefasst in der $\delta\iota\varkappa\alpha\iota o\sigma\acute{v}v\gamma$, d. h. in der Rechtlichkeit und Gesetzlichkeit, welche einem Jeden das Seine gibt und lässt und welche die bestehenden Gesetze, Sitten und Ordnungen des Staats als unverbrüchliche Schranke des Einzelwillens anerkennt; diess letztere, das

negative Moment an der Rechtlichkeit, wird auch noch
besonders hervorgehoben als αἰδώς und σωφροσύνη, deren
erstres Scheu vor Satzung und Brauch, letzteres überhaupt das besonnene Masshalten, das Sichbescheiden innerhalb der gegebenen Schranken bedeutet. Aber weder
diese negativen Begriffe noch jener positive der Gerechtigkeit führen über den Standpunkt des Rechts hinaus
auf den der Moral; sie beziehen sich alle nur auf die
äussere Handlungsweise, nicht auf die innere Gesinnung;
sie fordern nur thatsächliche Gesetzeserfüllung durch Ein-
haltung aller Rechtsverhältnisse, wobei aber doch der
Wille innerhalb jener äussern Schranken in seiner ganzen
natürlichen Unreinheit verharren und seine selbstischen
und sinnlichen Triebe ungebrochen und ungestört walten
lassen kann. Eine innere Reinigung des Willens und
eine Durchdringung desselben mit dem Gesetz des Guten,
so dass er auch an sich selbst gut würde und das Gute
aus sich selbst heraus mit freier Lust und Liebe wollte,
das liegt noch ausserhalb des griechischen Horizonts,
mindestens über dem Volksbewusstsein.

Daher sind dann endlich auch die Motive des sittlichen Handelns noch nicht eigentlich und wahrhaft sittlicher Natur, sondern wesentlich noch die der Rechts-
sphäre zukommenden, also eudämonistischen Motive:
Furcht vor Strafe und Hoffnung auf Lohn, unter welchem
theils der gemeine Nutzen, theils (bei edler gestimmten
Naturen) die Ehre, Auszeichnung und öffentliche Anerkennung verstanden wurde. Eudämonistisch sind offenbar
diese Motive alle; es fehlt noch die reine Liebe zum
Guten um des Guten willen, die nur da möglich ist, wo
der an sich selbst gute Wille sich vom Guten wahlverwandt
angezogen fühlt.

§ 3.

Wenn wir nun die Eigenthümlichkeit dieses Standpunkts dahin zusammenfassen, dass sich die freie menschliche Sittlichkeit noch nicht herausgebildet habe aus der

bürgerlichen Rechtlichkeit, so ist dazu sogleich das Weitere hinzuzusetzen, dass hier mit Sitte und Recht auch die Religion noch in unentwickelter Einheit zusammenbesteht. Diess gibt dann übrigens der politischen Sittlichkeit der Griechen doch wieder einen viel tieferen Gehalt, als ihn die atheistische Gesellschaftsmoral der Neuzeit je aufweisen kann; die sittlichen Ordnungen erhalten dadurch ihren festen Grund in der göttlichen Autorität. Es ist dieses zunächst an Staat und Familie nachzuweisen.

Allerdings ist es nach griechischer Auffassung der Staat, der den Menschen erst zum Menschen macht; aber es ist wohl zu beachten, dass der Staat hier nicht als blosses gesellschaftliches Institut zur Gewährleistung des gemeinschaftlichen Vortheils gilt, sondern vielmehr als göttliches Institut zur Herstellung der gottgefälligen und menschenwürdigen vernünftigen Lebensform; die Berechtigung des Staats gegenüber den Einzelnen fusst nicht, wie im rationalistischen Naturrecht, auf der Willkühr und Berechnung der Einzelnen, sondern auf jener unbedingten Autorität und unantastbaren Heiligkeit, wie sie dem Göttlichen zukommt. Denn der Staat ist dem Griechen eine Stiftung der Götter und steht unter ihrem unmittelbaren Schutz; in Zeus selbst, dem höchsten Herrscher des Himmels, ist auch der Ausfluss aller irdischen Majestät; er ist der Vater der Könige und Schirmherr aller staatlichen Ordnungen, insbesondere des Rechts, das in seinem Namen gesprochen wird und bei welchem er im Eid angerufen wird als Zeuge der Wahrheit und Rächer der Lüge. Der Eid, dieser uralte und bei allen Völkern vorkommende Brauch, ist überhaupt der schlagendste Ausdruck dafür, dass dem Menschen von jeher alle sittliche Verbindlichkeit als Ausfluss der religiösen Gebundenheit erschienen ist. Indess hatte bei den Griechen nicht bloss das Dasein des Staats seinen Grund und seine Garantie im Willen der Götter, sondern auch seine wechselnden Geschicke sah man von eben diesem Willen bedingt und wandte sich daher bei jeder wichtigen Angelegenheit an die fortwährende Offenbarung desselben im Orakel. Es

ist bekannt, welche Bedeutung der delphische Cultus des
Licht- und Offenbarungsgottes Apollo für die Gestaltung
des politischen Lebens der Griechen hatte. Mag auch im
Einzelnen bei den pythischen Orakelsprüchen manchmal
Zufall und Willkühr mitgespielt haben, so ist doch darüber kein Zweifel, dass im Ganzen der Einfluss dieses
Instituts auf das öffentliche Leben ein sehr wohlthätiger
gewesen ist; um so mehr das, weil er ohne alle hierarchische Organisation nur moralischer Art war, denn er beruhte ganz nur auf dem Glauben an den Offenbarungsgott und an seine Offenbarungsorgane, die delphischen
Priester, die gewiss auch in Wirklichkeit um so reinere
Ausleger des göttlichen Willens waren, je weniger sie
von hierarchischen Interessen beeinflusst wurden.

Wie der Staat, so stand auch die andere sittliche
Gemeinschaftsform, die Familie, unter der schützenden
und heiligenden Weihe der Religion. Zwar galt die Ehe
(was wieder bezeichnend ist für die politische Moral der
Griechen) zunächst und überwiegend für ein den Staats-
zwecken dienendes politisches Institut, wie denn ihre
Schliessung und Auflösung ein politischer Act war. Gleichwohl ruhte auch ihre Würde und Unverletzlichkeit auf
unmittelbar göttlicher Einsetzung: wie der Staat den
Göttervater Zeus, so hatte die Ehe die Göttermutter
Hera und Demeter zu ihren Patronen, unter deren
segnendem Schutz die rechtschaffene Ehefrau und Mutter steht.

Doch nicht nur Staat und Familie, sondern auch die
einzelnen Sitten, Satzungen und Bräuche des öffentlichen und Privatlebens führte der Grieche gerne
auf göttliche Stiftung zurück und umkleidete sie unter
dem Namen der *νόμοι ἄγραφοι* mit göttlicher Autorität.
Bedenken wir nun, dass derartige Sitten sich über den
ganzen ordentlichen Verlauf des Volks- und Familien-
lebens erstreckten, für ausserordentliche Vorkommnisse
aber überdiess noch besondere religiöse Acte durch Man-
tik und Kathartik vorgesehen waren, so erhellt, wie sehr
das ganze Leben der Griechen unter der Weihe
der Religion stand, deren Einfluss um so stärker ge-

wesen sein muss, je unmittelbarer sie mit den übrigen
Lebenssphären noch verwachsen war.

§ 4.

Wir müssen aber nun den Einfluss der Religion auf
die Moral bei den Griechen noch näher nach seinen beiden Seiten, als wohlthätigen wie als schädlichen,
kennen lernen. Höchst wohlthätig hat die Religion auf
die Moral der Griechen insofern gewirkt, als sie einen
Gegendruck bildete gegen jene Beschränktheit und Einseitigkeit der bloss bürgerlichen Legalität, wie wir sie
oben im Umkreis wie in dem Inhalt und in der Motivirung des Sittlichen nachwiesen (§ 2).

Der Umkreis der sittlichen Verpflichtung wurde zwar
allerdings auf die Mitbürger beschränkt; aber doch stand
auch jeder Fremde, sobald er als Gast oder Hülfesuchen-
der das Haus betrat und dem Herd als dem Hausaltar
sich näherte, unter der schützenden Obhut des Zeus, des
Patrons der Fremdlinge wie der Sclaven und Armen,
überhaupt aller Hülf- und Rechtlosen. Es lässt sich
nicht verkennen, dass unter dieser religiösen Vorstellung
die dem sittlichen Bewusstsein noch ganz fremde Idee
der allgemeinen Humanität einen (wenn auch erst
schwachen) Ausdruck gefunden hat und ihre Berechtigung
wenigstens als Ausnahme von der inhumanen Grundanschauung der politisch-nationalen Moral gewahrt ist.

Ebenso bekommt auch die materiale Bestimmung des
sittlichen durch Hinzutritt des religiösen Moments eine
tiefere Fassung. Die masshaltende Besonnenheit und
fromme Scheu ($\sigma\omega\varphi\rho\sigma\sigma\acute{v}\nu\eta$ und $\alpha\grave{\iota}\delta\acute{\omega}\varsigma$) bezieht sich nicht
bloss auf die äusserlichen socialen Schranken und Ord-
nungen, sondern involvirt namentlich auch das demüthige
Bewusstsein menschlicher Beschränktheit und Endlichkeit, das Gefühl der Abhängigkeit von höheren Mächten, in deren Hand zuletzt alles menschliche Geschick ruhe und denen sich widersetzen zu wollen ebenso
sinnlos als frevelhaft wäre. Allerdings ist diess fromme

Abhängigkeitsgefühl mit dem sonstigen freien Gewähren-
lassen der natürlichen Kräfte und Triebe noch nicht gehörig vermittelt, aber doch bekommt dadurch das Sittliche
eine gewisse religiöse Vertiefung, welche auch ihre wohlthätige Rückwirkung ausübt auf Erweichung der äusserlich gesetzlichen Rechtlichkeit. Denn durch das Bewusstsein der eigenen Bedürftigkeit und der natürlichen oder
sittlichen Schwäche wird doch auch für das gegenseitige
sittliche Verhalten eine über das bloss Rechtliche hinausgehende Milde, Barmherzigkeit und Versöhnlichkeit nahe gelegt; wozu überdiess auch als weiteres Motiv
dieser Tugenden das Beispiel der Götter, die ja auch
barmherzig sein und verzeihen können, hinzutritt.

§ 5.

Aber auch die Kehrseite hievon: den schädlichen
Einfluss der griechischen Religion auf die Volksmoral dürfen wir nicht übersehen. Derselbe war natürlich um so misslicher, da die griechische Religion als
heidnischer Polytheismus durchgängig auf Vermengung des Göttlichen mit dem Natürlichen beruhte.
Zwar waren ihre Götter nicht mehr blosse Naturgottheiten, sondern sie waren durch Uebertragung ethischer
Prädicate vermenschlicht, sogar zu Urbildern der schönen
Menschheit potenzirt worden. Aber gleichwohl konnten
sie ihren Ursprung im Naturleben nicht verleugnen, die
der Idee des Göttlichen diametral entgegengesetzte natürliche d. h. sinnliche endliche Bestimmtheit haftete
ihnen durch und durch noch an. Sie verräth sich schon
in der Vielheit der Götter, die nicht etwa (wie die
Engel) durch einen obersten Willen in strenger Einheit
zusammengehalten wurden, sondern in stetem gegenseiti-
gem Zwist, Neid und Kampf lebten. Sie verräth sich
aber hauptsächlich darin, dass die eigenthümliche Natur
der Gottheit nicht in sittliche, sondern in physische Vollkommenheit verlegt wird. Was den Gott vom Menschen
unterscheidet, ist nur die Ueberlegenheit der physi-

schen Macht, wogegen mit den sittlichen Grundeigen-
schaften der Heiligkeit und der Liebe kein durchgreifen-
der Ernst im Gottesbegriff gemacht wird. Zwar fehlt besonders die Idee der göttlichen Heiligkeit nicht völlig;
der „Zorn der Götter" gegen die Frevler bildet vielmehr
ein wichtiges Motiv der Sittlichkeit auch bei den Griechen und die Erscheinung der göttlichen Heiligkeit in
der vergeltenden Strafgerechtigkeit liegt der moralischen
Weltanschauung der griechischen Denker und Dichter
durchaus zu Grunde. Allein derartige unwillkührliche
Aeusserungen eines gesunden sittlich-religiösen Instinkts
heben doch den prinzipiellen Mangel nicht auf: dass
nicht das Sittlichgute sondern die physische Macht die
Grundbestimmung im Wesen des Göttlichen ausmacht.
Mögen auch immerhin die Götter unter Anderem ein-
und das anderemal das Gute und Rechte wollen und das
Böse strafen, so ist ihnen doch auch das Gegentheil immer möglich und diese Möglichkeit des Bösen, die so
gut zu ihrem Wesen gehört als zu dem der Menschen,
kommt ganz natürlich auch oft genug zur Verwirklichung.
Stehen aber sonach die Götter ebenso wie die Menschen
in der Mitte zwischen Gut und Böse, bald dem einen
bald dem andern zugeneigt, so können sie für den Menschen weder ein absolutes Ideal noch eine absolute ver-
verpflichtende Autorität sein. Ihr Wille und Gebot kann
dann zwar den Menschen wegen ihrer überlegenen Macht
Furcht und Gehorsam abnöthigen, aber diese Furcht
kann nicht die auf innerer Achtung basirende Ehrfurcht,
dieser Gehorsam nicht die auf der inneren Anziehungs-
kraft des Guten beruhende freie Anerkennung und liebende Pietät sein. Ein Wille der Gottheit, der nicht
absolut gut ist, kann nur ein willkührlich-freier Wille sein
und ein solcher kann nur durch äusserliche Motive zwingen, nicht innerlich binden, kann wohl Furcht einflössen,
nicht aber Ehrfurcht und Liebe wecken. Mit der Heiligkeit zugleich fehlt daher diesem willkührlich-freien, nicht
ethisch-vollkommenen, sondern nur physisch-überlegenen
Götterwillen auch die Liebe; denn diese schliesst ja alle
Willkühr aus und ist nur möglich, wo wahre d. h. durch

sich selbst gebundene Freiheit ist. Zwar finden wir allerdings bei den Griechen auch Anklänge an göttliche Liebe; wir finden Züge der Güte und Barmherzigkeit theils gegenüber der Menschheit überhaupt, theils gegenüber einzelnen Lieblingen. Allein derartige Regungen des Wohlwollens haben keineswegs ihren Grund in einer dem göttlichen Wesen inhärirenden und nothwendigen ethischen Willensbeschaffenheit, sondern sie sind rein zufällige und insofern geradezu pathologische Gefühle, die denn auch weit öfter auf nicht-sittlicher, resp. unsittlicher Leidenschaft, als auf sittlicher Selbstbestimmung beruhen. Schon die willkührliche Beschränkung des Wohlwollens auf einzelne Lieblinge verräth die sinnlich-pathologische Art desselben, die von der ethischen Vollkommenheit göttlicher Liebe weit abliegt. — Sind nun aber hienach die griechischen Götter den Menschen nur an Macht, nicht an sittlicher Güte überlegen, so begreift es sich leicht, dass die unsittlichen Triebe und Leidenschaften bei ihnen in demselben Grade grössere Dimensionen annehmen, als sie mächtiger und freier sind, zu thun was sie belieben. So kommt es dann, dass in der epischen Göttersage die Götter geradezu in sittliche Karrikaturen verwandelt werden, die nicht nur kein reines Ideal für die menschliche Nachahmung abgeben können, sondern die vielmehr oft genug eine Schule der Schlechtigkeit darstellen. Wohl sind sie Ideale des Menschlichen, aber des Menschen in seiner ganzen Natürlichkeit, d. h. in seiner Sinnlichkeit und Sündlichkeit; oder sie repräsentiren die schöne Menschheit nur nach der ästhetischen, nicht nach der ethischen Seite.

§ 6.

Steht es so um den sittlichen Gehalt der religiösen Vorstellungen der griechischen Volksreligion, so lässt sich deren misslicher Einfluss auf die Volksmoral leicht ermessen. Wie demoralisirend die lasciven Skandalgeschichten der Mythologie auf das öffentliche Gewissen wirkten. darüber sind Philosophen und Dichter, wie Xenophanes. Heraklit, Plato, Pindar, allenthalben voll Klagen. Wollten wir aber auch von diesen immoralischen Zügen absehen und sie mehr der epischen Mythologie als der eigentlichen Religion zurechnen, so bleibt doch immer der wesentlich physische Gottesbegriff, dem die ethischen Ideen der Heiligkeit und Liebe fehlen, ein Grundmangel, der auf die ganze ethische Weltanschauung auch der Besten unter den Griechen fatal wirkte.

Gegenüber dem Willkührwillen der überlegenen Macht bleibt dem Menschen nur das Gefühl der eigenen Machtlosigkeit und Beschränktheit und Nichtigkeit und daraus fliesst als höchste praktische Lebensweisheit und Quintessenz der Moral und Frömmigkeit der Grundsatz der Resignation: seiner Schranken eingedenk bleiben und das Mass halten im Thun und Begehren, im Leiden aber der Erfolglosigkeit alles Widerstrebens eingedenk sich still und geduldig resigniren! Aber dieser Grundsatz der Mässigung und Resignation ist immer nur eine negative Bestimmung und bleibt weit entfernt von der positiv sittlichen Gesinnung der Liebe zum Guten als höchstem Lebenszweck und des Vertrauens auf das Gute als die oberste Weltmacht. Diess zeigt sich nirgends deutlicher als in der griechischen Auffassung des göttlichen Waltens in der Weltregierung; schon der Name hiefür ist bezeichnend: die Nemesis.

Gewöhnlich versteht man unter dieser die strafende Gerechtigkeit der göttlichen Regierung; und sie ist das allerdings auch nach griechischer Auffassung da, wo sie schrankenlosen Uebermuth und gesetzlose Willkühr beugt und bestraft. Aber eigentlich kommt ihr doch nicht dieser sittliche Begriff zu, sondern sie ist ursprünglich die sittlich ganz indifferente, nur physische Macht der Gottheit, welche die Weltordnung dadurch aufrecht erhält, dass sie Alles in seine gegebene Schranke weist, insbesondere die Scheidewand zwischen Endlichem und Unendlichem dadurch wahrt, dass sie jede ausserordentliche Erhebung der Menschen im Thun oder Geniessen eifersüchtig niederdrückt und als Uebermuth ahndet. Damit trifft sie aber nicht bloss die gesetzlose Ueberhebung der selbstischen Willkühr, sondern auch das ausserordentliche Pathos im Guten und für das Gute. Z. B. der Prometheus des Aeschylos muss die furchtbaren Strafen der Nemesis leiden, weil er durch allzugrosse Liebe zu den unglücklichen Menschen die Eifersucht der Götter erregt hatte; ebenso erscheint dann sein Trotz gegen die ungerechten Dränger nicht etwa als moralisches Unrecht, als Impietät oder dergl., sondern nur als unsinnige, weil erfolglose Auflehnung gegen eine überlegene Macht, die um so despotischer auftritt, da sie nur das Faustrecht der Stärke, nicht das moralische Recht für sich hat. (Vergl. „Prometheus," Verse 541 — 48, 321 — 25, 435 — 545, und öfter.) Aehnlich stellt auch noch Sophocles die edle That seiner Antigone, so sehr er deren moralisches Recht anerkennt, doch als eine „verwegene Ueberschreitung" dar, welche nach gerechter Ordnung eine schwere Busse verwirkt habe (Soph., „Antig.", Verse 846 folgende.) Ebenso, wie ein ausserordentliches Wollen und Wagen, gilt aber auch ein ausserordentliches Geniesen von Glück und Freude als eine die allgemeine Schranke, die allem Endlichen gesetzt ist, überspringende Erhebung, welche unmittelbar als solche (ganz abgesehen von damit etwa verbundener Hoffarth) die alles Hohe beugende Nemesis herausfordert. Diese erscheint in solchem Fall geradezu als „Neid der Gottheit", der dem endlichen Menschen sein allzu grosses Glück nicht gönnt und ihn dafür durch um so bitterere Leiden büssen lässt. Diess ist bekanntlich ein Lieblingsgedanke des Geschichtschreibers Herodot, den wir neben seinem Zeitgenossen Sophocles als ächtesten Vertreter der Moral der Griechen in ihrem besten Zeitalter betrachten dürfen. — Eine solche, von aller sittlichen Qualität ihrer Opfer absehende, nur mechanisch nivellirende Nemesis ist wahrlich das Gegentheil von heiliger Liebe Gottes und kann daher auch seitens des Menschen nicht das frohe Gefühl der Liebe und des Vertrauens aufkommen lassen, sondern nur jene düstere Resignation und elegische Wehmuth hervorrufen, welche uns an den besten Söhnen des heiteren Hellas so befremdend überrascht.

§ 7.

Als den Grundmangel der griechischen Religion können wir also diess bezeichnen, dass dem wesentlich physisch gefassten Gottesbegriff die ethischen Eigenschaften der Heiligkeit und Liebe fehlen; daher denn auch dem frommen Gefühl die heilige Scheu vor dem göttlichen Willen als schlechthin Gutem und die vertrauensvolle Liebe zum göttlichen Willen als schlechthin Gütigem ganz oder doch beinahe fremd sind. Dem entspricht nun aber genau der Grundmangel der griechischen Moral: es fehlt ihr die Achtung vor dem Menschen als solchem und die Liebe zu dem Menschen als solchem.

Dass der griechischen Moral die Achtung vor dem Menschen als solchem fehlte, geht schon aus dem hervor, was oben (§ 2.) über den Umkreis der sittlichen Verbundenheit gesagt wurde: dass der Barbare und Sclave nicht, das Weib nur halbwegs als Subject von Rechten und Object von Pflichten anerkannt wurde. Es war demnach nicht die persönliche Menschenwürde, welche der Grieche im Individuum respectirte, sondern es war die Scheu vor Gesetz und Sitte des Staats, um wesswillen er die Rechte des Mitbürgers anerkannte und die eigene Willkühr bezähmte. Wie also die Gottheit nicht als ethisches Urbild des Menschen, sondern nur als höhere Macht erkannt wurde, so auch wurde das menschliche Individuum nur nach der Macht und Würde, die ihm seine Stellung im bürgerlichen Gemeinwesen gab, geschätzt, nicht in seinem unbedingten ethischen Werth, als Abbild Gottes, anerkannt.

Dass dann ferner die Liebe zum Menschen als solchem fehlte, liegt theils schon im eben Bemerkten eingeschlossen, theils verräth es sich höchst significant in einer Erscheinung, welche für die ganze antike Moral characteristisch ist: Sie weiss nichts von einer Feindesliebe. Gegenüber demjenigen, von welchem er Unrecht erlitten hat, hört dem Griechen jede Verpflichtung zum Rechtthun auf; ja die sittliche Tüchtigkeit äussert sich nach seiner Anschauung ebensosehr darin, dass einer seinem Feinde möglichst viel Böses, als dass er seinem Freunde möglichst viel Gutes zu erweisen im Stande ist. (Die Belege dafür finden sich in fast allen griechischen Schriftstellern, zusammengestellt bei Nägelsbach: „Nachhomerische Theologie“, p. 247 folg.) So gänzlich fehlt hier die Erkenntniss, dass das Gute als unbedingtes Gesetz ausnahms- und schrankenlos den Willen in Anspruch nehme und dass auch nur im unveränderlichen Willen des Guten die Kraft zur Ueberwindung des entgegenstehenden Bösen liegen könne. Aber es fehlt nicht bloss an der Erkenntniss, sondern vor allem an der Kraft, um sich zu dieser idealsten Höhe der sittlichen Forderung zu erheben; denn die Kraft zu solcher unbedingten, auch den Feind mitumfassenden Menschenliebe fliesst nur aus der Erfahrung einer unbedingten, auch des Sünders sich erbarmenden Liebe Gottes!

2. Die philosophische Moral.

§ 8.

Jene unentwickelte Einheit von Recht, Sittlichkeit und Religion, welche den ursprünglichen und der ganzen geschichtlichen Entwicklung zu Grund liegenden Charakter der alten Welt gebildet hatte, lockerte sich im Fortschritt der Geschichte. Besonders war es die Philosophie, welche auf die Auflösung derselben hinarbeitete, indem sie mehr und mehr darauf ausging, den Menschen aus dem substantiellen Boden der politischen und religiösen Mächte, mit welchen das Individuum ursprünglich ganz selbstlos verwachsen gewesen war, herauszuheben und auf seine eigenen Füsse zu stellen. Für uns hat es um so mehr Interesse, diesen Prozess zu verfolgen, als sich im Verlauf desselben mit immer schärferer Bestimmtheit das Ungenügende einer Moral herausstellt, der es an einem absoluten Princip fehlt, welches sie nur in der Basis eines reineren Gottesglaubens hätte finden können.

§ 9.

Ein Vorspiel dieses Prozesses hat mit dichterischer Divination schon Sophocles dargestellt in seinem Drama: „Antigone". Denn was diesem in hervorragender Weise klassischen Stück bei aller ächt griechischen Haltung doch auch wieder eine so wunderbar moderne Färbung gibt, ist eben diess, dass hier die individuelle Frömmigkeit und Sittlichkeit, wie sie im Gewissen des Einzelnen ihr ewiges und unbedingtes Recht geltend macht, mit der objectiven Sittlichkeit, wie sie im Staatsgesetz ihren Ausdruck findet, in einen tragischen Conflict geräth, der mit dem Untergang der Träger beider Interessen endet. Der urgriechische Standpunkt, wo Recht, Sittlichkeit und Religion noch in ungelöster Einheit sind, ist schon merklich überschritten, wenn Sophocles die Antigone dem zürnenden Könige entgegnen lässt (V. 451—58):

> „Nicht so mächtig achtet ich, was du befahlst,
> Dass dir der Götter ungeschriebenes ewiges Gesetz
> Sich beugen müsste, dir dem Sterblichen;
> Denn heute nicht und gestern erst, nein, alle Zeit
> Lebt diess und Niemand weiss, von wannen es erschien;
> Und darum wollt ich nicht dereinst, aus feiger Furcht
> Vor Menschendünken, mir der Götter Strafgericht zuziehn."

Zugleich verräth sich aber doch wieder gerade darin ganz der antike Standpunkt, dass es nicht das rein individuelle Gewissen ist, auf welches die dem Staatsgesetz Trotzende sich beruft, sondern es sind die ungeschriebenen ewigen Gesetze der Götter, also Volksglaube und Volkssitte, welche sie als die höhere Autorität gegenüber dem positiven Gebot anruft. Das subjective sittlich-religiöse Bewusstsein macht sich zwar los von der objectiven Autorität des Rechtsgesetzes, aber ist doch zugleich noch gebunden an die gleichfalls äussere, doch mehr schon ideale Autorität des frommen Gemeinbewusstseins, wie es in Glauben und Sitte des Volks lebte; das Gewissen des Einzelnen reagirt zwar gegen den äussern Zwang, aber es hat sich noch nicht zur Höhe seiner eigensten Freiheit und individuellen Selbstberechtigung erhoben, noch nicht in der Tiefe seines eigensten Innern die letzte entscheidende Instanz seines sittlichen Urtheilens und Handelns gefunden. Dass dieser zwischen äusserer Autorität und Gewissensfreiheit, zwischen bürgerlicher Sitte und persönlicher Sittlichkeit in der Mitte stehende Standpunkt von einem Weibe vertreten wird, ist ein sehr glücklicher Griff des Dichters; denn eben dem Weibe ist naturgemäss immer dieser Standpunkt eigen, der in der Geschichte der Völker den Uebergang zu bilden pflegt von der unfreien Gesetzlichkeit zur freien Sittlichkeit, vom Staatsgesetz zum Gewissensgesetz.

§ 10.

Den erfolgreichsten Anstoss zur Emancipation des sittlichen Subjects von der Objectivität der Sitte und des Volkslebens gaben die Sophisten. Durch die Dialectik eines schulmässig gebildeten Raisonnements wussten sie nicht nur die Mängel aller bisherigen Philosophie nachzuweisen, sondern sie suchten auch alle bestehenden Ordnungen und Satzungen als grundlos und damit unvernünftig darzuthun und trugen dadurch am meisten bei zur Auflösung der altgriechischen substantiellen Sittlichkeit. Aber da ihre verstandesmässige Reflexion wohl zersetzen und auflösen, aber nicht neue Positionen aufstellen konnte, so verfielen sie einem schrankenlosen und alles Gehaltes baren Subjectivismus, der zuletzt den Menschen in seiner unmittelbaren Einzelheit und Natürlichkeit, also mit all seinem willkührlichen Belieben und zufälligen Meinen, für „das Mass aller Dinge" hielt.

$\S$ 11.

Von diesem Irrweg lenkte Sokrates die griechische Philosophie wieder zurück und wies sie auf die Bahn, die zu ihrer klassischen Höhe führte. Zwar steht er darin ganz auf dem Standpunkt der Sophisten, dass er nur das als gut anerkennt, was vernünftig erkennbar und aus vernünftigen Gründen zu rechtfertigen sei, daher er sogar geradezu die Tugend in das richtige Wissen setzt; damit hatte er ja der altgriechischen, in Sitte und Gewohnheit reflexionslos wurzelnden Sittlichkeit prinzipiell und zwar in schroff einseitiger Weise den Stab gebrochen. Aber nicht Sophist war Sokrates darin, dass er das Mass der Dinge und die Norm des Handelns nicht in einem subjectiven Meinen, sondern in dem objectiven und durch die Natur der Dinge selbst bestimmten und gebundenen Wissen suchte. Damit war der einseitige Subjectivismus der Sophisten schon überwunden und die Möglichkeit gegeben, auf den Trümmern der kritisch zerstörten Welt der Vorstellung, der naiven unreflectirten Glaubensannahme und Lebenssitte, eine neue Welt des vernünftigen Begriffs, des frei denkenden Geistes zu errichten. Freilich über diese Möglichkeit kam Sokrates noch nicht hinaus; er blieb noch stehen beim Postulat eines begrifflichen Wissens, bahnte etwa auch durch seine Dialectik den Weg dazu an, aber einen Wissensinhalt, ein System vollends hatte er nicht. Daraus folgte aber, dass er überall, wo es sich um konkrete Bestimmungen des praktischen Lebens handelte, die aus jenem formalen Wissensprinzip natürlich nicht abzuleiten waren, doch wieder genöthigt war, sich an das in der Erfahrung als zweckmässig Erprobte zu halten. So kam es, dass die sokratische Moral in concreto das sittlich Gute aus dem empirischen Nutzen ableitete und eine ganz eudämonistische Haltung annahm, während sie doch in abstracto das Gute auf ein ganz apriorisches und ideales, freilich auch noch ganz abstract-formales Princip: das Wissen überhaupt, zurückführte und damit die idealistische

Moral Platos anbahnte. Diese beiden nachher so weit aus einander gehenden Richtungen waren in Sokrates noch bei einander; das gemeinsame aber war diess, dass so wie so die Entscheidung über gut oder böse (schlecht) und die Norm des sittlichen Handelns in den Menschen selbst hinein verlegt und seinem selbständigen Urtheil anheimgegeben wurde.

§ 12.

Uebrigens bewährte Sokrates diese seine philosophische Richtung auch in seinem eigenen Leben. Wenn er, statt mit den Andern sich beim Orakel zu Delphi Raths zu erholen, auf die Eingebungen seines eigenen Orakels, des ihm eigenthümlichen „Dämonion" achtete, so ist ja diess offenbar sachlich nichts anderes als ein Sichzurückziehen von den äussern Autoritäten auf die innere Selbstgewissheit des eigenen Geistes; nur dass ihm dieselbe noch nicht auch zum Bewusstsein kam in der Form des freien Selbstbewusstseins, sondern noch unter dem verhüllenden Gewand eines ihn zwar innerlich inspirirenden, aber doch ihm fremden Geistes. Die Form des alten Glaubens an äussere und wunderbare Gottesoffenbarungen war damit noch gewahrt, aber der Sache nach waren diese doch schon vertauscht mit der innerlichen und natürlichen Gottesoffenbarung im individuellen Menschengeist; prinzipiell war damit schon mit der Volksreligion gebrochen.

Ganz dem entsprechend war endlich das factische Verhalten Sokrates' zum Staat. Nicht nur war überhaupt die ganze nach innen gewandte Richtung seines Denkens und Strebens dem griechischen Leben im Staat und für den Staat abgeneigt, sondern er hat es auch unumwunden ausgesprochen, dass er in einem Collisionsfalle dem Gotte mehr gehorchen wolle als den Athenern. Einen solchen Fall sah er in dem richterlichen Verbot seines lehrhaften Verkehrs mit der Jugend; um also dem Gebote des Gottes, das er in der Stimme des Gewissens, im inneren Trieb zu seinem Berufe erkannte, treu zu bleiben, hat er dem Staat den Gehorsam versagt und den Giftbecher getrunken. Der tragische Conflict des Staatsgesetzes und Gewissensgesetzes, welchen der Dichter der „Antigone" anticipirt hatte, kam hier zur geschichtlichen Verwirklichung; und zwar in noch schärferer Zuspitzung als dort, sofern es bei Sokrates ganz nur das individuelle Gewissen war, welches rein auf seine innere Selbstgewissheit sich stützend, ohne Anlehnung an Volkssitte und Glauben, dem Staate trotzte. Der Tod des Sokrates war der Triumph der Gewissensfreiheit des Individuums über die Autorität des Gemeinwesens, die Emancipation der persönlichen, rein menschlichen Sittlichkeit und Frömmigkeit vom bürgerlichen und religiösen Rechtsstatut. Uebersehen wir hiebei aber auch nicht, dass die Kraft, welche die Sittlichkeit über das Recht, die Gewissensfreiheit über die äussere Autorität, den Menschen über den Bürger erhob, aus den Tiefen des frommen Gemüths geschöpft war; es war die unendliche Autorität der Gottesstimme im Gewissen, was dieses von jeder menschlichen Autorität frei und seiner selbst unbedingt gewiss machte.

Ueberhaupt tritt der religiöse Charakter der sokratischen Sittlichkeit allenthalben hervor. Wenn er das Rechthandeln auf das vernünftige Wissen basirte und das Gute mit dem Zweckmässigen identificirte, so lag dabei überall die religiöse Voraussetzung zu Grunde, dass das wahrhaft Zweckmässige und dem Menschen Nützliche mit dem guten Willen der Gottheit identisch sei, welcher eben in der zweckmässigen Welteinrichtung und guten und weisen Leitung der menschlichen Geschicke sich offenbare.

§ 13.

Diese sokratische Weltanschauung hat ihre — soweit es auf griechischem Boden möglich war — konsequenteste Ausbildung durch Plato erhalten. Wenn schon Sokrates den Menschen vom Aeussern aufs Innere, von der sinnlichen Erscheinung aufs übersinnliche, nur begrifflich zu erfassende Wesen der Dinge verwiesen hatte, so vollendete Plato diese Richtung in einem schroffen Idealismus, nach welchem die sinnliche Wirklichkeit, die Erscheinungswelt das Unwahre, Nichtige und nur die übersinnliche Welt der Ideen das Wahre, Wesenhafte und Ewige sein sollte. Liegt aber die Wahrheit jenseits der natürlichen Welt der Erscheinungen, so ergibt sich hieraus als nächste practische Consequenz, dass auch das wahrhaft sittliche, tugendhafte Leben nur in der Abkehr des Menschen von der Welt des Sinnlichen und Natürlichen bestehen kann. Der Mensch wird dann seine wahre Bestimmung nur in der Betrachtung der ewigen Ideen finden können, alles dasjenige aber, was ihn hieran hindert, für ein Uebel, für eine Hemmung seines wahren Lebens ansehen, wird also namentlich auch den materiellen Leib mit seinen niederen Bedürfnissen und Begierden für den eigentlichen Kerker der Seele halten, von welchem man sich durch philosophische Erhebung nicht gründlich genug losmachen kann.

Andererseits wird nun aber doch auch wieder diese negative Bestimmung durch eine positive von tiefem Gehalt ergänzt. Plato hat nehmlich die höchste Idee als die Idee der Gottheit bezeichnet und diese mit der Idee des Guten identificirt, wodurch die an sich farb- und gehaltlose Leere jener Abstractionen doch wieder mit bestimmtem und entwicklungsreichem Inhalt erfüllt wurde. Näher denkt er das Wesen Gottes als eine an Macht, Weisheit, Gerechtigkeit und Güte unübertreffliche und in jeder Beziehung unwandelbare Vollkommenheit; im ausdrücklichen Gegensatz zu der altgriechischen Vorstellung vom Neide der Götter (§ 6) lehrt er, dass die gütige und weise Gottheit Alles aufs Beste zum Wohle der Menschen geordnet habe und mit einer Grosses und Kleines umfassenden Vorsehung die Welt so regiere, dass denen, welche durch Tugend ihr Wohlgefallen erworben haben, Alles zum Besten dienen müsse. Daraus folgert er dann das practische Ideal für den Menschen: er solle der Gottheit an Güte ähnlich und dadurch ihrer bleibenden Gemeinschaft würdig werden. (*Εἰς ὅσον δυνατὸν ἀνθρώπῳ ὁμοιοῦσθαι θεῷ*, Republ. X, 613). Wie die Gottheit unbedingt und unwandelbar gut ist, so muss nach Plato auch der Fromme das Gute unbedingt und ausnahmslos wollen und thun, also auch gegenüber dem Feinde; die gewöhnliche Tugend, die nur dem Freunde Gutes, dem Feinde aber Böses thut, ist noch mit ihrem Gegentheil behaftet, also innerlich unwahr. So hat Plato jenen Hauptmangel der griechischen Moral überwunden und und noch entschiedener als Sokrates sich über den altgriechischen Standpunkt erhoben, und zwar wieder, wie jener, wesentlich auf Grund einer religiösen Vertiefung, einer Erhebung über die Volksreligion zu einer reineren Gotteserkenntniss.

Freilich dürfen wir nun doch diesen Fortschritt nicht überschätzen und seine Schranke nicht übersehen. Plato hat allerdings in dem Satz, dass wir der Gottheit an Güte ähnlich werden sollen, einen schönen Anlauf genommen zu einer ebenso erhabenen als positiv bestimmten und inhaltsreichen Moral; allein in der Ausführung kommt er doch immer wieder auf jene negativen Bestimmungen zurück, die (wie zu Anfang dieses § erwähnt) die nächste Consequenz seiner Metaphysik bilden. Die *ὁμοίωσις θεῷ* ist ihm doch wieder nichts anderes als jenes *φεύγειν ἐνθένδε ἐκεῖσε ὅτι τάχιστα* (Theaetet., 176). Und fragen wir näher, worin denn im Einzelnen das gottähnliche Gutsein bestehe, so heisst die Antwort doch wieder: Die vollkommene Tugend komme nur der Vernunft zu und bestehe in der „Weisheit", d. h. im philosophischen Wissen von der Ideenwelt, also eben in jener von der Wirklichkeit der Erscheinungswelt praktisch und theoretisch abgezogenen Beschäftigung mit dem Uebersinnlichen. Zwar haben die untergeordneten Seelenkräfte *θυμός* und *ἐπιθυμία* auch ihre eigenthümlichen Tugenden, aber diese sind ausdrücklich nur unvollkommene Tugenden, d. h. sie haben ihren Werth gar nicht in sich, sondern in ihrer Beziehung auf die beherrschende

Vernunft: die „Tapferkeit" des θυμός besteht nur darin, die Vernunft gegen die Störungen von Seiten der Sinnlichkeit zu schützen, und die „Besonnenheit" der ἐπιθυμία nur in der willigen Unterwerfung der Sinnlichkeit unter das Machtgebot der Vernunft. Und dieses richtige Unterordnungsverhältniss aller drei Seelenkräfte bildet die allgemeine Tugend oder die „Gerechtigkeit". Aber man wird leicht bemerken, dass dieses Verhältniss der niedern Seelenkräfte zur Vernunft ein rein negatives ist. So wenig die metaphysische Idee Platos sich wirklich in die Wirklichkeit einlässt, da sie vielmehr in unnahbarer Ferne über dieser schwebt, so wenig soll in der Moral die Vernunft den Willen und die Triebe zu sich erheben und ihnen damit einen positiv guten Inhalt geben; nur niedergehalten soll das Unvernünftige werden, um die reine Vernunft nicht zu trüben; nicht aber kann es selber auch zur Vernünftigkeit erhoben, idealisirt und ethisirt werden. Bedenken wir nun aber, dass eben das individuelle Leben im Willen und Triebleben besteht, die Vernunft hingegen nur das Allgemeine oder Nichtindividuelle bildet, so wird sich nicht leugnen lassen, dass Plato in der Ethik so wenig als in der Metaphysik es versteht, die Idee, das Uebernatürliche, hier speciell die Idee des absolut Guten zum wirklichen Leben in eine positive Beziehung zu setzen und zur durchdringenden und beherrschenden Macht der Wirklichkeit zu erheben.

Diess zeigt sich nun noch besonders deutlich am platonischen Staatsideal, welches ja nur das ins Grosse gezeichnete Ideal der Tugend des Einzelnen sein soll.

§ 14.

Zwar kann eigentlich das Leben im Staat und für den Staat da nicht mehr als der höchste Zweck des Menschen gelten, wo die vollkommene Tugend in die von der Wirklichkeit abgezogene Betrachtung der ewigen

Ideen gesetzt wird. Um so merkwürdiger ist es, wie Plato auf einem Umweg doch wieder zurückkam auf jene ächtgriechische Grundanschauung von der Omnipotenz des Staats und der unbedingten Unterordnung des Einzelnen unter denselben, über welche doch eigentlich seine idealistische, ascetische, weltflüchtige Ethik prinzipiell hinausgeführt hatte. So sehr nehmlich die philosophische Beschäftigung aller staatsmännischen Thätigkeit gegenüber das Vorzügliche ist, so sehr ist doch hinwiederum nach Plato eine vernünftige Einrichtung und Regierung des Staats das unentbehrliche Mittel, um die Menschen, die ja von Natur in den Banden der Sinnlichkeit gefangen sind, jener übersinnlichen Bestimmung philosophischen Denkens und Lebens entgegenzuführen. So ist also der Staat doch auch wieder für Plato die unbedingte Macht gegenüber den Einzelnen, nicht mehr zwar als Selbstzweck, wohl aber als einzig entsprechendes Mittel für den höchsten Zweck der philosophischen Bildung der Individuen.

Und zwar erdrückt der platonische Idealstaat die persönliche Freiheit der Individuen um so schonungsloser, da er nicht aus der natürlichen Thätigkeit derselben hervorgeht, sondern vielmehr als Träger und dienendes Mittel eines ganz transcendenten Zwecks zu dem natürlichen Leben aller Einzelnen im schroffsten Gegensatz steht. Sein Zweck ist nehmlich die Herrschaft der Vernunft, der Weisheit, worin nach Obigem die vollkommene Tugend besteht. Da nun aber die Tugend in diesem Sinn auf philosophischer Bildung beruht, an welcher nur die Wenigsten, nur die obersten Classen eines Volks Theil haben können, so trug Plato kein Bedenken, den niederen, nicht philosophisch gebildeten Ständen die Fähigkeit zu wahrer Sittlichkeit abzusprechen, sie für ihr Privatleben von der Forderung und Verpflichtung sittlicher Selbstbestimmung zu entbinden, dafür aber als Surrogat der eigenen Sittlichkeit ihnen die Rolle knechtischen Gehorsams gegen die oberen Classen, bis auf die Verköstigung und Verpflegung derselben hinaus, aufzuerlegen. Damit überliess er also die Mehrzahl des Volks

innerhalb der für das Ganze nöthigen Schranken der un-
gebundenen individuellen Willkühr und verzichtete auf
jeden Versuch einer sittlichen Erziehung derselben. Wie
viel fehlt von diesem Standpunkt aus noch bis zu der
positiven Idee der Humanität, welche nicht nur verbietet,
irgend einen Menschen unmenschlich zu behandeln, sondern welche auch gebietet, die menschheitliche Würde
in jedem Einzelnen, wess Standes, Geschlechts, Volks er
sein möge, positiv anzuerkennen und jeden durch sittliche Erziehung dieser seiner idealen Bestimmung entgegenzuführen! Die platonische Geringschätzung der Barbaren und der niederen arbeitenden Classen des eigenen
Volks bildet zu jener positiven Humanität das gerade
Gegentheil.

Wie sehr also auch Plato durch die Idee der unbedingten göttlichen Güte, die auch für den Menschen das
Urbild und Motiv unbedingten Gutseins bilden solle, einen
schönen Anlauf genommen hat zur Ueberschreitung der
partikularistischen griechischen Sittlichkeit, so ist er doch
wieder in dieselbe zurückgesunken. Schuld daran hatte,
wie gezeigt worden, einmal die intellectualistische Bestimmung der Tugend, wornach diese nothwendig Privi-
legium der Wissensaristokratie bleiben musste; und dann
die metaphysische Einseitigkeit, welche in der schroffen
Trennung und Entgegensetzung der Idee und der Wirklichkeit lag — eine Scheidung, wodurch die Idee unfähig wurde, als treibendes Ferment in die Wirklichkeit
einzugehen und diese zur Aehnlichkeit des Ideals um-
zugestalten. In ersterem hat Plato direct die griechische
Weltanschauung und die in der Praxis allzu tief begründeten socialen Voraussetzungen seiner Zeit ge-
theilt; in letzterem aber hat er der griechischen Weltanschauung indirect seinen Tribut gezahlt, insofern
als die schroffe Entgegensetzung von Idee und Wirklichkeit, von Natur und Geist nur der natürliche Rückschlag von ihrer altgriechischen Vereinerleiung gewesen ist.

§ 15.

Aristoteles bildet in einigen Beziehungen einen Fortschritt gegenüber den Mängeln der platonischen Ethik, in andern aber steht er hinter dieser zurück. Den Intellectualismus des platonischen Tugendbegriffs hat er gemildert, indem er den Willen mehr zur psychologischen Basis der Tugend machte und daher auch eine auf sittlicher Uebung und Gewohnheit basirte Tugend ohne Wissen, wenigstens ohne philosophisch gebildetes begriffliches Wissen zugestand, eine Tugend also anerkannte, die auch bei dem niedern Bildungsgrad der untern Stände möglich war. Sodann hat er zum erstenmal mit voller Bestimmtheit zwischen der Tugend des Einzelnen, der persönlichen Sittlichkeit, und der Tugend des Staats, der bürgerlichen Rechtlichkeit, unterschieden und die Ethik als besondere Sphäre neben die Politik gestellt, während bei Plato noch beide zusammenfallen. Aber nicht nur von der Politik, auch von der Religion hat Aristoteles die Moral losgelöst. Er ist dadurch der eigentliche Begründer einer wissenschaftlichen Sittenlehre geworden, denn er hat zum erstenmal dieser Wissenschaft eine selbständige und abgegrenzte Sphäre zugewiesen und hat sie innerhalb dieser auf ihrer eigenthümlichen Grundlage, der psychologischen Erkenntniss der menschlichen Natur, aufgebaut.

Allein so viel dadurch auch gewonnen wurde für die bestimmtere Ausbildung der einzelnen ethischen Begriffe, so sehr machte sich doch gerade infolge dieser Loslösung der Moral von ihrer bisherigen religiösen Basis der Mangel eines unbedingten Prinzips des Sittlichen fühlbar. Denn wenn nach Aristoteles die Tugend im „Einhalten der richtigen Mitte" bestehen sollte, so ist ja diess eine ganz vage und inhaltleere Bestimmung, bei welcher es sich im einzelnen Fall doch immer fragt, wornach die richtige Mitte zu normiren sei? und hiefür blieb, in Ermanglung jeder allgemeinen und unbedingten Norm, doch immer nur der empirische Gesichtspunkt der

Zweckmässigkeit, also die eudämonistische Maxime des Nutzens übrig. Ungleich tiefer und gehaltvoller war jedenfalls die platonische Bestimmung: dass wir der Gottheit an Güte ähnlich und dadurch ihrer Gemeinschaft würdig werden sollen. Allein Plato wusste bei der Erhabenheit seines ethischen Ideals die practische Möglichkeit seiner Verwirklichung nicht zu finden; Aristoteles umgekehrt wusste bei seiner vorherrschenden Richtung auf das practisch Mögliche und Wirkliche die ethische Idee nicht in ihrer Absolutheit festzuhalten.

§ 16.

Diese beiden Richtungen, die empirische (eudämonistische) und idealistische, gingen in der Folge noch weiter aus einander in den beiden entgegengesetzten Systemen: dem Epikureismus und Stoicismus, von welchen uns jedoch hier nur der letztere näher interessirt.

Als Prinzip des Sittlichen stellten die Stoiker auf: „der Natur gemäss zu leben" ($\varphi\acute{v}\sigma\varepsilon\iota\ \acute{o}\mu o\lambda o\gamma o\upsilon\mu\acute{e}\nu\omega\varsigma\ \zeta\tilde{\eta}\nu$). Unter dieser „Natur" aber verstanden sie die Vernunft, welche als das Allgemeine und Wechsellose das alleinige Gesetz der Welt bildet und so auch allein die Norm für das menschliche Handeln abgeben kann. Wer also der Vernunft gemäss lebt, wird in Uebereinstimmung sowohl mit sich selbst als auch mit dem Weltganzen stehen und in dieser wechsel- und widerspruchslosen Einheit mit sich und mit dem Ganzen seine Bestimmung erfüllen, tugendhaft sein. Nun sind aber ausser der Vernunft, diesem Allgemeinen und Wechsellosen, im Menschen auch die Empfindungen und Triebe, welche das bei Jedem andersgeartete und zeitlich wechselnde, also eben den mannigfaltigen Inhalt des individuellen Lebens ausmachen und insofern mit der allgemeinen und gleichbleibenden Vernunft im directen Widerspruch stehen. Daher ist denn das Vernunft- und Naturgemässleben nicht anders möglich als durch Zurückziehung von allen Trieben und Leidenschaften, durch „Apathie". Diese ist daher, so seltsam diess klingt, den Stoikern gleichbedeutend mit dem „naturgemässen Leben" und bildet nur den negativen Ausdruck für eben diess sittliche Prinzip. Demgemäss schildern sie das sittliche Ideal oder den „Weisen" als den Menschen, der in seiner Unabhängigkeit von allem Aeussern wahrhaft frei, ja der wahre König und Herrscher, und zugleich vollkommen befriedigt, in seiner Selbstgenügsamkeit so selig sei wie ein Gott.

Es lässt sich nicht verkennen, dass dieser Idealismus sich entschieden über die frühere griechische Moral erhebt; schon damit, dass er das Sittliche ganz als die Sache des persönlichen Willens, der freien Selbstbestimmung auffasst, also als ein Anderes und Höheres gegenüber der bürgerlichen Rechtlichkeit erkennt. Wie diess eine Vertiefung des Sittlichen nach Innen, im einzelnen Subject ist, so führt es auch nach Aussen zur Ueberwindung der nationalen Schranken; der stoische Kosmopolitismus war eine nothwendige Consequenz ihrer Philosophie, welche in dem allgemein Vernünftigen das rein Menschliche zum Princip machte und von den individuellen Besonderheiten, zu welchen ja auch die Volksthümlichkeit gehört, als von zufälligen und unwesentlichen Aeusserlichkeiten abstrahirte. Insbesondere aber liegt darin ein hoher sittlicher Idealismus, dass der tugendhafte Wille in sich selbst, ganz abgesehen von allem äussern Ergehen, absoluten Werth habe und als das Begehrenswertheste zu betrachten sei, dem gegenüber kein bedingtes, vom freien Willen unabhängiges und der Aussenwelt zugehöriges Gut in Betracht kommen könne. Damit ist das sittlich Gute in der durch seinen Begriff geforderten Unbedingtheit gegenüber aller eudämonistischen Abschwächung anerkannt und gewahrt.

Allein diese Vorzüge waren um so theuren Preis, durch solch schroffe Einseitigkeit erkauft, dass es kein Wunder ist, wenn diess System sein Gegentheil, den Epikureismus, stets wieder hervorrief. Denn das sittliche Ideal — was war es im Grunde anders als eine unpractische und unfruchtbare Abstraction, die in phantastischer Höhe über dem wirklichen Menschen und seinem lebendigen Wollen und Fühlen schwebte, ebendaher nicht nur in der Wirklichkeit nie zu erreichen war, sondern auch für die Wirklichkeit ohne gestaltende, läuternde und befriedigende Kraft blieb? Wohl sollte der „Weise" frei und selig sein wie ein König oder Gott, aber nur dadurch, dass er sich von allem Aeussern und auch von seinem eigenen Empfindungs- und Triebleben, das ihn an die Aussenwelt bindet, zurückziehe auf die einförmige und inhaltsleere Vernünftigkeit, d. h. auf die rein formale Selbstgewissheit seines leeren Ich. Ist das Seligkeit? Kann hiebei, bei dieser Abstreifung alles individuellen Lebensinhalts, das wirkliche Ich, das ja nur ein individuelles ist, sich befriedigt fühlen? Dass diess nicht der Fall sei, gestanden die Stoiker selbst unverkennbar zu, indem sie für die möglichen Fälle, wo auch der Weise das Dasein unerträglich finden müsste, den Selbstmord als einzigen Ausweg erlaubten nicht nur, sondern sogar anriethen. Und weiter, ist jenes Sichzurückziehen von der Aussenwelt auf das eigene leere Ich denn auch nur sittlich? Sollte der Tugendhafte nicht vielmehr das lebhafteste Interesse für das Wohl und Wehe der Gesellschaft, für die Tüchtigkeit der öffentlichen Verhältnisse haben und mit allem Pathos dafür thätig sein? Statt dessen zogen sich die Stoiker geringschätzig von der öffentlichen Wirksamkeit zurück und überliessen die Welt ihrem Elend, zufrieden nur für ihr Ich sich durch Apathie salvirt zu haben oder, wenn diess nicht ging, das Leben selber wegwerfend; ihre Tugend blieb auf diese Weise völlig unfruchtbar für das Gemeinwesen.

§ 17.

Diese tiefe Kluft zwischen ihrem sittlichen Ideal und der wirklichen Welt konnte natürlich auch den Stoikern selber nicht verborgen bleiben. Sie halfen sich dabei zunächst auf die in solchen Fällen gewöhnliche Art, nehmlich dadurch, dass das von vorneherein so hochtrabend hingestellte Ideal nachträglich durch verschiedene Concessionen an die Wirklichkeit herabgedrückt wurde. Man gab zu, dass die Aussenwelt doch auch für den Weisen nicht so völlig indifferent sei, dass es vielmehr immerhin einen Unterschied zwischen äusserem Glück und Unglück gebe, dass auch ausser der selbstgenügsamen Tugend noch relative Güter seien, die, von Aeusserlichem abhängig, doch zur Erhöhung der inneren Selbstbefriedigung beitragen können, also auch relativ begehrenswerth („vorzüglich" — nehmlich vor den gegentheiligen Uebeln) seien. Man verlangte auch vom Weisen nicht mehr die absolute Empfindungslosigkeit, Apathie, sondern gestand ihm Empfindung für Lust und Unlust zu und verlangte nur, dass diese gemässigt sein, ihn nicht beherrschen und der Tugend abwendig machen dürfe. Mit solchen und ähnlichen Concessionen war man nun zwar von den Wolken des philosophischen Ideals herabgestiegen auf den nüchternen Boden der Wirklichkeit; allein man hatte ebendamit auch die Strenge und Reinheit des Prinzips aufgegeben; statt den im Prinzip selbst gelegenen Fehler zu verbessern, hatte man nur den neuen Fehler der Inconsequenz in der Ausführung hinzugefügt. Dieser Weg konnte daher auch zu nichts Besserem führen als zu einem Eklekticismus und Indifferentismus, in welchem Stoicismus und Epikureismus sich zu einem trüben Mittelding vermischten.

Weit erspriesslicher war dagegen eine andere Wendung, welche der Stoicismus bei einigen Spätern, namentlich Epiktet, Mark Aurel, auch Seneca, nahm. Ohne das sittliche Ideal der Empirie zulieb herabzudrücken oder die Empirie zum Ideal phantastisch hinaufzuschrauben, erkannten sie die Kluft zwischen beiden ungeschmälert an. Aber diese Wahrnehmung war so wenig im Stande, sie einem geist- und trostlosen Skepticismus in die Arme zu treiben, dass sie in ihnen nur das demüthige Gefühl der Unzulänglichkeit menschlicher Kraft und der Bedürftigkeit göttlicher Hülfe erweckte. Auch hier, wie in der neuen Philosophie bei Fichte, führte der sittliche Idealismus durch seine eigene Consequenz zu der Nothwendigkeit einer religiösen Vertiefung und Begründung, ohne welche er als bodenlose Phantastik in der Luft schweben würde. Bemerkenswerth sind Sätze der genannten Stoiker, die so ganz christlich lauten, dass man schon — obwohl ohne Grund — an äussere Abhängigkeit von christlichen Lehrern gedacht hat; z. B. Ἀρχὴ φιλοσοφίας συναίσϑησις τῆς αὑτοῦ ἀσϑενείας καὶ ἀδυναμίας περὶ τὰ ἀναγκαῖα. εἰ βούλει ἀγαϑὸς εἶναι, πίστευσον, ὅτι κακὸς εἶ. Epict. II, 11. Tristitia, timor, invidia, cupiditas etc. aliter ex animo ejici non possunt, nisi ad solum respicias Deum eique soli sis addictus et illius mandatis exequendis unice deditus. id: II, 15.; wozu man die zahlreichen Stellen vergleichen kann, in welchen Seneca über die gründliche Sündhaftigkeit der Menschen klagt, die so gross sei, dass es mit einer blossen Besserung (im Einzelnen versteht sich) nicht gethan sei, sondern es bedürfe einer radicalen Umwandelung („transfiguratio“ — epist. 6, 1. 94, 48). Andererseits wird von eben diesen Stoikern die Würde der menschlichen Natur dadurch gerade aufs höchste betont, dass sie in die „Gottverwandtschaft“ verlegt wird; der Mensch soll sich nach Epictet als einen Sohn Gottes, als Theil und Ausfluss der Gottheit betrachten, um aus diesem Gedanken das Gefühl seiner Würde und sittlichen Verpflichtung, die Unabhängigkeit von allem Aeussern, die brüderliche Liebe zu den Mitmenschen und das Bewusstsein seines Weltbürgerthums zu schöpfen. Hiedurch wird nun auch die einseitig negative Richtung der frühern stoischen Moral gemildert, die egoistische Zurückziehung auf das eigene Ich ergänzt durch Gefühle des Wohlwollens und der opferwilligen thätigen Menschenliebe; der vorher ziemlich leere Kosmopolitismus bekommt nun einen wirklich positiven Inhalt in einer humanen allgemeinen Nächstenliebe.

In all diesen Zügen hatte der philosophische Geist die Schranken der altgriechischen Weltanschauung schon völlig überschritten.

§ 18.

Vergegenwärtigen wir uns noch einmal die im Bisherigen da und dort bemerklich gemachten Mängel der griechischen Moral, so lassen sie sich kurz auf folgende Hauptpunkte reduziren:

1) Der formale Grundfehler ist der intellectualistische Charakter derselben oder die Bestimmung der Tugend als „Wissen“. Es war diess die natürliche Folge davon, dass die Philosophie der Haupthebel des geistigen Fortschritts und auch der Reinigung der volksthümlichen Moral und Religion bei den Griechen gewesen ist; nur zu gerne natürlich wurde darum das höhere Wissen selbst schon mit der Tugend, zu welcher es nur Mittel und Weg sein konnte, identificirt, ebendamit aber diese auf die kleinen und exclusiven Kreise der Wissensaristokratie beschränkt — was allein schon hinderte, dass die Errungenschaften der philosophischen Schulen einen weitergehenden reformatorischen Einfluss auf das Volksleben üben konnten.

2) Der materiale Fehler aber war der durchgängige Mangel eines positiven absoluten Prinzips des Sittlichen. Die eine Richtung der griechischen Moral hatte kein absolutes Prinzip, sondern begnügte sich an dem relativen der empirischen Zweckmässigkeit oder Nützlichkeit, womit die Moral des idealen Gesetzes, das ja nur als unbedingtes ein wirkliches Sittengesetz ist, verlustig geht und zur eudämonistischen Klugheitslehre herabsinkt. Die andere Richtung aber erhob sich zwar vom Empirischen zum Idealen, aber sie vermochte dieses letztere nur als die Negation des erstern zu fassen und gelangte so wieder nicht zu einem positiven absoluten Prinzip. Die platonische „Idee“ und die stoische „Vernunft“ sind beides nur Allgemeinheiten, die zur erfüllten Wirklichkeit, insbesondere zum individuellen Menschenleben, sich nur gegensätzlich verhalten, also in keiner positiven und realen, sondern in bloss logisch-abstracter Beziehung zu ihr stehen, sonach auch keinen

wirksamen Einfluss auf dieselbe ausüben können, sondern als leere und todte Ideale darüber schweben. Es fehlt also an einer idealen Position, einem ebenso unbeding- ten (absoluten) wie positiven Prinzip, in welchem zugleich die reale Macht über die Wirklichkeit und das ideale Gesetz für dieselbe läge. Ein solches Prinzip hat die biblische Moral an der Idee des göttlichen Willens.

MORAL UND RELIGION IM

JUDENTHUM.

---

1. Mosaismus.

§ 19.

Was wir bei den Griechen durchaus vermissten, ein absolutes positives Prinzip des Sittlichen, das hatte das Volk Israël von Anfang an in seinem monotheistischen Gottesglauben. „Ihr sollt heilig sein, denn ich bin heilig" — diess Wort bezeichnet den Standpunkt der alttestamentlichen Moral: sie hat ihre Basis nicht nur überhaupt in der Religion (diess gilt auch von der heidnischen Moral), sondern speziell im Glauben an einen „heiligen" Gott. Im Begriff der Heiligkeit liegt aber einmal die Erhabenheit Gottes über das Endliche und Natürliche, über Entstehen, Wechseln und Vergehen, über alle Beschränktheit und Unvollkommenheit, es liegt also darin die Unendlichkeit und Unbedingtheit, kurz die Absolutheit. Aber zugleich mit dieser negativen Seite involvirt der Begriff auch das Positive: das Bezogensein des unendlichen Gottes auf die unendliche Welt des Daseins, zumeist auf das geschichtliche Leben der Menschen, das „Herrsein" Gottes, wornach sein schlechthin vollkommener Wille zugleich die Autorität ist für den Willen der Menschen, die sein Eigenthum bilden. Begründet auf diese Idee der Heiligkeit Gottes, war die alttestamentliche Moral bewahrt sowohl vor dem Herabsinken in die prinzip- und ideallose Empirie, in den vulgären Utilitarismus, als auch vor dem abstracten unpractischen Idealismus, der es eigentlich nur zu einer negativen, spiritualistisch-quietistischen Moral bringen könnte.

Aber diesem Vorzug haftete ursprünglich ein eigenthümlicher Mangel als seine Kehrseite an: das positive religiöse Prinzip litt von seinem Ursprung an an einem einseitigen Positivismus, der auf die Moral nothwendig beengend einwirken musste. Um die Unzertrennlichkeit dieses Mangels mit jenem Vorzug richtig zu verstehen, ist es nöthig, auf den Ursprung des Mosaismus zu achten.

§ 20.

Der Mosaismus verdankt seinen Ursprung nicht dem Auftreten einer neuen höheren Lehre über das Wesen Gottes oder des Menschen oder ihres Verhältnisses zu einander, sondern einer geschichtlichen Thatsache, nehmlich der wunderbaren Rettung des Volks Israel aus Aegypten. In dieser erkannte das dankbare Volk eine Offenbarung des Gottes seiner Väter und fühlte sich daher von da an, d. h. von Anfang seiner selbständigen Existenz als Volksganzes, diesem erlösenden Gott, dem es sein nationales Dasein verdankte, für immer verbunden als sein specielles (gleichsam rechtlich erworbenes) Eigenthumsvolk; der Erlöser Jahve wurde so von selbst zum Gesetzgeber.

Diess hat nun einerseits augenscheinlich das Gute, dass das Gesetz auf einer unerschütterlich festen Basis ruht: die Autorität des Gesetzgebers Jahve beruht darauf, dass er als Erlöser aus Aegypten dem Volk Israel seine nationale Existenz gegeben hat; das Motiv zum Gehorsam ist also kein geringeres als die Abhängigkeit des ganzen nationalen Daseins von der göttlichen Macht, wie solche in einer bestimmten geschichtlichen Thatsache sich kund gegeben hat.

Andererseits rührt aber freilich auch die Schranke und Schwäche dieses religiösen und sittlichen Standpunkts eben daher, dass er nur auf eine äusserlich geschichtliche Thatsache basirt, nicht als innerlich nothwendige Folge aus dem Wesen Gottes und des Menschen erkannt ist. Im letztern Fall würde diess religiöse Verhältniss zu Gott als ein allgemein Menschliches begriffen sein, würde dann aber auch nur rein menschliches, d. h. nur solches, was in der sittlichen Natur des Menschen nothwendig begründet ist, in sich schliessen. Weil aber gerade nicht eine solche allgemeine Erkenntniss, sondern eben nur die ganz bestimmte einzelne Geschichtsthatsache der Erlösung Israels aus Aegypten zu Grunde lag, so war es auch nicht der Mensch als solcher und jeder Mensch, sondern nur eben das Volk Israel, worauf sich der in der mosaischen Gesetzgebung geoffenbarte Wille Gottes bezog. Darin liegt aber zweierlei: 1) nur das Volk Israel (und keine andern Völker) ist Gegenstand des göttlichen Willens — diess der mosaische Partikularismus; und 2) nur das Volk Israel ist Gegenstand des göttlichen Willens, nur der theokratische Staat als Ganzes, der einzelne Israelit aber nur als Bürger dieses Staates, nicht schon als Mensch an sich — diess der politisch-legale (theokratische) Charakter der mosaischen Religion und Sittlichkeit. Beides, jener Partikularismus und diese Legalität, bildet den oben bemerkten einseitigen Positivismus, welcher also die unabtrennliche Folge ist des Ursprungs aus einer positiven das Dasein des Volks begründenden Geschichtsthatsache.

§ 21.

Um nun auf Einzelheiten einzugehen, so fällt vor Allem die unterschiedslose Vermischung von den nach unsern Begriffen verschiedenartigsten Bestandtheilen im

Gesetz auf. Sittliches, Bürgerliches und Religiöses, beziehungsweise Ceremonielles läuft bunt durch einander und es lässt sich nicht wahrnehmen, dass an Werthschätzung das Eine dem Andern vorginge. Diese Thatsache, die von jeher die Aufmerksamkeit der Theologen auf sich gezogen, namentlich aber seit der Kant'schen Moral zum Gegenstand einer eifrigen Polemik und Apologetik geworden ist, findet vom oben erörterten Gesichtspunkt aus eine ganz einfache Erklärung. Für uns unterscheidet sich das rein Sittliche und Religiöse vom Bürgerlichen und Ceremoniellen dadurch, dass jenes für den Menschen an sich und jederzeit gilt, dieses nur für den Angehörigen einer bestimmten Volks- und Cultusgemeinde. Aber wie hätte der Mosaismus diesen Unterschied machen sollen, da ihm ja das Gesetz gar nicht aus der Anschauung der Menschennatur hervorging, sondern aus dem besondern geschichtlich gewordenen Verhältniss des Volks Israel zu Gott? Galt das Gesetz nicht dem Menschen an sich und überhaupt, sondern nur dem Volk Israel, so konnte auch sein Zweck nur darauf gehen, das Leben der Volksgemeinde in seiner Gesammtheit so zu ordnen und zu gestalten, dass sie allerseits den Willen des heiligen Gottes in sich darstellte; hiezu dienten aber gleicherweise Rechtssatzungen wie Sittengebote, religiöse Lehren wie ceremonielle Vorschriften. Alle diese für uns so verschiedenartigen Elemente subsumiren sich hier unter den gemeinsamen Begriff des „Theokratischen": es sind Staatsgesetze, aber nicht für einen weltlichen Staat, sondern für einen Gottesstaat. [2 Mos. 19, 6.] Je nachdem nun diese Gottes-Regierung reiner oder unreiner, geistiger oder sinnlicher vorgestellt wurde, darnach wurden auch die Gesetze dieses Regenten innerlicher oder äusserlicher, moralischer oder politischer gedacht. Natürlich überwog von Anfang das Politische und Ceremonielle, also das Legale, während dann im Verlauf der Geschichte aus diesem gröberen Keim das rein Sittliche und Religiöse sich mehr und mehr herausbilden konnte und sollte.

§ 22.

Es wurde oben bemerkt, dass die Heiligkeit Gottes Motiv und Norm für das menschliche Verhalten bilde. Wie nun jene eine negative und eine positive Seite hat, so wird auch die menschliche Heiligkeit sich in beiderlei Weise bethätigen müssen. Wie Jahve im Unterschied von den Naturgottheiten der Heiden ein wesentlich übernatürlicher Gott ist, erhaben namentlich über Alles, was mit Entstehen und Vergehen, Geburt und Tod zusammenhängt, so soll auch sein Eigenthumsvolk Israel seinen specifischen Unterschied von allen heidnischen Völkern umher dadurch erweisen, dass es nicht, wie diese, das Naturleben und die Naturtriebe frei gewähren lässt, sondern von seinen Unsauberkeiten (namentlich von allem mit Geburt und Tod Zusammenhängendem) sich immer wieder reinigt, im Genuss seiner Güter sich freiwillig beschränkt, die sinnliche Lust des Geschlechtslebens in geordneten Schranken hält, die natürliche Verwendung der Zeit zur irdischen Arbeit durch stetig wiederkehrende Ruhetage unterbricht und so in allen Beziehungen des natürlichen Lebens selber seine Erhabenheit über das blosse Naturleben erweist. Wir rechnen also unter diesen Gesichtspunkt der negativen (ascetischen) Bethätigung der Heiligkeit: 1) Die Reinigung von allem Todten, Kranken, Unsaubern und Ekelhaften; 2) die Enthaltung von den für unrein erklärten Thieren; 3) die keusche Zügelung des Geschlechtslebens; 4) die Enthaltung von der Arbeit am Sabbath und im Sabbathjahr. So verschieden diese Dinge sind, so kommen sie doch alle darin überein, dass das natürliche Leben und Begehren, Geniessen und Schaffen in Zucht genommen wird; daher werden sie auch alle gleichermassen auf die göttliche Heiligkeit, als auf ihr gemeinsames Motiv, bezogen.

In all' diesen Dingen zeigt sich aber auch das innige Verschlungensein des bloss Statuarischen mit dem allgemein Sittlichen sehr augenfällig. Die Reinigungen von natürlicher Unsauberkeit sind ein treffliches

Abbild und pädagogisches Mittel der inneren Reinigung des Herzens und der sittlichen Lauterkeit des Lebens. Die Enthaltung von den sogenannten „unreinen Thieren“ war zwar bloss ein statutarisches Gebot ohne innere sittliche Bedeutung, aber gewiss war es sehr geeignet, ein rohes Naturvolk an Enthaltsamkeit und Selbstbeherrschung überhaupt zu gewöhnen; es war also ein gesetzlich auferlegtes ascetisches Tugendmittel, das, wie alle solche, seinen Werth nicht in sich selbst, wohl aber in seinem Zweck der sittlichen Erziehung hatte. Noch unmittelbarer springt die Beziehung des statutarischen Gebots der Sabbathheiligung auf das rein sittliche und religiöse Leben in die Augen: einmal musste Enthaltung von der gemeinen Arbeit das Volk immer daran erinnern, dass seine Bestimmung über dem Kreislauf des Naturlebens hinaus liege; sodann musste aber auch die Ruhe vom irdischen Tagewerk von selbst zur Ruhe in Gott, zur freudigen Erhebung der Herzen in Betrachtung der göttlichen Thaten auffordern; so diente auch dieses Statut als religiöses Tugend- und Erbauungsmittel. Endlich die höchste, weil unmittelbar sittliche Bethätigung der negativen Heiligkeit, lag in der geschlechtlichen Keuschheit, durch welche diess Volk sich vor allen Heidenvölkern unbedingt auszeichnete. Das strenge Verbot aller und jeder geschlechtlicher Ausschweifungen bekundet Werthschätzung der menschlichen Persönlichkeit, sowie der sittlichen Bedeutung und Würde der Ehe, wie sie uns sonst nirgends im Alterthum begegnet; ein deutliches Zeichen dafür, wie viel die Moral dem religiösen Prinzip des monotheistischen Gottesglaubens verdankt.

§ 23.

Aber diese Erhebung über das bloss Natürliche in ascetischer Selbstbeschränkung und Selbstzucht war nicht das einzige und letzte Ziel der mosaischen Gesetzgebung. Vielmehr, wie Jahve nur darum als der übernatürliche erkannt wurde, weil er als Offenbarungsgott oder Erlöser

Israels in die Geschichte hereingetreten war, also in positiv-sittlichen Thaten sich manifestirte: so erhob sich auch Israel nur darum über das Natürliche, weil es im Dienste des geschichtlich geoffenbarten Gottes seine übernatürliche sittliche Bestimmung, seinen positiven weltgeschichtlichen Beruf erkannte. Und hierin lag die positive Bethätigung seiner Heiligkeit, als Abbild der positiven Bezogenheit des übernatürlichen Gottes auf das erwählte Volk seines Eigenthums. Hieher gehört theils der unmittelbare Dienst Gottes im ceremoniellen Cultus, theils der mittelbare in der sittlich-rechtlichen Lebensordnung der theokratischen Volksgemeinde.

Das theokratische Reichsgrundgesetz bilden nach diesen beiden Beziehungen die zehn Gebote. Unleugbar enthalten sie die Elemente alles religiös-sittlichen Lebens der Menschheit; aber freilich auch nur die Elemente. Wie schon ihr Eingang in dem Motiv des Gesetzes: „Ich bin der Herr dein Gott, der dich aus Egypten, dem Knechthause befreit hat", die Bestimmung derselben unzweideutig auf Israel beschränkt, also einen der reinen Sittlichkeit fremden Partikularismus aufstellt, so geht auch die Tendenz der einzelnen Gebote nicht auf die moralische und religiöse Gesinnung des Individuums, sondern, wie schon gesagt, auf die richtige äussere Lebensordnung der theokratischen Gemeinde sowohl im Verhältniss zu ihrem Herrn, Gott, als auch im Verhältniss der einzelnen Glieder unter einander. Nur bei dem letzten der zehn Gebote könnte sich die Frage erheben, ob es nicht über das bürgerlich-rechtliche Verhalten hinaus auf die innere moralische Gesinnung des Menschen abziele? Indess ist triftiger Grund zu der Annahme vorhanden, dass es sich auch hier nicht um die rein innerliche Lust handle, sondern um das Hervortreten derselben im bösen Anschlag und Versuch. (NB.: Marc. 10, 19 ist diess Gebot übersetzt mit: $\mu\grave{\eta}$ $\dot{\alpha}\pi o\sigma\tau\epsilon\varrho\acute{\eta}\sigma\eta\varsigma$ d. h. „du sollst nicht trüglich handeln"; in diesem Sinn fasst es auch der luther'sche Catechismus und von spätern Gelehrten z. B. Grotius).

Wie sehr auf dem ursprünglichen Standpunkt des

Mosaismus die freie sittliche Persönlichkeit noch zurücktritt hinter dem Volksganzen, diess wollen wir noch an folgenden einzelnen Bestimmungen des Gesetzes zeigen. Das Gebot, dass je im 50. Jahr alles Grundeigenthum, das inzwischen durch Kauf in fremde Hände gekommen war, wieder an die Familie des ursprünglichen Besitzers zurückfallen solle, hat zum Zweck: jeder Familie ihre selbständige nationale Existenz, die an den Besitz von Grundeigenthum geknüpft war, zu wahren und damit das Volksganze, das sich aus den Familien und Stämmen zusammensetzt, in seinem ungeschmälerten Bestande gegenüber der Willkühr Einzelner zu schützen. Aber diese Sorge für die nationale Berechtigung der Familien schliesst zugleich eine Verkürzung der persönlichen Freiheit der Individuen in sich, sofern zu dieser offenbar das freie Verfügungsrecht über das Privateigenthum gehört, während jenes Gesetz von der Restitution im Jubeljahr die Unveräusserlichkeit des Grundeigenthums festsetzt. Auch sonst muss die persönliche Freiheit im Mosaismus überall weichen, wo es sich um den Fortbestand der Familie dieser Grundlage des Volks, handelt. So, wenn z. B. das Leviratsgesetz dem Schwager zur Pflicht macht, die Wittwe seines kinderlos verstorbenen Bruders zu ehelichen und demselben einen Sohn zu zeugen; oder, wenn Erbtöchter gezwungen werden, ihre Vetter zu heirathen, damit der Familienbesitz nicht in fremde Hände übergehe. Und während das Gesetz zwar sein Interesse für die Reinhaltung der Familie durch strenge Strafbestimmungen gegen Unkeuschheit der Frauen vor oder in der Ehe bekundet, so weiss es hingegen nichts von einer persönlichen Freiheit des Weibes oder gar Gleichberechtigung mit dem Manne in Bezug auf ausschliessliche eheliche Treue; der Mann kann so viele Frauen nehmen als er will und kann jede aus jedweder Ursache mit einem Scheidebriefe fortschicken, während dagegen die Frau unbedingt an den Mann gebunden bleibt, so lange dieser sie nicht entlässt. Auch die Sclaverei wird nicht verworfen, sondern nur gemildert; hebräische Sclaven namentlich sollen nach 7jähriger Dienstzeit auf ihr Begehren entlassen werden.

Endlich nimmt sich zwar das Gesetz der Fremdlinge, die in Israels Mitte weilen, schützend an, allein schon damit, dass es dieselben dem milden Wohlwollen empfiehlt, verräth es, dass dieselben eigentlich als rechtlos' gelten.

§ 24.

In all' diesen einzelnen Zügen haben wir bestätigt gefunden, was oben als die Schattenseite der mosaischen Moral geltend gemacht wurde: den Partikularismus und den Legalitätsstandpunkt, beides die Consequenzen des mosaischen Positivismus (s. § 20). Eine richtige Beurtheilung dieser Eigenthümlichkeiten wird nun zwar zunächst nicht übersehen dürfen, dass dieselben unter den gegebenen geschichtlichen Verhältnissen nicht nur unvermeidlich, sondern auch wirklich durchaus zweckmässig waren zur Erfüllung des weltgeschichtlichen Berufs Israels. Aber neben dieser geschichtlich-bedingten Beurtheilung hat doch immer auch die philosophisch-unbedingte ihr Recht und diese wird die moralisch nachtheiligen Wirkungen jener Eigenthümlichkeiten nicht übersehen noch unterschätzen dürfen.

Was nun also 1) den Partikularismus betrifft, so diente er einerseits als heilsame Schranke, um der Vermischung Israels mit den umwohnenden Heidenvölkern, wodurch ersteres seinem einzigartigen Beruf so leicht hätte untreu werden können, zu wehren. Aber andererseits lässt sich doch nicht läugnen, dass damit ein gar schlimmer nationaler Dünkel, eine der humanen Moral stracks zuwiderlaufende verächtliche und gehässige Gesinnung gegen alles Nichtjüdische gepflanzt wurde, welche einer der schlimmsten Fehler dieses Volks von Anfang gewesen und immer geblieben ist.

2) Noch tiefer greifend sind die moralischen Uebel, welche aus der äusserlichen Gesetzlichkeit entsprangen. Obenan steht die Selbstgerechtigkeit, die ja einen specifischen Zug des jüdischen Wesens ausmacht. Die äusserliche Auffassung des göttlichen Gesetzes führt

natürlich leicht zu dem Selbstbetrug, als ob man alle Gerechtigkeit erfüllt hätte, da ja blosse äusserliche Gesetzlichkeit viel leichter zu erreichen ist als wirkliche Sittlichkeit, welche die ganze Gesinnung des Menschen in Anspruch nimmt. Daher kann es geschehen, dass ein alttestamentlich Frommer sich so gerne Gott gegenüber auf seine Unschuld oder Gerechtigkeit beruft und auf Grund dieser von Gott Hülfe wider oder auch Rache an seinen Feinden wie ein wohlverdientes Recht fordert; während ein Apostel weiss, dass wir, wenn wir auch alles gethan hätten, doch unnütze Knechte ohne Ruhm vor Gott sind.

Ferner kann ein äusserliches Gesetz auch nur äusserlich-sinnliche Motive zur Befestigung seiner Gebote und Verbote in Anwendung bringen. Die mosaischen Verheissungen wie Drohungen bewegen sich ganz nur im Gebiet des äusserlich sinnlichen Wohlergehens: Besitz des Landes Kanaan, ungestörter Genuss seiner Früchte, langes Leben und Sicherung des Fortbestands der Familie durch zahlreiche Nachkommenschaft — diess sind die dem Gerechten verheissenen Belohnungen. Nun war es zwar freilich höchst zweckmässig, dass das Hoffen und Streben Israels sich koncentrirte auf das Eine, was zunächst nöthig war: auf die nationale Existenz, an welche der grosse weltgeschichtliche Beruf geknüpft war. Aber die Kehrseite davon ist doch wieder nicht zu verkennen: die ausschliessliche Hinweisung auf irdisches Wohlergehen der Gerechten musste fast nothwendig der Denkart dieses Volks (in seiner grossen Mehrzahl wenigstens) eine eudämonistische Richtung geben; es gewöhnte sich, die irdischen Güter fleischlich zu überschätzen und wurde unfähig, sich zu der idealen Höhe des wahrhaft sittlichen und frommen Sinnes zu erheben, der im göttlichen Wohlgefallen seine höchste Befriedigung unmittelbar findet.

Da nun aber nach diesem Legalitätsstandpunkt und dieser eudämonistischen Vergeltungslehre das sittliche Verhalten seinen einzigen und nothwendig genau entsprechenden Lohn im äusseren Ergehen, Glück oder Unglück finden soll: so folgt daraus auch wieder umgekehrt, dass das äussere Ergehen als Gradmesser für die Sittlichkeit und Gottgefälligkeit des Menschen zu betrachten ist. Da hiebei zufällige Aeusserlichkeiten, Glücks- und Unglücksfälle zum Massstab für die sittliche Selbstbeurtheilung werden, so muss diess nothwendig zur grössten moralischen Unsicherheit und trostlosesten Haltlosigkeit gegenüber den äussern Wechselfällen führen. Daher die masslose Niedergeschlagenheit und Trostlosigkeit, die wir in vielen Klageliedern der Hebräer finden. Man vergl. z. B.: Ps. 19, 13 f.: „Verirrungen, wer sieht sie ein? von den unerkannten sprich mich los! auch vor den Frevlern schütze deinen Knecht, lass sie nicht über mich herrschen! Dann bin ich rein von grosser Missethat!“ Also der glückliche Erfolg gilt als sittliches Gottesurtheil, wobei das wirklich untrügliche und aber auch unabhängige innerliche Gottesurtheil im Gewissen nicht zur Anerkennung kommt.

§ 25.

So sehen wir also durchaus auf allen Hauptpunkten die Mängel dieses sittlich-religiösen Standpunkts aus derselben Wurzel entspringen, aus welcher auch zugleich der edle Stamm des wahren Gottesglaubens erwuchs, auf welchen einst die vollkommene Religion gepfropft werden sollte. Jene Mängel bilden nur die einseitige positivistische Erscheinungsform und Introduction des wahren positiven Prinzips des Monotheismus. Daher war hier von Anfang die Möglichkeit einer zu positiven Zielen führenden Entwicklung gegeben; jenes Prinzip liess sich aus seiner anfänglichen Hülle herausschälen und für die sittlich-religiöse Bildung der Menschheit fruchtbar machen. Die Griechen hingegen konnten trotz alles edlen Strebens, mittelst der Philosophie über die höchsten Fragen und practischen Aufgaben des Menschen ins Klare zu kommen, doch diess Ziel nie erreichen, weil es vom Anfang am richtigen Prinzip fehlte, daher ihre Forschungen entweder in der Empirie verflachten oder in den Wolken der

Abstractionen sich verloren. Die griechische Moral hat, weil der Basis eines wahren Gottesglaubens entbehrend, obgleich sie in manchem Einzelnen der hebräischen überlegen ist, doch in ihrer geschichtlichen Entwicklung sich nur zersetzen können, die hebräische aber hat sich immer mehr gereinigt und zuletzt im Christenthum ihre edelste und bleibende Frucht aus sich herausgesetzt.

2. Der Prophetismus.

§ 26.

Bei jeder positiven Religion tritt mit ihrer äussern Consolidirung im volksthümlichen Leben die Gefahr einer Veräusserlichung und Erstarrung ein, wobei unter den versteinerten Formen der lebendige Geist zu entschwinden droht. Um so grösser wird immer diese Gefahr sein, je enger Aeusseres und Inneres, positiv-statutarische Form und religiös-sittlicher Gehalt mit einander verschlungen sind, wie diess nach dem Bisherigen eben das eigenthümliche Wesen der mosaischen „Theokratie" gebildet hatte. Die Reaction des lebendigen geistigen Prinzips, die in solchem Falle nicht ausbleiben kann, kann aber nach der Natur des geistigen Lebens nie bloss zu den Anfängen zurückführen; sondern die Reformation ist immer zugleich ein energischer Fortschritt, schon desswegen und dadurch, weil die Reaction des Geistes gegen die leere und erstarrte Form den prinzipiellen Unterschied des Geistes von der Form zum Bewusstsein bringt und dadurch über die anfängliche ununterschiedene Einheit derselben bereits hinausführt. So waren in der Geschichte Israels die Propheten zunächst zwar nur die Träger des lebendigen theokratischen Geistes und ihre reformatorischen Bestrebungen galten nur dem Kampf gegen die Heuchelei einer Formfrömmigkeit bei sittlicher Erschlaffung. Aber eben damit weckten sie ja doch zugleich das Bewusstsein vom Unterschied des äusserlichen Gesetzeswesens und der reinen Religiosität und Sittlichkeit, trugen also als ächteste Fortschrittsmänner am meisten dazu bei, den idealen Kern des Mosaismus aus den Umhüllungen des Positivismus herauszuschälen.

§ 27.

Gleich die ersten Propheten, die uns schriftliche Denkmale hinterlassen haben, weisen vom äussern Buchstabengesetz weg auf das innere Gewissensgesetz hin, dringen auf rein menschliche Sittlichkeit, statt blosser theokratischer Legalität. Wir wollen die signifikantesten Stellen herausheben.

Amos lässt Gott zu Israel sprechen: „Ich hasse eure Feste und mag mich nicht laben an euren Opfern und blicke nicht auf eure Dank- und Mastkälber. Entfernet eurer Lieder Lärm und lasset mich euer Harfenspiel nicht hören. Lasset aber das Recht fliessen, wie Wasser, und die Gerechtigkeit, wie einen unversiegbaren Bach! hasset das Böse und liebet das Gute und sprechet Recht im Thor!"

Hosea: „Ob sie gleich viel Fleisch zum Opfer bringen und es schlachten und essen, hat doch der Herr kein Gefallen daran, denn ich habe Lust an der Liebe und nicht am Opfer, an Gotteserkenntniss und nicht an Brandopfer!"

Bei Micha fragt ein Israelit: „Wie soll ich vor Gott erscheinen? Soll ich die Kniee beugen vor dem Höchsten, Brandopfer und Kälber bringen? Wird er an Tausenden von Widdern und Myriaden von Strömen Oels Gefallen haben? Oder soll ich meinen Erstgebornen als Opfer für meine Sünde hingeben, die Frucht meines Leibes als Versühnopfer für mich?" Worauf der Prophet antwortet: „Es ist dir gesagt, Mensch, was gut ist und was der Herr von dir fordert: nehmlich dass du recht thuest, Liebe übest und demüthig seiest vor Gott!"

Der babylonische Jesaias ruft seinen Landsleuten im Exil, welche in Ermangelung des Opferdienstes ihre Frömmigkeit in trübseliger Ascese zur Schau trugen, zu: „Sollte das ein Fasttag sein, der mir gefallen könnte, wenn einer sich martert, das Haupt hängen lässt wie Schilfrohr, und ein Trauerkleid anlegt und sich in die Asche setzt? Sollte das wahres Fasten sein und ein mir wohlgefälliger Feiertag? — Das wahre Fasten ist, wenn du der Unschuld Bande lösest, wenn du dem Belasteten das Joch abnimmst, wenn du Unterdrückte befreist und jedes Joch zerschlägst, wenn du dem Hungrigen Speise reichest, Bedrängte in dein Haus nimmst, den Nackten kleidest und deinem Bruder dich nicht entziehest! Dann wird dein Licht gleich der Morgenröthe hervorbrechen, du wirst bald wieder hergestellt werden, Glück wird vor dir hergehen und Gottes Hülfe dir folgen.“

Aehnlich sagt der Dichter von Psalm 50: „Meinest du, dass Gott Ochsenfleisch essen und Bocksblut trinken wolle? Opfere vielmehr Gott Dank·und bezahle dem Höchsten deine Gelübde!“ Ps. 51: „Du hast nicht Lust zum Opfer, ich wollte dir's sonst gerne geben, und Brandopfer gefallen dir nicht. Die Opfer, die Gott gefallen, sind ein geängsteter Geist, ein geängstetes und zerschlagenes Herz — das wirst du, o Gott, nicht verachten.“

<h2 style="text-align:center">§ 28.</h2>

An diesen Beispielen möge es genügen, um zu zeigen, wie hoch die Propheten das Sittengesetz über das theokratische Ceremonialgesetz stellten. Aber man würde nun doch sehr irren, wollte man glauben, sie haben sich vom letztern schon ganz emancipirt. So wenig ihnen der blosse äusserliche Kultus ohne die entsprechende sittliche und religiöse Gesinnung genügte, so wenig war ihnen doch das mosaische Ceremonial- und Rechtsgesetz gleichgültig; sie wollten überhaupt nicht das mosaische Gesetz aufheben, sondern es nur erfüllen im wahren theokratischen Geiste. Aus dieser Tendenz entsprang jenes „Zweite Gesetz“ (Deuteronomium), welches, unter Josia entstan-

den, mit priesterlicher Gesetzlichkeit den Geist des fort-
geschrittensten Prophetismus, den Geist eines Jeremias,
zu merkwürdigem Gemische verband. Es sind nicht so
sehr die Einzelheiten, welche dies neue Gesetz vom alten
unterscheiden, als der durchgängige Grundzug einer ver-
innerlichten Auffassung des Verhältnisses Gottes zu Israel, wie diese namentlich in der neuen und
tieferen Motivirung des Gesetzesgehorsams zum Ausdruck
kommt. Im Mosaismus war jenes Verhältniss, wie wir
gesehen haben, ein rechtlich begründetes Dienstverhält-
niss, ein Vertrag oder Bund, wobei beide Theile Ansprüche
an einander hatten, Rechte und Pflichten sich gegenseitig entsprachen. Aber schon Hosea hatte diesem äusserlich juridischen Vertragsverhältniss eine tiefere sittliche
Wendung gegeben, indem er es als Ehebund auffasste,
so dass dann der Ungehorsam des Volks gegen seines
Gottes Willen und Gebot nicht mehr bloss als Rechtsverletzung, sondern als moralische Treulosigkeit erscheint.
Besonders aber unter den Trübsalen der letzten Königs-
zeit hatte bei Propheten, wie Jeremias, das Verhältniss
zu Gott den Charakter inniger Gottverbundenheit des
frommen Gemüths, persönlicher Gottesliebe angenommen, die um so reiner und tiefer war, je mehr sie, alles
Genusses äusseren Glückes entbehrend, nur der inneren
Selbstgewissheit sich erfreuen konnte. Diese Vertiefung
des frommen Verhältnisses zur freien persönlichen Gottesliebe (eine Frucht der persönlichen Erfahrung einzelner
Gottesmänner unter dem Druck des nationalen Unglücks)
wurde nun natürlich auch auf das Volk Israel im Ganzen
übertragen. Jenes schöne Wort, das bei Jeremias Gott
zur Jungfrau Israel spricht: „Ich habe dich je und je
geliebet, darum habe ich dich zu mir gezogen aus lauter
Güte!“ bildet von nun an das Grundthema und das Haupt-
motiv bei den Ermahnungsreden der Propheten und des
Deuteronomikers.

Aber dieser religiösen Vertiefung entspricht nun auch
eine tiefere Auffassung des Sittlichen. Es genügt
jetzt auch menschlicherseits nicht mehr an jener äusserlich theokratischen Gerechtigkeit, welche nur im Einhal-

ten des Gesetzesbuchstabens, in Erfüllung der aufs äussere
Thun und Lassen bezüglichen Gebote besteht; sondern
der liebende Gott fordert auch vom Menschen „Liebe von
ganzem Herzen, von ganzer Seele und von ganzem Vermögen." Es genügt nicht mehr an der äusserlichen An-
gehörigkeit zum theokratischen Volk, welche durch die
Beschneidung am Fleisch symbolisirt ist, sondern „die
Vorhaut des Herzens soll beschnitten" d. h. das Herz gereinigt und empfänglich gemacht werden für die göttlichen Offenbarungen. Und nicht nur sittlich vertieft wird
das Gesetz, sondern es wird zugleich dem Menschen auf
eine rationale Weise als sein eigenes wahres Wesen nahe
gelegt, als das wahrhaft Vernünftige und Gute dargestellt;
„Das Gebot, welches ich dir gebiete, ist dir nicht unbe-
greiflich und fern, dass du sagen müsstest, wer steigt uns
in den Himmel und holt es uns? oder wer fährt über
das Meer und verkündigt es uns? Vielmehr ist das Wort
dir ganz nahe, denn siehe, es ist in deinem eigenen
Munde und in deinem eigenen Herzen!" Hier streift in
der That die Verinnerlichung und rationale Nahelegung
des Gesetzes an einen Rationalismus, der vom starren
Positivismus der ächt- und altmosaischen Gesetzgebung
durch jahrhundertelange Entwicklung getrennt ist.

§ 29.

Als die Reformation unter Josia, welche der Deutero-
nomiker herbeizuführen gehofft hatte, sich als fruchtlos
erwiesen hatte und der theokratische Staat seinem Geschick rettungslos verfallen war, da erhob sich über den
Trümmern des alten theokratischen Bundes und seiner
äusserlichen Institutionen der prophetische Geist zu seiner
idealsten Höhe. Er erkannte, dass das bisherige, auf die
Gebote der steinernen Tafeln gegründete Bundesverhält-
niss noch nicht das wahre sei, dass es vielmehr eines
neuen Bundes bedürfe, dessen Gesetz in die Herzen ge-
schrieben sein werde und wo der reine gehorsame Geist,
der bisher nur einzelne auserwählte Gottesmänner beseelte,
Allen gemein sein solle. Nicht mehr bloss eine Refor-

mation der bisherigen Theokratie wurde jetzt erwartet, sondern eine Erneuerung der Herzen und der Geister (Jer. 31. Hesek. 36). Mit diesem Postulat eines in die Herzen geschriebenen Gesetzes hat sich das religiöse Bewusstsein wesentlich über den Standpunkt des Mosaismus erhoben; mit dieser, wenn auch nur erst postulirten, Verinnerlichung des Gesetzes ist ja jener mosaische Positivismus im Prinzip schon überwunden, das rein-menschlich Sittliche ist als der wahre und dauernde Kern des Theokratisch-Statutarischen erkannt.

Eben damit wird zugleich auch der demselben Ursprung angehörige Partikularismus hinfällig. Angesichts des Zerfalls des nationalen Lebens tritt auch für das religiöse Bewusstsein der Propheten das Volksthümliche zurück hinter dem Persönlichen, rein- und allgemein Menschlichen. Bezeichnend dafür ist u. A. der Gedanke des Jeremias, dass im Neuen Bunde nicht mehr Einer den Andern lehren, sondern Alle, Klein und Gross, Jeder für sich selbst, Gott erkennen sollen; womit das Weitere zusammenhängt, dass auch nicht mehr die Einen (z. B. Kinder) die Schuld der Andern (Eltern) büssen, sondern Jeder seine eigene Schuld tragen solle (Jer. 31, 34. 29 cf. mit Hesek. 18). Dieses Büssen-Müssen der Einen für die Andern war früher die Folge der substantiellen Solidarität der Familie und des Volks gewesen; diese ist also jetzt für das sittliche Bewusstsein zurückgetreten gegenüber der persönlichen Selbstverantwortlichkeit der Einzelnen. Das persönliche Selbstbewusstsein beginnt hier die Schaale des Volksbewusstseins, unter deren schützender Hülle es herangereift ist, zu sprengen und sich auf seine eigene sittliche und religiöse Freiheit zu besinnen. Dann ist es aber endlich auch nur consequent, wenn dieser neue Bund nicht mehr, wie der alte, auf das Volk Israel beschränkt wird, sondern um Israel her, welches allerdings noch immer als der Kern und Mittelpunkt gilt, Mitglieder aus allen Völkern und Erdgegenden sich schaaren. Am weitesten geht ·hierin der babylonische Jesaias: wie Israel nicht als Volksganzes, sondern nur in einem kleinen „Rest" am neuen Bunde

Theil haben wird, so sollen andererseits die Heiden mit gleichen Rechten wie die Israeliten Zutritt haben, denn auch aus ihnen sollen Priester und Leviten genommen werden (Jes. 66, 21). Hier ist, mit einer Bestimmtheit wie nirgends im A. T., der mosaische Partikularismus überwunden und die Perspective eröffnet auf eine neue Gottesgemeinde aus allen Völkern. Die Heiden sind hier nicht mehr die durch blutige Siege unterjochten Unterthanen, wie in Davids Reich, sondern sie huldigen dem friedlichen Knechte Gottes, der in Kraft seiner Geistessalbung das Recht wahrhaftig halten lehrt. Die Messiasidee, welche in ihrer früheren Form nur auf Erneuerung des nationalen Glanzes abzielte, also, soweit sie überhaupt religiöser und nicht bloss rein politischer Natur war, mindestens an den Mängeln des Mosaismus litt, ist hier endlich auf dem besten Wege, in die rein sittliche Idee eines Reiches Gottes unter der erneuerten Menschheit umgewandelt und damit zu einem mächtigen Hebel des sittlich-religiösen Fortschritts veredelt zu werden.

3. Das nachexilische Judenthum.

§ 30.

Die weitere Geschichte des religiös-sittlichen Lebens in Israel nach dem Exil stellt in Vergleich zu diesen Höhepunkten der vorexilischen und exilischen Prophetie nicht nur keinen Fortschritt, sondern in manchen Beziehungen eher einen Rückschritt dar. Zwar liess sich das so schwer geprüfte Volk keine Untreue gegen seinen Gott durch grobe Abgötterei mehr zu Schulden kommen. Aber zugleich hatte das Erlöschen des prophetischen Geistes die schlimme Folge, dass man jetzt um so sklavischer sich an den Gesetzesbuchstaben hielt und in der skrupulösen Beobachtung aller äussern Formen dem

Wesen der alten Theokratie gerecht zu werden gedachte. Von der freien und grossartigen Stellung der Propheten zum Ceremonialgesetz zeigte sich jetzt nichts mehr, vielmehr stellte man dasselbe dem sittlichen mindestens gleich, bald auch noch voran. So bildete sich jene Richtung einer äusserlich strengen, innerlich engen und hohlen Scheinfrömmigkeit, wie sie in vollendeter Gestalt im Pharisäismus zur Zeit Jesu uns entgegentritt.

Eine weitere Eigenthümlichkeit dieses spätern Judenthums war die steigende Werthschätzung der Ascese, welche, wenn sie auch am mosaischen Nasiräat eine Anknüpfung hatte, doch in ihrer jetzigen Ausbildung dem Mosaismus sowohl als namentlich dem freien Geiste des Prophetismus fremd gewesen war. Während noch der babylonische Jesaias das kopfhängerische Fasten als werthlos verworfen und dagegen wahre Werke der Sittlichkeit und Menschenliebe als den rechten Gottesdienst empfohlen hatte (§ 27), so wird jetzt dem Musterbilde nachexilischer Frömmigkeit, dem apocalyptischen Daniel unter Anderem seine Enthaltung vom Wein und Fleisch als hohe Tugend angerechnet (s. Dan. 1, 12. 10, 3). Im Buche Tobias erscheint das Fasten neben dem Almosengeben als Haupttugend, durch welche das Gebet wirksam gemacht und Sündenvergebung erkauft werde. Ebenso wird im Buche Judith auf Fasten und Enthaltung von der zweiten Ehe ein Nachdruck gelegt. Letzerer namentlich steht zu dem ächt mosaischen Geiste in auffallendem Widerspruch, erinnert aber um so lebhafter an die gänzliche Ehelosigkeit der Essäer, in welchen diese ascetische Richtung des nachexilischen Judenthums sich vollendet und ordensmässig organisirt hat.

§ 31.

Die mosaische Vergeltungslehre mit ihren irdisch-sinnlichen Verheissungen und Drohungen war zwar auch von den Propheten nie ganz aufgegeben worden; auch in ihrem Zukunftsideal bildete ja der irdische Glückszustand des theokratischen Volks einen Bestandtheil der künftigen messianischen Heilszeit; allein dieses sinnlich-nationale Element war doch dem reineren Gedanken einer Herrschaft des göttlichen Geistes in den erneuerten Herzen untergeordnet; wie denn namentlich beim babylonischen Jesaias das messianische Ideal nahe an den reinen Begriff eines sittlich-religiösen Gottesreichs anstreifte. Aber das nachexilische Judenthum verfolgte diese richtige Spur nicht weiter, sondern irrte nach zwei entgegengesetzten Seiten hin ab.

Die Einen hielten zwar an dem Zukunftsideal des Messiasreichs fest; aber weil sie an der Möglichkeit seiner Verwirklichung auf dem natürlichen Wege der geschichtlichen Entwicklung verzweifelten, so dachten sie an übernatürliche Wunderacte und malten jenes Reich und die Art und Weise seines Kommens mit immer phantastischeren Zügen aus; — diess die Richtung der Apokalyptik, in welcher wir den vergeilten Ausläufer der alten gesunden Prophetie erblicken.

Die Andern dagegen liessen jenes Ideal entweder ganz fallen oder verwischten wenigstens seine eigenthümlichsten Züge zu dem ganz allgemeinen Gedanken, dass Gott seine Frommen zum Lohne für ihre Gerechtigkeit auch durch grosses irdisches Glück segnen werde. Da nun aber die tägliche Erfahrung jener Hoffnung keineswegs immer entsprach, so musste jener eudämonistische Vergeltungsglaube nothwendig in Zweifel umschlagen, die der Frömmigkeit um so gefährlicher waren, je tiefer dieselbe im Mosaismus mit jenem Vergeltungsglauben verwachsen war. Das Ringen mit diesen Zweifeln bildet den Inhalt des Buchs Hiob, mehrerer Psalmen (z. B. Ps. 73) und des Koheleth, dessen Verfasser beim völligen Schiffbruch seines Glaubens die Zuflucht nimmt zu einer ziemlich ordinären practischen Moral. Die letzten Ausläufer dieser Richtung finden wir in dem hoffnungsleeren und glaubensmatten Sadducäismus, der die Institutionen der theokratischen Volksgemeinde nur für seine hierarchischen Zwecke ausbeutete, während er dem Geiste der Prophetie völlig entfremdet war.

§ 32.

So enthält denn auch die Literatur jener Zeit theils Apokalyptik, theils Moral. Dort wird der prophetische Glaubensmuth zur Phantastik; hier sinkt die ebenso tief religiöse als doch zugleich dem Gesetz gegenüber freie Sittlichkeit der Propheten wieder herab zu einer Legalität, welche einerseits sich sklavisch an den Buchstaben des positiven Gesetzes bindet, andererseits als ganz idealloser Utilitarismus an die Stelle des Sittengesetzes die nüchternste Klugheitsmaxime setzt.

Zwar fehlt es in mehreren apocryphischen Büchern, wie in der „Weisheitslehre" Jesus' des Siraciden und im Buch der „Weisheit Salomonis", auch in der unter dem Namen „Pirke Aboth" bekannten Sammlung von Moralsprüchen nicht an einzelnen trefflichen Zügen, die von gesundem und reinem sittlichen Sinn zeugen. Aber dieselben werden doch immer wieder entstellt durch die Alles beherrschende Ueberschätzung des positiven mosaischen Gesetzes und — was damit eng zusammenhängt — durch Züge von inhumanem jüdischem Partikularismus sowie durch niedrige eudämonistische Klugheitsmaximen. Merkwürdig ist es, dass in den ersten beiden der genannten Schriften und besonders in der „Weisheit Salomonis" der Ansatz zu einem höheren speculativen Moralprinzip gemacht ist, sofern alle Tugend abgeleitet wird von der göttlichen „Weisheit", welche als ewiges göttliches Offenbarungsprinzip bei der Schöpfung der Welt und des Menschen thätig gewesen sei und den Grund alles Lebens in der Welt, allermeist des geistigen Lebens der Menschen bilde. Allein dieser speculativ-universalistischen Idee wird sofort eine völlig positivistisch-partikularistische Wendung gegeben: die göttliche Weisheit, obgleich Weltprinzip, hat doch nirgends auf Erden sich niedergelassen als nur in Israel; und zwar näher hat sie ihre Einwohnung im Tempel zu Jerusalem und im Gesetz Mosis, welches ebendaher auch für die Menschen die einzige Quelle der Weisheit ist. (Sirach 24). Die höchste

Tugend ist dem Siraciden die Weisheit; der Anfang aller Weisheit aber ist die Furcht Gottes; die Furcht Gottes aber besteht ihm in concreto in Erfüllung des mosaischen Gesetzes mit wesentlichem Einschluss seiner ceremoniellen Theile; namentlich reichliches Darbringen von Opfern und Zehnten gehört ihm wesentlich zur Frömmigkeit (Sir. 35, 4—9). Von einer über das Diesseits hinausreichenden Bestimmung des Menschen weiss er noch nichts; der Mensch ist nicht unsterblich und daher auch nicht zur Vollkommenheit bestimmt, seine sterbliche Natur wäre des Vollkommenen nicht fähig (17, 30). Demgemäss liegt ihm auch die Vergeltung schon im Diesseits und es ist geradezu ein Lieblingsthema von ihm, dass es dem Tugendhaften immer zuletzt gut, dem Bösen aber schlimm ergehe. Endlich in Beziehung auf die Heiden steht er noch (oder wieder) ganz auf dem schroffsten altjüdischen Standpunkt: leidenschaftlicher Hass gegen dieselben beseelt ihn sogar im Gebet zu Gott! (Sir. 36).

§ 33.

Etwas reiner sind die sittlichen Ansichten im Buche der Weisheit, wo das Jüdische mit alexandrinischer Bildung und Philosophie verbunden ist. Auch hier ist die Quelle aller menschlichen Weisheit und damit zugleich aller Tugend die göttliche Weisheit, welche als Abglanz und Ebenbild Gottes, als Alles durchdringender Geist und Alles hervorbringende Lebenskraft beschrieben wird. Wie sie von Anfang den Menschen zum Freund und Sohn Gottes bestimmt hat, so steigt sie in die reinen Seelen der Menschen herab und macht sie durch Mittheilung der Erkenntniss Gottes zu Weisen und Gotteslieblingen. Wenn hierin die Anerkennung einer allgemeinen Gottesoffenbarung in der menschlichen Natur zu liegen scheinen könnte, so wird doch auch hier alsbald hinzugefügt, dass in Wirklichkeit nur die Juden vermöge ihrer Gotteserkenntniss solche Weise und Gerechte, Freunde und Söhne Gottes seien, die Heiden dagegen

als Abgöttische seien Thoren und Gottlose, die Gott
züchtigen wird. Doch wird diess dahin gemildert, dass
Gott nichts, was er gemacht hat, hasse und dass auch
die göttliche Weisheit menschenliebend sei, daher auch
für den Weisen d. h. den Juden die Menschenliebe Pflicht
ist. Ferner ist der schroffe Positivismus des Siraciden
hier in sofern gemässigt, als nicht das mosaische Gesetz
der Inbegriff der Weisheit sein soll, vielmehr die Propheten (vermöge ihrer persönlichen Geistesbegabung) und
besonders der weise Salomo (als Repräsentant der jüdischen Philosophie) für die wahren Lehrlinge der Weisheit
gelten. Es zeigt sich hierin offenbar eine Erweiterung
des jüdischen Horizonts durch Einflüsse fremder Bildung,
besonders griechischer Philosophie. — So verrathen auch
die einzelnen ethischen Lehren grossentheils mehr Verwandtschaft mit dem Platonismus als mit dem Judenthum.
Das Böse wird theils vom Sündenfall der Genesis, theils
aber auch (nach Plato) von der Verbindung der heiligen
Seele mit dem irdischen Leib hergeleitet (9, 15). Die
Tugend besteht (ganz nach Plato) in Weisheit, Tapferkeit, Mässigkeit und Gerechtigkeit (8, 7). Der Weise
eifert gegen die fleischliche Gesinnung der Weltmenschen
und scheint auch in der Hochschätzung der Ehelosigkeit
eine ascetische Richtung zu verrathen, wie später noch
mehr Philo. Am meisten aber entfernt sich der Weise
vom Siraciden und überhaupt von der altjüdischen Moral
dadurch, dass er den grössten Nachdruck auf die Unster-
lichkeit legt und daher auch die Vergeltung ins Jenseits
verlegt, womit sie wenigstens ihres grob-sinnlichen Charakters entkleidet, veredelt ist.

Gewiss ist diess Buch der Weisheit das Beste, was
das nachexilische Judenthum von sich aus, wenn auch
freilich mit Hülfe fremder Einflüsse, hervorbrachte. Hier
am meisten erhebt sich die jüdische Moral mittelst des
platonischen Idealismus über die Schranken des mosaischen Positivismus, ohne dass jedoch eine principielle
Ueberwindung dieses letztern gelungen wäre. Und dieselbe konnte auch nicht durch äussere Einflüsse herbeigeführt werden; solange das Prinzip des Judenthums, die

Autorität des positiven Gesetzes unerschüttert feststand, konnte es bei aller Aufklärung durch fremde Einflüsse höchstens zu Compromissen kommen, bei welchen bald mehr bald weniger specifisch Jüdisches gegen Fremdes ausgetauscht werden mochte. Ein neues Ganzes aber konnte nur erwachsen aus jener inneren Entwicklung und Fortbildung des mosaischen Prinzips, wie sie von den Propheten begonnen und als Samenkorn für die Zukunft in den heiligen Schriften niedergelegt war.

MORAL UND RELIGION IM

CHRISTENTHUM.

—

Die Moral des Neuen Testaments.

§ 34.

Das Christenthum erscheint im N. T. als die Erfüllung und zugleich Aufhebung des Judenthums: es ist die Erfüllung des wahren gottgewollten Wesens der alttestamentlichen Religion, aber diess ist es so und dadurch, dass es zugleich die unwahre, nur temporäre Form derselben aufhob. Die Wahrheit der Gesetzesreligion, worin ihr unbedingter Vorzug vor allen heidnischen Religionen und Moralsystemen liegt, bestand, wie wir sahen, darin, dass sie dem Menschen im Willen des heiligen Gottes ein absolutes positives Prinzip seines eigenen sittlichen Lebens gab; aber dass dieses Prinzip als Gesetz des Buchstabens dem Menschen noch in äusserlicher Weise gegenüber stand, diess machte, wie ebenfalls gezeigt worden ist, den zwar geschichtlich bedingten und temporär unvermeidlichen, an sich aber doch mangelhaften Charakter aus, welchen wir als den „Positivismus" der alttestamentlichen Religion bezeichnet haben. Jenes nun wurde im Christenthum nicht nur erhalten, sondern zur vollen Wirklichkeit gebracht, dieses dagegen wurde aufgehoben. Hatte es im alten Bund geheissen: „Ihr sollt heilig sein, denn ich bin heilig!" — so heisst es jetzt: „Ihr sollt vollkommen sein, wie euer Vater im Himmel vollkommen ist!" Damit ist ebenso wie in jenem Wort Sittlichkeit und Frömmigkeit unlösbar mit einander verknüpft, zugleich aber sind beide von der Aeusserlichkeit, die ihnen dort noch anhaftet, entkleidet und auf ihren vollendetsten Ausdruck gebracht. Es enthält nämlich jener Satz, in welchem wir die Quintessenz der religiösen Moral Jesu sehen können:

1) in der Idee gottgleicher Vollkommenheit das absolute sittliche Ideal, Ziel und Norm des menschlichen Strebens in der höchsten denkbaren Reinheit und Erhabenheit; aber auch

2) zugleich in der Idee der Gotteskindschaft das absolute religiöse Prinzip, in welchem nicht nur das stärkste Motiv, sondern namentlich die belebende reale Kraft zur Erfüllung des sittlichen Gesetzes liegt.

Nur wenn wir die religiöse Moral Jesu nach diesen beiden Seiten hin, als Sittengesetz und als reales Lebensprinzip, ins Auge fassen, können wir die absolute Bedeutung Jesu für die Geschichte der Moral richtig würdigen.

§ 35.

Liegt das sittliche Ideal darin, vollkommen zu werden, wie Gott und nur Gott es ist, so fordert diess selbstverständlich eine unbedingte Hinkehr der ganzen Seele zu Gott, eine Concentration alles Strebens auf diess Ziel, eine ungetheilte Hingebung des ganzen Menschen an Gott als das höchste Gut, kurz also eine unbedingte Liebe zu Gott. Die Liebe zu Gott, als unbedingte und ungetheilte Hingabe des Herzens an ihn, schliesst nun einerseits nothwendig alle Liebe zu Nicht-Göttlichem, zu geschöpflichen Dingen oder Menschen, insofern aus, als das Nicht-Göttliche für das sich daran hängende menschliche Herz zu einem Wider-Göttlichen, zu einem

Abgott würde, der sich als trennende Scheidewand zwischen den Menschen und Gott stellte und die Reinheit und Unbedingtheit der Liebe zu Gott aufhöbe. Andererseits aber schliesst die Liebe zu Gott eben so gewiss jede Liebe zum Geschöpf in so fern ein, als im Geschöpf der Schöpfer selbst sich offenbart, als das Endliche in seiner richtigen Unterordnung unter den unendlichen Gott eben nur dessen Offenbarungsmittel und dienendes Werkzeug bildet. Von diesem doppelten Gesichtspunkt aus, der nur die einfachste und einleuchtendste Consequenz aus dem Begriff der „unbedingten Liebe zu Gott" zieht, ist alles dasjenige zu verstehen, was sich in den Reden Jesu über das Verhalten des Frommen zu den irdischen Gütern und zu menschlicher Gemeinschaft findet. Von hier aus sind insbesondere jene in der Form des Ausdrucks allerdings schroffe Worte zurechtzulegen, in welchen eine oberflächliche Betrachtungsweise einen unpractischen, übertriebenen Rigorismus und weltflüchtige Ascese gesehen hat: „Niemand kann zweien Herren dienen; wer seine Hand an den Pflug legt und siehet zurück, der ist nicht geschickt zum Reich Gottes; wer zu mir kommt und nicht hasset Vater, Mutter, Weib, Kind u. s. w., der kann nicht mein Jünger sein; wenn dich dein Auge ärgert, reisse es aus; verkaufe, was du hast, und gib es den Armen! selig sind, die da Leid tragen, denn sie sollen getröstet werden und hingegen wehe denen, die da lachen, denn sie sollen heulen!" In allem diesem haben wir nichts Anderes zu sehen als Variationen über den Grundsatz der Moral Jesu: dass Gott das ganze Herz des Menschen haben will, unbedingt und ungetheilt. Wo nun also irdischer Besitz das Herz so einnehmen und fesseln würde, dass es nicht frei wäre zum unbedingten Dienste Gottes, dass es auch nicht im Stande wäre, um Gottes willen darauf zu verzichten, da allerdings bliebe nur die ausschliessliche Wahl: entweder Gott oder das Irdische zu lieben. Aber daraus folgt noch keineswegs, dass irdische Güter an und für sich, für jeden und unter allen Umständen ein Hinderniss der Liebe Gottes sein müssen. Diess würde einen Dualismus zwischen Gott und Welt voraussetzen, welcher dem Glauben Jesu an die allwaltende Vorsehung Gottes auch im Naturleben stracks zuwider ginge. Ueberhaupt zeugt die sinnige Freude Jesu am Naturleben, dem er so viele Gleichnisse entlehnte, wie sein harmloses Mitgeniessen der geselligen Freuden, worin er selber ausdrücklich seinen Unterschied vom ascetischen Bussprediger Johannes anerkennt, mit zweifelloser Klarheit dafür, dass seiner Moral jede einseitige Ascese prinzipiell fremd war.

§ 36.

Eine unbedingte also allerdings soll nach dem sittlichen Ideal des Evangeliums die Liebe zu Gott sein, aber darum doch keineswegs eine abstrakte und leere, von der Welt abgezogene und abziehende, in müssige mönchische Weltflucht den Menschen versenkende. Diess ist so wenig die Meinung Jesu, dass vielmehr die Gottesliebe die fruchtbare Wurzel der thätigen Nächstenliebe werden soll. Und zwar soll — eben in ihrer Unterordnung unter und Einfügung in die unbedingte Gottesliebe — auch die Menschenliebe eine unbedingte sein, d. h. von der Art, dass sie weder an den natürlichen Unterschieden der Menschen eine trennende Schranke, noch an der natürlichen Selbstliebe der Menschen ein begrenzendes Mass habe. Der „Nächste" ist jetzt nicht mehr bloss der Volksgenosse (wie noch 3. Mose 19, 18), sondern jeder unserer Hülfe bedürfende Mensch, ohne Unterschied der Abkuuft, wie ja diess im Gleichniss vom barmherzigen Samariter deutlich gelehrt ist. Und indem Jesus selbst mit Zöllnern (der Heiden Genossen) und Samaritern (Ketzern) Umgang hatte, indem er der Kananäischen Frau half, indem er den Glauben des Hauptmanns zu Kapernaum dem Volk Israel als beschämendes Muster vorhielt, indem er erinnerte an die unterschiedslose Güte Gottes, der seine Sonne scheinen lasse über Gute und Böse: so hat er durch alles diess den mosaischen Partikularismus überwunden

und an seine Stelle die allgemeine Menschenliebe gesetzt, wenn auch allerdings noch nicht mit
voller Bestimmtheit, so doch jedenfalls im Prinzip, wobei
er die Entwicklung der Consequenzen immerhin der Zeit
überlassen mochte.

Die innere Schrankenlosigkeit der Nächstenliebe aber
erhellt aus der grossartigen Idealität, mit welcher die
Forderung der Feindesliebe aufgestellt wird: nicht
7 mal, sondern 70 $\times$ 7 mal soll man dem Bruder, der an
uns gesündigt hat, verzeihen; statt Böses mit Bösem zu
vergelten, soll man lieber doppelt Unrecht leiden, soll
dem Beleidiger wohlthun, segnen den Verfolger, und so
durchweg das Böse überwinden durch die innere Kraft
des Guten. — Hier ist es also nicht mehr irgend welche
äussere That, irgend welche durch äussern Massstab mess-
bare Leistung, was dem göttlichen Willen genug thut;
sondern worauf es nach evangelischem Sittengesetz an-
kommt, das ist in Wahrheit der ganze ausnahms- und
wechsellose Wille des Guten, jene durch nichts zu überwindende, wohl aber ihrerseits Alles überwindende heilige
Liebesgesinnung, welche das wahre Abbild der ethischen
Vollkommenheit Gottes ist.

Wer wollte es leugnen, dass Jesus hiemit das denkbar höchste und reinste Ideal des Sittlichen aufgestellt,
also die Moral nach dieser Seite, sofern sie eine Gesetzgebung ist, vollendet und erfüllt habe?

§ 37.

Aber damit ist die weltumgestaltende Eigenthümlichkeit der Moral Jesu noch durchaus nicht erschöpft. Durch
die blosse Aufstellung eines neuen, wenn auch noch so
vollkommen gedachten Gesetzes wäre Jesus noch nicht
zum sittlichen Reformator der Welt, zum Welterlöser
geworden, sondern hätte höchstens zur Reinigung des
Judenthums Einiges beigetragen. Zum Welterlöser ist
vielmehr Jesus dadurch geworden, dass er ein neues
religiöses Lebensprinzip in sich trug und von sich

aus in den Seinigen pflanzte; ein Prinzip, in welchem der Grund nicht bloss für die Aufstellung des reinen sittlichen Ideals, sondern auch zugleich für dessen Realisirung gegeben war.

Diess neue Realprinzip aber war nichts anders als das Bewusstsein der Gottessohnschaft, welches Jesus in sich trug als sein eigenthümliches d. h. nicht von Andern her, durch menschliche Vermittlung überkommenes, sondern ihm ursprünglich und unmittelbar von Gott aus einwohnendes religiöses Selbstbewusstsein (cf. Matth. 11, 27: „Alle Dinge sind mir übergeben von meinem Vater und niemand kennet den Sohn denn nur der Vater und niemand kennet den Vater denn nur der Sohn"). Welchen metaphysischen Hintergrund dieses eigenthümliche und originale Sohnesbewusstsein Jesu gehabt habe, diese rein dogmatische Frage berührt uns hier gar nicht; hier, wo es sich ja nur um die ethischen Consequenzen des religiösen Selbstbewusstseins Jesu handelt, haben wir uns ganz einfach und ausschliesslich an die offenkundige und von keinem dogmatischen Standpunkt aus anfechtbare Thatsache zu halten, dass das Sohnesbewusstsein Jesu in der unmittelbaren Gewissheit der Liebesgemeinschaft zwischen seinem Geist und Gottes Geist bestand, — eine Liebesgemeinschaft, welche aber zugleich eine Wesensverwandtschaft der Menschheit mit Gott überhaupt, als die allgemeine Voraussetzung ihrer Möglichkeit, und die Bestimmung der Menschheit überhaupt zur Liebesgemeinschaft mit Gott, als die nothwendige Consequenz ihrer Wirklichkeit, in sich schloss. Mit andern Worten: das religiöse Sohnesbewusstsein Jesu war als solches unmittelbar zugleich das Bewusstsein von der allgemeinen Gotteskindschaft der Menschen, näher von der allgemeinen zur menschlichen Natur gehörigen Anlage, Fähigkeit und Bestimmung zur Gotteskindschaft, zu deren thatsächlicher Verwirklichung in ihm selber der wirksame Anfang, das Prinzip gegeben war. Es ist von höchster Wichtigkeit, diesen Begriff der „Gotteskindschaft" recht zu verstehen. Einerseits wäre es falsch, zu meinen, als ob diess Verhältniss zu Gott dem Menschen an und für sich völlig fremd wäre und ihm durch den Glauben an den Gottessohn Jesus erst als etwas völlig Neues zukäme. Vielmehr redet ja Jesus ganz allgemein und in der Anrede an die verschiedensten Menschen von „eurem Vater im Himmel" und der verlorene Sohn des Gleichnisses war Sohn auch schon vor seiner Bekehrung, während er noch dem Vaterhaus fremd war und in der Irre ging; er war Sohn an sich, seinem ursprünglichen, auch durch die Sünde nicht verlierbaren Wesen nach, wenn gleich nicht in der Wirklichkeit seines thatsächlichen Lebens. Darum musste er allerdings das, was er an sich immer war, in der Wirklichkeit erst werden durch die thatsächliche Umkehr und Hinkehr zum Vater, durch Busse und Glauben. Insofern also gilt es überhaupt vom Menschen, dass er ein wirkliches Kind Gottes erst zu werden vermöge durch gläubige Annahme des Wortes Jesu, in welchem sich ihm die göttliche Gnade als väterliche Liebe darbietet. Diese war ihm factisch, so lang er unter der Sünde oder unter dem Gesetze war, verschlossen; so lang war also das Kindschaftsverhältniss nicht nur nicht wirklich vorhanden, sondern auch nicht einmal für den Menschen erreichbar oder auch nur denkbar; auch anstreben konnte er es nicht, da es noch gar nicht innerhalb des Umkreises seines religiösen Bewusstseins als realisirbare Idee aufgegangen war. Erst dadurch, dass im Sohnesbewusstsein Jesu jenes Verhältniss, wie es dem Wesen Gottes und der Menschen entspricht, als factische Wirklichkeit gegeben war, wurde den Menschen überhaupt und allgemein die Möglichkeit eröffnet, das, was sie an sich sind und sein sollten, aber nicht wirklich waren, auch wirklich und wahrhaft zu werden. Die Gotteskindschaft also, die der Mensch als Anlage und Bestimmung in seinem Wesen trägt, kam zur Verwirklichung durch die gläubige Annahme der in Jesu ihm aufgeschlossenen Offenbarung Gottes als des „himmlischen Vaters".

§ 38.

Wiefern liegt nun aber hierin ein neues sittlich-religiöses Lebensprinzip?

Ist der Mensch „Kind Gottes", so ist der göttliche Wille nicht mehr ein ihm Fremdes, Aeusserliches, dem er nur aus Zwang, Furcht oder Hoffnung auf Lohn sich unterwerfen würde, sondern er weiss sich dann mit Gott wesensverwandt, fühlt also den göttlichen Willen zugleich als die wahre innere Bestimmung seines eigenen Wesens, so dass er jenen erfüllend zugleich sein eigen Wesen verwirklicht. Noch mehr: Das Kind Gottes weiss sich als Gegenstand der väterlichen Liebe und Fürsorge Gottes; diese Gewissheit, von Gott geliebt zu sein, gewährt aber nicht nur die höchste Freude und den beseligendsten Frieden, sondern weckt auch nothwendig die dankbare Gegenliebe von Seite des Menschen, in welcher er sich aus freiem innerem Trieb dem Dienste Gottes weiht und nach der sittlichen Verähnlichung mit Gott strebt. — Dasselbe lässt sich mit Beziehung auf den centralen Begriff der Predigt Jesu vom „Reich Gottes" auch so ausdrücken: Die Kinder Gottes sind schon Genossen dieses Reichs und wissen sich als solche im realen Besitz und Genuss seiner innerlich gegenwärtigen (geistlichen) Segensgüter; aber, wie ja diess Reich nicht bloss ein gegenwärtiges, reales, sondern immer auch noch ein zukünftiges, zu realisirendes ist, so ist auch der Antheil an ihm nicht bloss eine Gabe, sondern zugleich immer auch eine Aufgabe, nicht bloss realer Genuss seiner gegenwärtigen Güter, sondern auch zugleich ideale Pflicht, an seinem Kommen im Einzelnen und Ganzen immer fort zu arbeiten.

Diess also ist das Neue und specifisch Christliche der Moral Jesu. Sie zeichnet sich nicht etwa bloss aus durch die Erhabenheit und Reinheit des sittlichen Ideals, sondern das Wesentliche ist diess, dass hier das aufgegebene Ideal auf einer gegebenen Realität ruht und in nichts anderem als in der naturgemässen Bethätigung und folgerichtigen Entwicklung und Vollendung der letztern besteht. Die sittliche Pflicht der Gotteskinder ist kein blosses leeres „Soll“, sondern hat ein entsprechendes reales Sein zur Voraussetzung und Wurzel, nehmlich eben ihr Mitgottverbundensein in der Wechselseitigkeit väterlicher und kindlicher Liebe. Weil diese Liebe das beherrschende Prinzip ihres Wesens und Lebens ist, desswegen sollen sie und können aber auch in Kraft dieses lebendigen inwohnenden Prinzips ihre ideale Bestimmung gottgleicher Vollkommenheit immer gründlicher und allseitiger erfüllen. Weil sie in ihrer Gottesgemeinschaft sich schon als die Genossen eines real daseienden Reichs Gottes fühlen, desswegen sollen sie und können aber auch an dem immer völligeren Kommen des Gottesreichs in der sittlichen Weltgestaltung arbeiten.

Bemerke man auch noch, wie hiebei der Begriff des „Lohns“, welcher unter dem Gesetz die Gegenseite zum legalen Gehorsam gebildet hatte, in der Weise vergeistigt ist, dass die sittliche Wahrheit desselben bestehen bleibt, während die eudämonistische Vorstellung davon abgestreift ist. Der Lohn ist nehmlich hier nicht mehr ein äusseres Aequivalent für eine bestimmte Leistung, wobei eins gegen das andere in rechtlicher Weise abgewogen würde. Von solchem Lohndienst kann keine Rede mehr sein, wenn nach Matth. 20, 1 ff. der Lohn für 1 Stunde Arbeit dem für 1 Tag gleichgestellt wird. Vielmehr besteht der Lohn darin, dass Jeder im selben Masse, in welchem er an der Erreichung der sittlichen Aufgaben arbeitet, auch der göttlichen Gnadengaben völliger theilhaftig wird, und da diese ebenso wie jene im Reich Gottes sich zusammen fassen, so besteht der evangelische Lohn zuletzt einfach darin, dass die Kinder Gottes das höchste Ziel ihres Strebens, ihrer Opfer und Arbeiten auch wirklich erreichen und das höchste Gut, das sie als geistigen Besitz prinzipiell schon in sich haben, immer völliger nach allen Seiten bei sich selbst und bei den Andern verwirklicht sehen. Diess ist aber nur die jedem sittlichen Streben nothwendige Gewissheit seiner Zweckerreichung, ohne

welche es in sich selbst zwecklos und widersprechend
wäre. Neben dieser absoluten (und eben damit reinen)
Teleologie des sittlichen Strebens wird jeder Nebenzweck,
jedes fremdartige Motiv (z. B.: Beifall oder Wiederver-
geltung der Menschen) ausdrücklich als ein das sittliche
Thun entwerthendes und vor Gott verunreinigendes Motiv
verworfen (Matth. 6, 1 ff.).

§ 39.

So stellt uns also die Lehre Jesu das Verhältniss von
Sittlichkeit und Frömmigkeit in dem organischen Wesens-
zusammenhang beider dar, dass die Sittlichkeit in der
Frömmigkeit, näher in dem frommen Bewusstsein der
Gotteskindschaft ihr absolutes Prinzip hat, in beiderlei
Sinn, sowohl als ideales Gesetz wie als reale Kraft.
Hiermit sind nun aber in der That die entgegenge-
setzten Einseitigkeiten der heidnischen wie der
jüdischen Moral überwunden.

Das Judenthum hatte an dem Willen des heiligen
Gottes wohl ein absolutes bindendes Gesetz gehabt; aber
als äusserliches Gesetz eines heiligen Gebieters stand es
mit der unheiligen Natur und Wirklichkeit des Menschen
in stetem Widerspruch, konnte daher auch nicht die Kraft
zur Erfüllung geben; es war weder lebendig noch konnte
es zum Guten den Willen beleben, sondern es blieb
ein todter, ja — als richtendes Gesetz — ein tödtender
Buchstabe.

Die Heiden umgekehrt kannten nur ein dem Menschen innerliches, rein-menschliches Gesetz: entweder
seine ganze sinnlich-geistige Natur, mit allen ihren
Kräften und Trieben zusammen, oder seine reine Vernunft mit Ausschluss alles Besondern und Individuellen.
Im ersten Fall war es wohl ein lebendiges Pinzip, eine
reale Kraft, aber nicht ein über dem natürlichen Menschen stehendes und für ihn verbindliches heiliges Gesetz; sondern das natürliche Leben in der ganzen Endlichkeit und Bedingtheit seiner mannigfachen Triebe

war — wie letzter Zweck so auch — einziges Gesetz; diess war also eigentlich überhaupt kein sittliches Prinzip, dem immer die Unbedingtheit wesentlich zukommt, sondern es war das Prinzip der nicht-sittlichen, natürlichen Freiheit. Im zweiten Fall, wenn man das Moralgesetz in die reine abstracte Vernunft oder Idee verlegte, war diess nur ein negatives Prinzip, welches das wirkliche Leben in keiner Weise positiv zu beherrschen und zu versittlichen vermochte, eben desswegen aber dasselbe doch schliesslich wieder in seiner natürlichen Gesetzlosigkeit gewähren und sich ausleben liess (cf. dazu oben, § 18, 2).

Im Gegensatze also zu diesen beiden Einseitigkeiten, der gesetzlichen und der gesetzlosen Moral, setzt das Christenthum das Moralprinzip in das fromme Bewusstsein der Gotteskindschaft oder eines solchen Verhältnisses zwischen Gott und Mensch, welches eben so sehr den bestimmten Unterschied und die schlechthinige Erhabenheit des unendlichen Geistes über den endlichen, als doch auch zugleich die Wesensverwandtschaft und Liebesgemeinschaft beider ausdrückt, also im Unterschied die ethische Einheit beider festhält. Damit hat nun der Mensch einerseits in dem Willen Gottes, als seines Schöpfers und Herrn, ein heiliges, schlechthin bindendes Gesetz, von dem er sich unbedingt abhängig, dem er sich unbedingt verpflichtet fühlt; andererseits aber findet zwischen dem Willen Gottes als des Vaters und des Menschen als des Kindes nicht nur eine ursprüngliche Wesensgleichheit, sondern auch eine frei-sittliche Lebens- und Liebesgemeinschaft statt, in Folge wovon jener Wille des gebietenden Gottes — unbeschadet seiner Unbedingtheit — aus der Aeusserlichkeit des positiven Gebots heraus- und in die freie Innerlichkeit des Menschen hineintritt. So ist nun hier weder gesetzlose Freiheit noch unfreie Gesetzlichkeit, sondern ein Gesetz der Freiheit und eine Freiheit, die sich selbst Gesetz ist: — ein Gesetz der Freiheit, sofern hier das Gesetz nicht mehr im todten Buchstaben besteht, der dem freien Trieb entgegen ist, sondern im lebendigen Geist Gottes, der dem Herzen

des Frommen innewohnend zu dessen eigenem freien
Leben wird und das Wollen wie das Vollbringen des
Guten wirkt; — und eine Freiheit, die sich selbst Gesetz
ist, sofern der Wille des Menschen sich nicht mehr von
den Trieben der ungeistigen Natur· bestimmen lässt,
wähnend, dass er hierin seine individuelle Freiheit be-
thätige, sondern von dem Trieb der Liebe Gottes, die
ihm zur andern Natur geworden ist, worin also Selbstbestimmung und göttliche Bestimmung, Freiheit und Abhängigkeit eins sind.

§ 40.

Wir haben das Wesen der christlichen Moral aus
der Lehre Jesu in unmittelbarer Reinheit, Wahrheit und
Klarheit kennen gelernt. Dieselben wesentlichen Gedanken werden wir nun zwar auch im System des Apostels
Paulus finden, aber nicht mehr in jenem ungebrochenen
reinen Lichte des unmittelbaren frommen Gefühls, sondern schon hindurch gegangen durch das Medium
dogmatischer Reflexion und Speculation, — ein
Unterschied von der Moral Jesu, der, wenn er auch zunächst nur von formaler Bedeutung zu sein scheint, doch
auch nicht ohne materialen Einfluss bleiben kann.

Auszugehen haben wir von der paulinischen Anthropologie, als der Grundlage seiner christlichen Ethik.

Das menschliche Ich, seine lebendige Seele, ist an
sich, seinem gottgeschaffenen Wesen und seiner gött-
lichen Bestimmung nach, Geist ($\pi\nu\varepsilon\tilde{\upsilon}\mu\alpha$), eine Wirkung
des lebenschaffenden Gottesgeists und demselben wesens-
verwandt; daher auch der Mensch von Natur schon ein
Wissen von Gott und Gottes Gesetz in sich, in seiner
Vernunft und seinem Gewissen trägt, und sogar nach
dem inwendigen Menschen nicht umhin kann, mit dem
geistigen Gesetz Gottes zu sympathisiren. Allein trotz
dieser geistigen Potenz und Anlage ist doch das actuelle
Ich seiner wirklichen Beschaffenheit und Lebensrichtung
nach von Haus aus nicht vom Geiste bestimmt, sondern

von dessen Gegentheil, vom Fleisch. Das Fleisch ($\sigma\acute{\alpha}\varrho\xi$) bezeichnet ursprünglich das von Gott zwar geschaffene, aber in seiner Endlichkeit Gott entgegengesetzte, also nicht-göttliche oder weltliche Sein, spezieller beim Menschen den irdischen Stoff, welcher das materielle Substrat seiner Persönlichkeit, seiner lebendigen Seele, seines Ich bildet. Da nun diese materielle Substanz dem Geiste, welcher das Wesen Gottes bildet, wesentlich entgegengesetzt ist, so ist die natürliche Lebensäusserung des Fleisches, das $\dot{\epsilon}\pi\iota\vartheta\upsilon\mu\epsilon\tilde{\iota}\nu$, wesentlich gottwidrig, also sündhaft; das Fleisch ist als Prinzip des geist- und gottwidrigen $\dot{\epsilon}\pi\iota\vartheta\upsilon\mu\epsilon\tilde{\iota}\nu$, als Sitz der sündhaften $\dot{\epsilon}\pi\iota\vartheta\upsilon\mu\acute{\iota}\alpha\iota$, wesentlich sündhafte Substanz, $\sigma\grave{\alpha}\varrho\xi$ $\dot{\alpha}\mu\alpha\varrho\tau\acute{\iota}\alpha\varsigma$, Röm. 8, 3. 7. 7, 18. Gal. 5, 17. Daraus folgt aber, dass auch der Mensch sündig ist, sofern und soweit sein Leben unter der Herrschaft jenes materiellen Prinzips steht. Diess aber ist beim natürlichen Menschen von Anfang und ausnahmslos der Fall. Weil sein Ich von Anfang her bloss Seele mit der Potenz zum Geist ist, nicht wirklicher Geist, sondern als Seele noch blosse Potenz des Leibeslebens, dessen Stoff die $\sigma\acute{\alpha}\varrho\xi$ ist, so steht es auch von Anfang unter der bestimmenden Macht des Fleisches, ist also trotz seiner geistigen Wesenheit doch in Wirklichkeit nicht geistig, sondern fleischlich bestimmt, $\sigma\alpha\varrho\kappa\iota\kappa\acute{o}\varsigma$.

Diese ursprüngliche Beschaffenheit des natürlichen Menschen ist nun zwar material schon böse, formal jedoch in sofern noch nicht, weil es nicht freie und bewusste That des Ich ist („die Sünde ist noch todt im Menschen"). Aber unvermeidlich wird aus diesem Fleischlichsein die wirkliche (formale) Sünde hervorgehen, sobald der natürlichen und naiven Regung des Fleisches (der $\dot{\epsilon}\pi\iota\vartheta\upsilon\mu\acute{\iota}\alpha$ $\tau\tilde{\eta}\varsigma$ $\sigma\alpha\varrho\kappa\acute{o}\varsigma$) das verbietende Gesetz gegenüber tritt und das Ich des Menschen zur Selbstentscheidung gegen das bisher ungehindert sich geltend machende Fleisch auffordert. Denn da zeigt es sich dann sofort, dass dieses Ich, obgleich eigentlich mit jenem Gesetz sich wahlverwandt fühlend und sympathisirend, gleichwohl unvermögend ist, sich actuell von der beherrschenden Macht des Fleisches loszusagen und in Uebereinstimmung mit dem göttlichen Gesetz, das geistlich ist, sich selbst zu bestimmen. Statt dessen wird also jetzt nothwendig das geistig unvermögende und fleischlich bestimmte Ich in bewusstem Ungehorsam gegen das göttliche Gesetz sich von der ἐπιθυμία τῆς σαρκός bestimmen lassen, also in eigenwilliger Selbsthingebung an das Gott widerstrebende Fleisch in wirkliche Gesetzesübertretungen (παραπτώματα) verfallen.

Diesem Zustand unter der Sünde aber vermag auch das göttliche Gesetz, so heilig es an sich ist, in keiner Weise abzuhelfen. Vielmehr dient dasselbe — unter der Voraussetzung der wirklich beschaffenen Natur des fleischlichen Menschen — nur dazu, aus dieser material bösen Natur auch formal sündige Selbstbestimmungsacte hervorzulocken, also gerade die Uebertretungen zu veranlassen und zu mehren und dadurch dem Menschen seinen natürlichen Zustand als einen Widerspruch nicht nur gegen Gott, sondern auch gegen sein eigenes besseres Wesen zum Bewusstsein zu bringen, eben damit aber auch das Erlösungsverlangen zu wecken und zu reifen. Aber die wirkliche Aufhebung dieser Sündenknechtschaft kann nicht vom Gesetz, auch nicht von irgend einer Vervollkommnung der Gesetzesreligion ausgehen, sondern nur von einem völlig neuen Prinzip.

§ 41.

Hier mündet nun die paulinische Anthropologie in seine dogmatische Christologie, von welcher wir aber natürlich hier nur so viel andeuten können, als zum Verständniss seiner Ethik schlechthin nöthig ist.

Das neue sittlich-religiöse Lebensprinzip nehmlich erkannte Paulus als objectiv gegeben in Christo, speciell in Christi Tod und Auferstehung, subjectiv aber verwirklicht im Glauben an Christum, näher in der gläubigen Aneignung des in Christi Tod und Auferstehung objectiv gegebenen Heilsprinzips. Und zwar diess so: Im Tode Christi ist am Fleische des urbildlichen himmlischen

Menschen und Gottessohns Jesus Christus und damit aber auch zugleich am menschlichen Fleisch überhaupt das Todesurtheil um der Sünde willen vollzogen und so dem Richterspruch des Gesetzes genug gethan, der göttliche Zorn versöhnt, der Strafbann, in welchem er die Menschen hielt — die Herrschaft des Todes um der Sünde willen — gebrochen und gelöst worden. (Rom. 8, 3. Gal. 3, 13. 2 Cor. 5, 21). Weiter aber ist auch zur Erfüllung der Gesetzesforderung der thatsächliche Anfang gemacht theils durch den sündlosen Wandel und Gehorsam Christi, theils aber namentlich durch seine Auferstehung, sofern in dieser der Geist Gottes oder Christi sich thatsächlich als das bestimmende reale Lebensprinzip (als $\pi\nu\varepsilon\tilde{\upsilon}\mu\alpha\ \zeta\omega\sigma\pi\sigma\iota\sigma\tilde{\upsilon}\nu$ 1Cor. 15, 45) erwiesen hat. Und so kann es sich denn nun hinfort nur darum handeln, dass der Mensch dieses objectiv von Gott aus hergestellte, in Christi Person und Werk, specieller Tod und Auferstehung gegebene neue Heilsprinzip sich auch subjectiv nach allen seinen Seiten und Wirkungen zu eigen mache.

Aber auch diess wieder geschieht keineswegs durch rein subjective menschliche Thätigkeit, sondern vermittelt sich durch eine ganze Reihe complicirter Actionen, welche anhebt mit einem rein objectiven (transcendenten) Act Gottes, dann übergeht in einen objectiv-subjectiven Prozess gemeinsamen göttlich-menschlichen Geschehens und erst zuletzt zum Ziele kommt in einem rein subjectiven menschlichen Verhalten. Die active Initiative also ist auch hier, bei der Heilsaneignung, ebenso wohl wie bei der Herstellung des Heilsprinzips, die Sache Gottes; von Seiten des Menschen dagegen wird als einzige Bedingung verlangt der Glaube, d. h. das Vertrauen auf die Heilswirkung jenes von Gott dargebotenen Heilsmittels, die vertrauensvolle Hingebung an den im Tode Christi geoffenbarten Gnadenwillen Gottes, mit Verzicht auf alles eigene Thun und Verdienen, ja mit Absehen von allem eigenen Sein und Vermögen. Eben wegen dieser Verzichtleistung auf alle eigene Activität und dieser freiwilligen Passivität Gott gegenüber ist der Glaube — nicht zwar die productive Ursache des Heils, wohl aber — die auf Seiten des Menschen als conditio sine qua non aller weiteren göttlichen Heilswirksamkeit erforderliche richtige Gemüthsbeschaffenheit. Die göttliche Action aber lässt Paulus beginnen mit dem objectiven und transcendenten Richterspruch der Rechtfertigung — einem forensischen Begnadigungsurtheil, worin Gott den gläubigen Sünder von der Schuld und Strafe seiner Sünde losspricht und ihm die Rechte der Gotteskindschaft zuspricht. So für sich genommen, in ihrer Abstraction vom Nachfolgenden, als rein ideales Gerechtsprechen eines factisch Ungerechten (Rom. 4, 5), hat die Rechtfertigung freilich etwas sehr Paradoxes, woran sich die verständig-moralische Betrachtungsweise von Jacobus an jederzeit gestossen hat. Allein wie sehr auch dieser Anstoss dadurch verschuldet ist, dass die dialektische Darstellungsweise des Apostels das logische Prius der göttlichen Initiative in einem besondern, zeitlich vorausgehenden Akte der Transcendenz („in foro Dei") fixirt hat: so müssen wir doch, um seinem ethischen Sinne gerecht zu werden, wohl beachten, dass jener ideale Rechtfertigungsakt nicht abgetrennt werden darf von den sofort auf ihn folgenden realen Wirkungen. Die unmittelbare Folge nehmlich jener idealen Adoption ist die an die Taufe geknüpfte reale Mittheilung des Kindschaftsgeistes (Gal. 4, 6. Rom. 8, 15). Hiemit erst tritt die heilmittheilende Activität Gottes, welche in der Rechtfertigung noch eine rein objective ausser dem Menschen gewesen war, in den Menschen selbst hinein und wird zu einem objectiv-subjectiven Prozess, wobei die objective göttliche Wirksamkeit innerhalb der menschlichen Subjectivität vorgeht, diese also in mystischer Gemeinschaft mit dem göttlichen Factor steht. Es ist das jene mystische Gemeinschaft des Todes und der Auferstehung Christi, in welche der Gläubige in Kraft des bei der Taufe empfangenen Geistes Christi versetzt wird. Hier erfährt nun der Mensch jenes Todesurtheil über die Sünde, welches im Tode Christi ausser ihm (objectiv und prinzipiell für die ganze Menschheit) vollzogen worden war, auch innerlich an sich selbst, indem sein alter, durch das Fleisch bestimmter

Mensch mit Christo d. h. durch den innerlich angeeigneten Geist Christi gekreuzigt, des Fleisches Wille gebrochen und seine Regungen (ἐπιθυμίαι und παθήματα) machtlos gemacht werden (Röm. 6. Gal. 5, 24). Ebenso aber auch die Auferstehung Christi oder dessen πνεῦμα ζωοποιοῦν erfährt der Gläubige innerlich an sich selbst dadurch, dass auch er jetzt durch den kindschaftlichen Geist Christi die Macht erhält, aus dem Todsein in Sünde aufzustehen und befreit von der Sklaverei der Sünde hinfort alle seine Glieder und Kräfte in Gottes Dienst zu begeben.

So wird denn also der Mensch durch die Mittheilung des kindschaftlichen Geistes Christi zu einer „neuen Kreatur“; sein Ich wird aus einer bloss potentiell geistigen, actuell fleischlichen Seele jetzt zu wirklichem und wirksamem Geist; und zwar ist diese Actualisirung seiner geistigen Anlage allerdings nur möglich durch Einwirkung des göttlichen Geistes, zu welchem er sich im Glauben bloss receptiv verhält, aber gleichwohl ist es nun doch nicht etwa eine ihm wesensfremde Substanz, die in ihn hineingekommen ist, sondern es ist sein Geist, die vollendete Wirklichkeit der seinem eigenen gottebenbildlichen Ich wesentlich zukommenden Geistespotenz. Eben darum aber erweisst sich nun auch diess neue Geistesprinzip im Menschen sofort als sein eigenes subjectives Leben in der Neuheit des Geistes (Rom. 7, 5), als erneuter Zustand des subjectiven Selbstbewusstseins. Erst in diesem subjectiven Moment kommt die Heilsaneignung zu ihrem Ziel und Abschluss; denn nur dadurch, dass das Heil wirklich dem Ich zur eigenen inneren Lebensbestimmtheit wird, ist es auch wirklich ihm „angeeignet“.

§ 42.

Fragen wir nun aber näher nach der psychologischen Form, unter welcher diese neue subjective Lebensbestimmtheit auftritt, so bezeichnet diese der Apostel kurzweg als „Liebe“; und dieser Ausdruck ist um so treffender, als er das neue Geistesleben nach seinen beiden Seiten als passives und actives oder als neue Bestimmtheit des Gefühls und des Willens, umfasst. Das neue subjective Geistesleben ist nehmlich

1) Erfahrung der väterlichen Liebe Gottes in dem Gefühl des Friedens mit dem versöhnten Gott, der kindlichen Freudigkeit zu Gott, die vertrauensvoll ihm naht und alle Anliegen in Bitte und Gebet vor ihn bringt, und in dem Bewusstsein der Freiheit von aller Schranke und Scheidewand im Verhältniss zu Gott, insbesondere vom Gesetz des Buchstabens, dessen verdammendes Urtheil den Menschen vorher unter den Geist der Furcht gebannt hatte. Diese Furcht und Knechtschaft hat nun ein Ende; denn nachdem die Liebe Gottes in unser Herz ausgegossen ist durch den heiligen Geist (Röm. 5, 5), so ist nichts Verdammliches mehr an uns, sondern wir sind durch das Gesetz des Geistes des Lebens in Christo frei geworden vom Gesetz der Sünde und des Todes (Rom. 8, 1ff.). Zugleich sind damit auch alle jene Beschränkungen im Gebrauch der Welt, welche die Pädagogie des Buchstabengesetzes dem Menschen auferlegt hatte, abrogirt, die Gewissen sind befreit von dem äusserlichen Gängelband der statutarischen Gebote und Verbote (z. B. in Bezug auf Speisen oder Feiertage) und es gilt jetzt jenes kühne Wort freien Selbstgefühls: „Alles ist mir erlaubt!" und: „Alles ist euer!" Aber dass nun doch diese Freiheit von äusserlich bindendem Gesetz nicht zur Ungebundenheit einer fleischlichen Willkühr führen kann, dafür bürgt eben dieselbe kindschaftliche Liebe, in welcher auch diese Freiheit wurzelt; wie sie als Bewusstsein von der väterlichen Liebe Gottes dem Menschen das Kindesrecht der Freiheit gewährt, so legt sie hinwiederum als Gesinnung dankbarer kindlicher Gegenliebe dem Menschen die Kindespflicht des Gehorsams auf. Denn die Liebe Gottes, die durch den heiligen Geist in unser Herz ausgegossen wird, ist nicht bloss jenes passive Gefühl oder Innewerden der väterlichen Liebe Gottes, sondern sie ist auch zugleich

2) die entsprechende active Willensrichtung oder die

Gesinnung kindlicher dankbarer Gegenliebe gegen Gott. Diese active Liebe des Menschen zu Gott, auf Grund der erfahrenen Liebe Gottes zum Menschen, erweist sich nun als Willenstrieb und Willenskraft zum Guten, zur Uebereinstimmung mit dem göttlichen Willen, als thatkräftiges und leidensmuthiges Bestreben, in allem Thun und Leiden sein Wohlgefallen für sich zu haben. So ist denn der Christ in der Freiheit vom Gesetz des Buchstabens doch nicht ungebunden, ἄνομος, sondern er ist innerlich gebunden durch das seinem eigenen freien Willen als Trieb und Drang der Liebe eingepflanzte Gesetz der Freiheit, ist also ἔννομος Χριστῷ, d. h. der Geist Christi, in welchem er in seinem eigenen Elemente lebt, ist für ihn auch die gesetzliche Norm, nach welcher er in seinem Wandel sich richtet (Gal. 5, 25. Rom. 8, 4. 1 Cor. 9, 21). Nicht zwar so, als ob er damit schon ein vollendeter Heiliger wäre, bei welchem der Geist in jedem Moment das factisch Herrschende und Bestimmende wäre, das Fleisch sich gar nicht mehr regte; vielmehr ist die Erneuerung zunächst nur erst „im Geiste des Gemüths" d. h. im Centrum des persönlichen Lebens vollzogen, die persönliche Gesinnung (φρόνημα), Denkart und Willensrichtung ist nicht mehr die des Fleisches, sondern ist jetzt die des Geistes und damit ist im Prinzip die Knechtschaft der Sünde schon überwunden; aber auch nur im Prinzip! Denn noch ist der Leib der Sünde und des Todes da und die ἐπιθυμίαι τῆς σαρκός wirken in ihm fort und suchen stets wieder das Ich sich dienstbar zu machen. Daher gilt es jetzt, das geistliche Gesinntsein (φρόνημα τοῦ πνεύματος) zu bewähren im praktischen Kampf wider die ἐπιθυμίαι, damit diese nicht wieder zur bestimmenden Macht für das handelnde Ich werden können (Röm. 8, 13. Gal. 5, 17). Diess ist die Aufgabe und der Prozess der Heiligung oder das christliche Tugendleben, das sittliche Leben in seinem auf Grund der gläubigen Heilsaneignung sich entwickelnden Verlauf. Dasselbe besteht sonach eben nur darin, dass das innerlich im Centrum des persönlichen Lebens gesetzte neue Lebensprinzip (πνεῦμα υἱοθεσίας) sich auch nach aussen immer völliger verwirkliche und ausgestalte, Seele und Leib heiligend durchdringe und alle Kräfte in den Dienst Gottes hereinziehe.

§ 43.

Vergleicht man nun die im vorhergehenden § geschilderten Grundzüge der paulinischen Ethik mit demjenigen, was § 38 als die Eigenthümlichkeit der Moral Jesu dargestellt hat, so lässt sich die völlige Uebereinstimmung in der Grundanschauung unmöglich verkennen: dass nehmlich das Sittliche zu seiner Grundlage und seinem realen Prinzip die Gotteskindschaft hat, eine reale Lebensbestimmtheit, zu welcher zwar die Anlage und Potenz in der Natur des Menschen liegt, deren Verwirklichung aber von Jesu Christo ausgeht. Ebenso deutlich springt aber auch der Unterschied in die Augen, dass dieses religiöse Bewusstsein bei Paulus erst aus jenen komplicirten dogmatischen Voraussetzungen und Mittelgliedern resultirt, wie sie in § 41 geschildert wurden, von denen sich in der Moral Jesu nichts findet. Während jenes Bewusstsein bei Jesus eine unmittelbare Gewissheit des frommen Gemüths ist, die, in Jesu selbst urbildlich gegeben, durch sein einfaches Wort in den empfänglichen Gemüthern angeregt wird: so ist es bei Paulus vermittelt durch den Glauben an gewisse objective Geschichtsthatsachen und transcendente göttliche Actionen, welche natürlich nicht Gegenstand des unmittelbaren frommen Gefühls, sondern nur einer theoretischen Ueberzeugung sein können. An die Stelle der unmittelbaren Empfänglichkeit für die Mittheilung des kindschaftlichen Geistes Jesu (diess ist der „Glaube" dort) tritt bei Paulus ein Glaube, der theoretische Ueberzeugungen, dogmatisches und historisches Fürwahrhalten wenigstens als eines seiner Momente in sich hat. Bei Paulus allerdings ist diess nur die Form der dogmatischen Reflexion; je mehr aber diese dogmatische Form als das Wesentliche des christlichen Glaubensbegriffs betont würde, in demselben Grade käme in das religiöse Prinzip des Sittlichen ein neuer Positivismus herein, der — ganz gegen die Idee der christlichen Moral — aufs neue dem Sittlichen einen ihm wesentlich fremden Zwang anthun würde.

§ 44.

Lehrreich ist in dieser Beziehung ein Blick auf die johanneische Moral, welche einerseits im Vergleich mit Paulus wieder auf die einfachere Anschauung Jesu zurückgeht, andererseits aber doch durch eine noch weiter gehende metaphysische Speculation über die Person Jesu das Theoretische des Glaubensbegriffs und damit den Positivismus innerhalb der christlichen Ethik noch verschärft.

Auch nach Johannes ist im Menschen von Natur eine göttliche Potenz, eine Wesensverwandtschaft mit Gott, die ihn zu einem potentiellen Kind Gottes macht und zur wirklichen Kindschaft prädisponirt. Aber diese Prädisposition und potentielle Kindschaft Gottes ist noch so weit entfernt, ein wirkliches Leben in und mit Gott zu sein, dass vielmehr alle Menschen von Natur sich im factischen Zustand des geistlichen Todes oder unter dem Zorn Gottes befinden, ein Widerspruch zwischen ihrer Anlage und ihrer Wirklichkeit, den sie nicht aus eigener Macht zu lösen im Stande sind. Diess wird vielmehr von Gott dadurch bewerkstelligt, dass er seinen Sohn sendet, welcher als der Einzige, der vom Vater gekommen ist, auch allein zum Vater führen kann. Durch den Glauben an diesen erschienenen Gottessohn erhalten nun auch die Menschen Macht, Gottes Kinder zu werden, die von Gott geboren sind. Weil nun die Christen aus Gott geboren sind, so sollen sie auch Gott als Kinder und sich unter einander als Brüder lieben; weil sie in Gemeinschaft mit Gott stehen, sollen sie auch in derselben bleiben und dieselbe in ihrem Wandel auf Erden bethätigen. — Ganz in diesem Sinn hatte Paulus gesagt: Weil ihr mit

Christo gestorben und auferstanden seid, sollt ihr fortan der Sünde absterben und Gotte leben; oder Jesus: weil ihr Gottes Kinder seid, sollt ihr streben vollkommen zu werden, wie euer Vater vollkommen ist.

Man sieht, die Gedanken sind die gleichen, aber die dogmatischen Vermittlungen der paulinischen Ethik sind hier wieder weggefallen. Wie das Heil in dem persönlichen Selbstbewusstsein Christi von seinem Verhältniss zu Gott schon vorhanden ist (nicht erst durch Tod und Auferstehung herzustellen), so erfolgt auch der Uebergang des Heils von Christo auf den Menschen, ohne den Umweg eines transcendenten Rechtfertigungsactes, einfach durch die Selbstmittheilung Christi in seinem Wort und die Annahme desselben von Seiten des Menschen (Joh. 17, 8). Was Paulus auseinander legt in einen transcendenten Act der Rechtfertigung, einen transeunten der Geistesmittheilung und den immanenten der Geisteswirkung, das fasst Johannes alles zusammen in den einen göttlich-menschlichen d. h. von Gott aus gewirkten aber im Menschen vorgehenden Act der Wiedergeburt oder der Genesis des in Glaube und Liebe mit Gott verbundenen und kindschaftlichen Lebens. Glaube und Liebe, die bei Paulus Ausgangs- und Zielpunkt des Heilsprozesses bilden und durch die zwischen inne liegende Rechtfertigung, zu der sie sich als Bedingung (Glaube) und Folge (Liebe) verhalten, getrennt werden, sind bei Johannes immer in und mit einander und machen zusammen in ihrer Einheit das neue Leben aus, das auf der Wiedergeburt ruht.

Allein auch bei Johannes fehlt die dogmatische Substruction der Ethik nicht, sie liegt nur auf anderer Seite. Das religiöse Selbstbewusstsein Jesu von seiner Gottessohnschaft, in welchem wir (§ 37) das neue sittlich-religiöse Lebensprinzip erkannt haben, ist hier in der metaphysischen Theorie von der Präexistenz Jesu als göttlicher Hypostase, als „Logos", fixirt. Daher ist dann auch der Glaube an ihn nicht bloss der unmittelbare religiöse Gemüthsact der Aneignung des in ihm erschienenen und von ihm zur Mittheilung dargebotenen Geistes der Gotteskindschaft, sondern auch die theoretische (metaphysische) Ueberzeugung von seiner Präexistenz als Logos, die Annahme des dogmatischen Satzes, dass in Jesu die einige göttliche Logoshypostase in Menschengestalt erschienen sei. Auch diess ist eine Form der dogmatischen Reflexion, ähnlich wenn auch nicht identisch mit der paulinischen und es gilt dasselbe hievon, wie dort, nehmlich dass dadurch in das religiöse Prinzip der christlichen Moral aufs neue eine positivistische Beschränkung hereinkommt, welche auf die Moral beengend einwirkt. Den Beleg hiefür können wir sogar aufzeigen in den Briefen Johannis. II Joh. v. 10 ist verboten, einen Menschen aufzunehmen oder zu grüssen, der sich nicht zu der bezeichneten christologischen Theorie bekenne; I Joh. 3, 23 ist die Annahme dieses Dogmas als göttliches Gebot hingestellt und den sittlichen Geboten gleichgeordnet; und I Joh. 5, 16 ist höchst wahrscheinlich unter der unverzeihlichen „Sünde zum Tode“ die bekämpfte ketzerische Christologie verstanden. Das sind unverkennbare Ansätze zu einer dogmatischen Intoleranz auf Kosten der Reinheit und Universalität der ächtchristlichen Nächstenliebe, wie sie uns von Jesus im Gleichniss vom Samariter so herrlich vorgezeichnet worden ist.

§ 45.

Indess wurde die unterscheidende Eigenthümlichkeit der christlichen Moral gegenüber der jüdischen nicht von allen Christen eben so scharf erkannt, wie von Paulus. Weit entfernt von der Einsicht des Heidenapostels, dass durch den Geist der Kindschaft für den Christen die Knechtschaft des Buchstabengesetzes aufgehoben und das mosaische Gesetz also jetzt mit der Erfüllung seines pädagogischen Zwecks seine Geltung verloren habe, sah vielmehr die Mehrzahl der aus dem Judenthum herkommenden Gemeinde in dem Christenthum nur wieder ein neues vollkommeneres Gesetz, ein potenzirtes Judenthum, welches dem alten so wenig ein Ende mache, dass es vielmehr die gesetzlichen Anforderungen im selben Masse verschärfe, in welchem die Erfüllung der Verheissungen näher gerückt sei. Theorie und Praxis der judenchristlichen Gemeinde stimmen hierin überein.

Die Theorie betreffend, darf nur auf den Brief Jakobi hingewiesen werden. Er enthält wohl sehr schöne und gesunde moralische Vorschriften, aber von specifisch Christlichem ist nichts darinnen zu finden; abgesehen davon, dass Christus ausser im Anfang gar nicht erwähnt ist, zeigt auch die Polemik gegen die paulinische Lehre von der „Rechtfertigung durch den Glauben" deutlich sein mangelndes Verständniss für das Prinzip der christlichen Moral. Zwar hat er mit dieser Polemik insofern natürlich vollkommen Recht, als er unter dem „Glauben" ein blosses theoretisches Ueberzeugtsein (sei es nun von Lehrsätzen oder — was ihm näher lag — von der Wahrheit der messianischen Verheissungen) verstand; und da diess theoretische Moment allerdings auch im paulinischen Glaubensbegriff liegt und die dogmatische Form desselben ausmacht (§ 43), so ist jenes Missverständniss um so näher liegend und die Polemik dagegen um so berechtigter und schätzenswerther. Gleichwohl ist schon diess bezeichnend, dass Jakobus das theoretische Moment für das einzige des Glaubensbegriffs hält und das Mystische daran, die Aneignung des Geists Christi und die Gemeinschaft des Lebens mit Gott durch diesen Geist, ganz übersieht. Der Glaube in diesem wahren Sinn würde der äussern Ergänzung durch Werke gar nicht erst bedürfen, da er, als Organ des Geistesempfangs und als erfüllt mit dem Geist Gottes, selber die fruchtbare Wurzel nicht etwa nur einzelner sittlicher Werke, sondern der ganzen sittlichen Lebenserneuerung ist (§ 42). An die Stelle dieses wahrhaft organischen Zusammenhangs von Glauben und Werken, Frömmigkeit und Sittlichkeit, wornach der „Glaube", als Empfänglichkeit des Herzens für die göttlichen Wirkungen, unmittelbar zugleich der Quellpunkt aller wahren sittlichen Activität ist, hat nun aber Jakobus ein blosses mechanisches

Nebeneinander von theoretischem Glauben und morali-
schem Thun gesetzt, wobei jener natürlich nicht mehr
das reale productive Prinzip von diesem, sondern bloss
eine äusserlich hinzukommende 'lahme Stütze für das
moralische Streben und Leisten des Menschen sein kann.
Wir dürfen daher auch jenes „Gesetz der Freiheit“, von
welchem Jakobus einmal redet, nicht im Sinn von Röm. 8, 2
verstehen, was die Mystik des paulinischen Glaubensbegriffs wesentlich voraussetzt; sondern Jakobus verbindet
damit (nach dem Zusammenhang der Stelle) den ziemlich
nüchternen moralischen Begriff: wenn man das Gesetz
thue, so mache es frei — nehmlich von dem Gericht, das
bei der Parousie über die Sünder ergehen wird. Dazu
diene das Gesetz, indem es als Spiegel dem Menschen
zur rechten Selbsterkenntniss und — wenn er es recht
benützt, — auch zur moralischen Besserung verhelfe. So
wahr und für die praktische Paränese brauchbar diess
auch ist, führt es doch nicht über den Standpunkt der
Gesetzesmoral hinaus.

Was die Praxis der ältesten Gemeinde betrifft, so
zeigt die Apostelgeschichte allenthalben, wie streng
diese sich an das mosaische Gesetz gebunden erachtete,
wie man vor allen Dingen die Beschneidung, wenn man
sie auch den Heidenchristen erliess, doch für die Judenchristen unbedingt beibehielt, wie man um der Einhal-
tung der Speiseverbote willen die Tischgemeinschaft mit
den Heidenchristen mied, wie man noch immer auf Ent-
haltungsgelübde und Opfer hohen Werth legte, kurz wie
man sich darauf viel zu gut that, nicht bloss fromm nach
dem Gesetz, sondern geradezu gesetzeseifrig zu sein und
genannt zu werden (Act 21, 20 ff.).

§ 46.

Aber auch dabei blieb es nicht; es war eine psychologische Consequenz, dass man bei der einfachen, wenn
auch strengen und eifrigen Erfüllung der Gesetzesforderung nicht stehen blieb, sondern — entsprechend den

verstärkten Motiven der höheren und belebten christlich-
messianischen Hoffnungen — auch eine höhere Gerechtigkeit, eine überfliessende sittliche Leistung vor den
Nichtchristen voraus haben wollte. So war die ascet i-
sche Richtung von Anfang eine nothwendige praktische Consequenz jener judenchristlichen Auffassung des
Christenthums als eines „neuen Gesetzes“, das nur
quantitativ, 'nicht eigentlich qualitativ über die alttestamentliche Religion des positiven Gesetzes hinausgehe.
Man wollte auf der Grundlage und in der Form der
Gesetzesreligion diese doch übersteigen, indem man ein
höheres, übergesetzliches Ideal der Frömmigkeit anstrebte.

Belege hiefür bieten die Neutestamentlichen Schriften,
theils directe, theils indirecte; die directen in den Schriften judenchristlichen Ursprungs: Jacobusbrief und
Apocalypse. Erster stellt mehrfach (2, 5 f. 5, 1 f.) die
Armen und die Reichen einander so unbedingt als die
Frommen und die Gottlosen gegenüber, dass wir ganz an
die ascetischen Ansichten der Ebjoniten uns erinnert
fühlen; letztere stellt (14, 4) die Ehelosigkeit so schlechtweg als die höhere Tugend hin, dass wir nicht umhin
können, an die spätere Mönchsmoral zu denken. Indirecte
Belege aber für die ascetische Richtung des Juden-
christenthums bietet uns die paulinische Polemik mehrfach. Röm. 14, 21 ist von schwachen Christen die Rede,
die sich von den mosaischen Speise- und Feiertagsgebo-
ten noch gebunden fühlen; dieselben huldigen aber auch
noch über das einfache Gesetz hinaus ascetischen Grundsätzen und enthalten sich des Genusses von Fleisch und
Wein. Noch weiter gingen die essenischen Asceten des
Colosserbriefs (Col. 2, 18—23) und am weitesten die
Irrlehrer der Pastoralbriefe, bei welchen sich das Verbot gewisser Speisen und der Ehe offenbar mit dualisti-
scher Ansicht vom Naturleben verband. Ist diess gleich
nicht mehr jüdisch, sondern gnostisch, so wird es doch
mit Recht als „jüdisches Fabelwesen“ bezeichnet (Tit. 1,
14. 10) und mit Gesetzesstreitigkeiten in Beziehung gesetzt; denn wir haben hier nur die letzte Spitze einer

Entwicklung vor uns, deren Ausgangspunkt, wie gesagt, in judaisirender Gesetzlichkeit lag.

---

2. Geschichte der Moral in der Christlichen Kirche.

1. Periode.

Die Kirche als verfolgte, im Kampfe um ihre Existenz gegenüber der unchristlichen Welt, — vom apostolischen Zeitalter bis auf Constantin.

§ 47.

Die eigenthümliche Entwicklung der christlichen Moral in dieser Periode der Entstehung des Katholicismus hat zu ihrem äussern (wohl zu beachtenden!) Grund die Situation des jungen Christenthums gegenüber einer feindlichen und ihrem ganzen Geist nach durchaus antichristlichen Welt, deren Verfolgungen es nichts als passive Tugenden, die Kraft des Duldens und den Muth des Sterbens, entgegenzusetzen hatte und vor deren giftiger Ansteckung es bloss in der Zurückziehung von allem Weltverkehr Schutz und Sicherheit fand. Dazu kommt dann aber als nicht minder wesentlicher innerer Grund der Entwicklung des katholischen Wesens eine Unfähigkeit der Gemeinde in ihrer grossen Mehrheit (sowohl der Heiden- wie der Judenchristen), sich auf der Höhe jener religiösen Mystik zu erhalten, wie sie bei Jesus, Paulus und Johannes das eigenthümlich neue christliche Moralprinzip gebildet hatte. Die überwiegend intellectualistische Richtung der Einen, die überwiegend practisch-gesetzliche der Andern, kurz der Mangel an religiöser Gemüthstiefe bei Allen erschwerte natürlich das theoretische Verständniss und verkümmerte die reine Verwirklichung des evangelischen Prinzips. Während dieses im unmittelbaren Bewusstsein der Gotteskindschaft, dieser mystischen Verbundenheit des frommen Herzens mit Gott besteht, sonach über den Gegensatz von Wissen und Thun hinaus im persönlichen Centrum des Menschen liegt und für beide, Wissen und Thun, den fruchtbaren Quell bildet: so entschwindet jetzt dieser mystische Einheitspunkt dem Bewusstsein mehr und mehr und es treten die in ihm innerlich, organisch gebundenen Momente des Christlichen, das Theoretische und das Practische, jetzt selbständig auseinander und nebeneinander und sind nur noch mechanisch zusammengehalten. In dieser Veräusserlichung und Loslösung von ihrem gemeinsamen mystischen Grunde versteinern nun aber beide: der Glaube wird zum statutarischen Glaubensdogma, die Praxis zur kirchlich-gesetzlichen Sitte und Disciplin. Beiderseits also tritt an die Stelle des im christlichen Moralprinzip liegenden Gesetzes des Geistes und der Freiheit (§ 39) ein neues Gesetz des Buchstabens und Zwangs. Diese dogmatische und kirchliche Form wird dann bald so sehr zur Hauptsache, dass von ihr geradezu das Heil selbst abhängig gemacht wird. Damit war man wieder auf den gesetzlichen Positivismus des Judenthums zurückgesunken, welchen doch das christliche Moralprinzip in seiner ursprünglichen Reinheit so kräftig überwunden hatte.

§ 48.

Allerdings lässt sich nicht verschweigen, dass diese Wendung der kirchlichen Moral schon im Neuen Testament gewisse Anknüpfungspunkte hatte: einerseits in der dogmatischen Form, welche das christliche Prinzip in den Systemen des Paulus und Johannes erhalten hatte; andererseits in der gesetzlichen Auffassung des Christenthums seitens der Judenchristen. Aber ein grosser Unterschied ist nicht zu verkennen! Während dort das Dogmatische, die Glaubenstheorie nur Form und dienendes Ausdrucksmaterial für den religiösen Gehalt, für die Glaubensmystik gebildet hatte, so wurde jetzt, in der

griechischen Kirche besonders, die dogmatische
Theorie zur Hauptsache, so sehr, dass man fast sagen
könnte: das Christliche ging auf in der christologischen
Speculation; je höher das Dogma an Werth und Interesse stieg, je lebhafter der christliche Eifer sich in dia-
lectischen Glaubensstreitigkeiten bethätigte, desto tiefer sank das Bewusstsein und die Anerkennung
von der ethischen Bedeutung des Christenthums;
theoretisch wurde die Moral kaum als zum Christenthum
gehörig behandelt und im Leben wurde die Reinheit
evangelischer Moral bald vom gesetzlich-ascetischen Geist
überwuchert. Die römische Kirche besonders war es,
welche die practische Seite des Christenthums zu gestalten übernahm; und hier traf die judenchristliche Tendenz auf gesetzliches Wesen (gegen welches auch schon
Paulus im Briefe an die römische Gemeinde hatte kämpfen müssen) mit dem angeborenen practischen Sinn und
Herrschertalent Roms zu gleichem Resultat zusammen.
Aber auch hier freilich trat der wesentliche Unterschied
ein: was beim palästinenschen Judenchristenthum das
mosaische Gesetz gewesen war, das wurde jetzt die kirchliche Satzung, die katholische Glaubensregel und Disciplin. Während in der alten Gemeinde die Gesetzlichkeit
ohne straffe äussere Organisation mehr nur in harmloser
Pietät gegen die väterlichen Sitten und Satzungen bestand, neben welcher im Uebrigen eine so gesunde und
reine Moral wie die des Jacobusbriefes bestehen konnte,
so wurde jetzt die christliche Sittlichkeit mehr und mehr
zur kirchlichen Legalität, zur gehorsamen Unterwerfung unter die Vorschriften der straff organisirten kirchlichen Regierung.

Diess Alles vollendete sich allerdings erst in der
nächten Periode, aber die Richtung die zu diesem
Ende führte, wurde schon in dieser ersten Periode mit
aller Entschiedenheit eingeschlagen. Man hat dies früher
viel zu wenig beachtet, indem man überwiegend nur auf
die Lichtseiten der christlichen Moral in den ersten Jahrhunderten achtete: auf die reinen Sitten, die Keuschheit,
Mässigkeit, Nüchternheit, auf die Wohlthätigkeit, Gast-

freundschaft, Versöhnlichkeit und allgemeine Menschenliebe, auf die Geduld, den Leidensmuth und die Todesfreudigkeit der Christen bei Verfolgungen. Diese Lichtseiten strahlen um so glänzender, je dunkler der Contrast des tief demoralisirten, in allen Lastern sich wälzenden Heidenthums gegenüber steht. Wir wollen nun dieser Betrachtungsweise ihr volles Recht lassen; aber da sie die allgemeine und mehr als genug abgehandelte ist, so wollen wir hierauf kein Wort weiter verschwenden; dagegen ist es nöthig, das Zurücktreten des evangelischen Geistes und die Anbahnung des Katholicismus in dieser Periode mehr als in den gewöhnlichen Darstellungen geschichtlich zu schildern. In dieser Beziehung sind es zwei Puncte, auf die wir hier näher einzugehen haben: 1) die Lehre und Praxis des Busswesens und 2) die ascetische Richtung der altkirchlichen Moral, als den Keim des spätern Mönchthums.

§ 49.

Die evangelische Grundlehre dass die Sündenvergebung unmittelbar dem bussfertigen Glauben d. h. der reumüthigen und vertrauensvollen Gesinnung zu Theil werde, wurde schon sehr frühe arg verkümmert. Nur für die erstmalige Sündenvergebung könne, so glaubte man, der Glaube (resp. das Glaubensbekenntniss) zusammen mit der innerlichen Reue genügen; dagegen für die Vergebung später begangener Sünden bedürfe es einer Ergänzung jener beiden: des Glaubens durch äusserlich verdienstliche Werke und der Reue durch äussere Bussübungen. Derartige verdienstliche Leistungen und Büssungen sah man in Almosengeben, Fasten, Beten, Einsiedelei und allermeist Martyrium.

Es war nun zwar allerdings zunächst nur die Gemeinde, welche an diesen äussern Zeichen ein Merkmal der wahren Busse haben und darnach die Würdigkeit der Wiederaufnahme der in Sünde gefallenen bemessen wollte. Allein eine doppelte Gefahr lag dabei doch nahe:

entweder die Verzeihung der Gemeinde direct mit der Gottes zu verwechseln oder doch wenigstens die letztere durch erstere bedingt zu denken, in beiden Fällen aber Menschen zu Richtern über das Seelenheil zu setzen, also die evangelische Gewissensfreiheit und die Unmittelbarkeit des Verhältnisses zwischen Mensch und Gott wieder aufzuheben. Aber auch — und diess war die andere nicht weniger schlimme Folge — die Reinheit evangelischer Gesinnung litt dabei wesentlich Noth, indem an die Stelle einer frommen Gesinnung eine äussere Leistung gesetzt wurde oder doch wenigstens jene nichts galt ohne diese, somit doch eigentlich der kräftige Grund der Sündenvergebung nur im Aeussern, nicht im Innern der Gesinnung gesucht wurde. Der Schein, als ob durch die äussern Zeichen der Busse, eben als äussere Werke, die göttliche Gunst zugleich mit der Verzeihung der Gemeinde erkauft werden müsse, lag hiebei so sehr nahe, dass es wunderbar zugegangen sein müsste, wenn diese Ansicht von der Sache nicht bald wirklich die gewöhnliche geworden wäre. Diess war aber offenbar ein Rückfall ins Jüdische und Heidnische zugleich; wie denn namentlich in der Praxis des Betens, Fastens und Almosengebens die Christen jetzt wieder in die von Jesu an den Pharisäern so strenge gerügten Fehler des Form- und Scheinwesens zurückfielen. Wie tief dabei namentlich das Gebet, dieser unmittelbare Ausdruck der Herzensfrömmigkeit, degradirt wurde, indem man es zu einem Buss- und Zuchtmittel machte und ihm zauberische Einwirkung auf Gott zuschrieb, lässt sich aus verschiedenen naiven Aeusserungen der ältesten Kirchenväter entnehmen, z. B. aus Tertullians Schrift „de oratione“. Die abergläubische Werthschätzung des Fastens aber ist eine Folge jener ascetischen Richtung, in der wir den Grundcharakter der altkirchlichen Moral erblicken und die ihren prägnantesten Ausdruck in der Ansicht von der Ehe gefunden hat.

§ 50.

Die Empfehlung der Ehelosigkeit konnte sich mit einem Schein von Recht stützen auf den bekannten Ausspruch Jesu Matth. 19 sowie auf die Abmahnung Pauli 1 Cor. 7 — diess mit um so mehr Recht, als auch wirklich die Motive, welche in diesen beiden Fällen zu Grunde lagen, noch immer während der ersten Jahrhunderte fortbestanden: nehmlich der Drang der Zeit, die Nothwendigkeit, stets gerüstet und schlagfertig zu sein im Kampfe für Christi Reich wider die feindselige Welt, in welchem Kampfe unzweifelhaft die Bande der Ehe oft hätten hinderlich werden können. Allein das ist nun eben höchst bezeichnend für die eingeschlagene Richtung der Kirche, dass sie aus jenem relativ gültigen, durch Zeitverhältnisse bedingten Rathschlag ohne Weiteres einen allgemein gültigen Grundsatz für das christliche Leben machte. Nicht zwar so, als ob sie die Ehe überhaupt hätte verwerfen wollen — so weit gingen nur Ketzer wie die Ophiten und Enkratiten, Manichäer und Priscillianer (wiewohl auch Tertullian in seiner montanistischen Periode einmal hart an dieses Extrem anstreift, wenn er sagt: materiell sei zwischen Ehe und Hurerei kein Unterschied!) — wohl aber erklärte die Kirche die Ehelosigkeit für das Vorzüglichere im Vergleich zur Ehe, und wenn sie auch der letztern menschliche Tugend zugestand, so sah sie dafür in der Virginität eine übermenschliche, englische Vollkommenheit.

Hiebei ist schon diese Unterscheidung ein Rückfall aus der evangelischen in die gesetzliche Moral. Denn eine Tugend, die als verdienstliche Vollkommenheit gelten könnte, weil sie über das Pflichtmässige hinausginge, kann es nur da geben, wo das Gebiet des Pflichtmässigen durch ein äusseres Gesetz umschrieben ist; ein solches muss seiner Natur nach Vieles frei lassen, worin dann die das Gebot überbietende Vollkommenheit freien Spielraum finden mag; anders ist diess hingegen, wo das Sittengesetz als das innerliche des guten Geistes gefasst wird, wie in der wahrhaft evangelischen Moral: da ist Alles, wozu dieser innere Gesetzgeber treibt, auch eo ipso schon wirkliche Pflicht, Alles aber, wozu sein innerer Trieb fehlt, eo ipso vom Uebel, weil es nicht aus dem Glauben käme, weil es ohne innere Berufung aus „selbsterwählter Geistlichkeit", also schliesslich nur aus Eigenwille hervorginge. — Weiter aber ist auch **das Motiv**, aus welchem hier die Ehelosigkeit anempfohlen wird, ein **unevangelisches**. Denn mehr oder weniger bewusst liegt dabei der **Dualismus zwischen Geist und Materie** und die **Verwerfung des Sinnlich-Natürlichen als eines Widergöttlichen oder an sich Bösen** zu Grunde. Wie weit liegt diess ab von dem evangelischen Prinzip der Freiheit der Kinder Gottes im Gebrauch der Welt, welche Paulus so herrlich an's Licht stellte: „Alles ist euer!" „die Erde und was darin ist, ist des Herrn", kann also vom Reinen als rein betrachtet und mit Danksagung genossen werden; — ein Grundsatz, der im Timotheusbrief ausdrücklich auch (im Gegensatz zu gnostisch-dualistischer Ascese) auf die Christlichkeit der Ehe angewandt wird.

§ 51.

Dieselbe einseitige ascetische Richtung, die in der Verachtung der Ehe sich ausdrückt, zeigt sich nun aber auch sonst auf allen Gebieten des natürlichen, weltlichen — ob auch idealen Zwecken dienenden — Lebens. Die christliche Tugend und Vollkommenheit wird fast nur negativ gefasst, als Erhebung des Geistes über das Irdische, oder noch besser: als Zurückziehung vom Irdischen. „Alle positiven Ideale der Liebe und Schönheit der Seele, Freundschaft, Gatten-, Kinder- und Elternliebe, Vaterlandsliebe, Ausbildung des Geistes durch Wissenschaft und Kunst, die Ideale des Berufslebens treten in Schatten oder werden verschlungen von der Begeisterung für die Kirche, welche sich vorzüglich im Kampf mit der Welt, in Entsagung, Duldung und Aufopferung zeigt" (De Wette, Gesch. der Christl. Sittenlehre).

Besonders instructiv sind hiefür die practischen Schriften des Tertullian, bei welchem diese Richtung allerdings durch seinen Montanismus verschärft wurde; indess steht er doch keineswegs vereinzelt da; war ja doch der Montanismus selber nur die äusserste Consequenz der allgemeinen weltflüchtigen Richtung, welche die ganze Kirche der 2—3 ersten Jahrhunderte beherrschte. — Am schroffsten wendet sich Tertullian gegen die weltliche Bildung, Kunst und Wissenschaft. Die Cultur gilt ihm durchaus für menschlich eigenwillige Verbildung der von Gott gut geschaffenen Natur. So die Philosophie als Verdrehung des natürlichen Wahrheitssinnes; sie ist ihm kurzweg ein Teufelswerk, daher nichts natürlicher als dass sie überall, wo sie sich in die kirchliche Lehre einmischt, nur Irrlehre, Häresie anrichten kann (de praescriptione haereticorum). Eben so grundverderbt ist die Kunst, welche theils die Natur verkünstelt, theils sie sogar geradezu in die Naturwidrigkeit der Sünde verkehrt. Und diess Verdammungsurtheil gilt von Allem, was Geist und Kunstfertigkeit der Menschen zur Verschönerung des Lebens hervorgebracht haben: vom klassischen Drama, von der Skulptur und Architectur bis herab auf die Garderobe und Toilettenkünste der Frauen (cf.: de spectaculis, de idololatria, de virginibus velandis). Und weil zuletzt das ganze industrielle Leben mit dieser Verfeinerung des victus cultusque im Culturzustand mehr oder weniger unmittelbar zusammenhängt, so bricht Tertullian folgerichtiger Weise auch über Handel und Gewerbe den Stab und ruft die Menschen vom entwickelten Culturleben der Gesellschaft zurück zum primitivsten Naturstand. Wie soll's dann aber werden mit dem Staat, dieser höchsten Blüthe und umfassenden Organisation alles Culturlebens?

Hier haben zwar die Kirchenlehrer alle, und so namentlich auch der Apologete Tertullian, naheliegende Gründe, sich freundlich, d. h. friedfertig auszusprechen. Sie bemühen sich, die Christen als die besten Bürger und Unterthanen darzustellen; und nach dem Satze, dass Ruhe die erste Bürgertugend sei, hatten sie in der That auch vollkommen mit dieser Behauptung Recht. Allein wenn zu einem guten Bürger auch die thätige Theilnahme am Staatsleben, an den öffentlichen Interessen, an der Vertheidigung und Verwaltung des Gemeinwesens gehört, so stand es mit der Bürgertugend der Christen schlimm und wir können den Römern nicht ganz Unrecht geben, wenn sie in den Christen die gefährlichsten Staatsfeinde sahen. Origenes und Tertullian stimmen darin überein, dass der Christ sich gewissenshalber weder dem Soldaten- noch dem Beamtenstande widmen könne, weil bei beiden die Theilnahme am Götzendienste, namentlich in Form des Kaiserkultus, nicht zu vermeiden sei. Auch den Eid und das Rechtsuchen vor römischen Gerichtshöfen verwerfen ebendiese Kirchenlehrer, jenen wegen Matth. 5, 24, dieses wegen 1 Cor. 6, wo der Apostel der korinthischen Gemeinde empfiehlt, ihre Rechtshändel unter sich selbst schiedsrichterlich abzumachen. Diess war denn auch die stehende Praxis, so lange als die Kirche ausserhalb des Staats stand, und blieb es noch nachher theilweise, mit Beschränkung auf die Rechtssachen des Clerus. Auch die peinliche Rechtspflege übten die Christen unter sich durch die öffentliche Gemeinde-Disciplin, welche notorische Sünder mit der geistlichen Strafe ganzer oder halber Exkommunikation belegte und nur unter der Bedingung der oben schon besprochenen Bussleistungen wieder aufnahm. Dass diese Vermengung der geistlichen Busse mit der bürgerlichen Strafrechtspflege für beide Theile schädlich wirken musste, lässt sich begreifen: die Busse einerseits wurde dabei aus einem rein innerlichen religiösen Act zu einem Rechtsprozess veräusserlicht, mechanisirt, die Sündenvergebung von äusseren Leistungen abhängig gemacht und so Menschen zu Richtern über die Gewissen gesetzt; das Recht aber andererseits wurde aus einer allgemein bürgerlichen zu einer Privatangelegenheit eines Vereins, der ebendamit sich zum förmlichen „Staat im Staat" konstituirte und dem Gemeinwesen nothwendig Eintrag thun musste.

Diess Alles war nun freilich durch die damaligen Verhältnisse so natürlich herbeigeführt, theilweise fast nothwendig, dass man billiger Weise daraus nicht einen Vorwurf machen darf für die alte Kirche. Aber das muss doch konstatirt werden, dass in dieser Sachlage ein — ob auch nothwendiges — Uebel lag, dessen Folgen sich bald nachher sichtlich genug in der verkehrten Stellung der Kirche zum Staat erwiesen.

§ 52.

Den Gipfel dieser ganzen negativen, der Welt und dem thätigen Leben in ihr abgekehrten Richtung bildete die Einsiedelei und die Martyriumssucht. Wohl begreifen wir, dass einem damaligen Christen in den geselligen Verhältnissen der heidnischen Welt nicht wohl werden konnte, dass er die Einsamkeit der Wüste und selbst der Gefängnisse dem Lärm der Städte vorzog (man lese die schöne Schilderung der inneren Freiheit des gefangen gesetzten Christen bei Tert.: ad martyres!). Allein andererseits können wir es den Staatsbehörden nicht verargen, wenn sie übel dazu sahen, wie „die Städte sich leerten und die Wüsten sich füllten", wie dem thätigen Leben in der Gesellschaft eine Menge Kräfte entzogen wurden, die in müssiger Beschaulichkeit als Anachoreten sich in Wüsten, Einöden und Wäldern umtrieben. Und dass die Christen sich vor dem Märtyrerthum nicht scheuten, war ja gewiss ein edles Zeichen ihrer opferfreudigen Glaubenskraft; allein dass sie dem Martyrium schaarenweise sich zudrängten, dass sie die Flucht, wo sie ihnen möglich gewesen wäre, absichtlich verschmähten (cf. Tert.: de fuga) und sich selber den Henkern noch auslieferten, das war ja offenbar ein krankhafter Fanatismus und deutliches Symptom einer tieferen Kränklichkeit ihrer Moral. Im besten Fall noch war das Motiv dabei der Hass gegen die verderbte Welt und das irdische Leben, der Lebens- und Kampfesüberdruss, welcher — des längeren Ringens müde — lieber mit einem Schlag des Kampfpreises sich bemächtigen möchte; — eine Gesinnung, die selbst durch die damaligen Kämpfe nicht ganz zu entschuldigen ist, sondern von Mangel an wahrem ausdauerndem Kampf- muth, also gerade von einer gewissen fleischlichen Leiden- scheu zeugt. Dazu kamen aber auch bei Vielen noch die unlauteren Motive der Eitelkeit oder Ruhmsucht, welche durch die Kirche dadurch genährt wurden, dass sie auf die äussere That des Martyriums masslos hohe Ehre setzte und aus der Gedächtnissfeier der so Gestorbenen bald eine neue Art von Heroenkultus machte, der, wie die Folge zeigte, nur zu viele Verwandtschaft mit dem heid- nischen Heroen- und Dämonenglauben hatte. Auch wirkte diese Ueberschätzung unmittelbar auf das practisch-reli- giöse Leben der Kirche schädigend zurück, indem der Glaube an die sündentilgende Kraft der „Bluttaufe" (des Martyriums) sowie an die hülfreiche Macht der Fürbitte der Märtyrer bei Gott und der Confessoren bei der Ge- meinde den Bussernst lähmte und eine Erschlaffung der Disciplin zur Folge hatte, gegen welche z. B. Cyprian alles Ernstes einschreiten musste. „Diese Ueberschätzung des Martyriums hat mehr zur Verunreinigung des sitt- lichen Geistes der Kirche beigetragen, als alles Formen- und Satzungswesen, welches immer nur von aussen hem- mend und unterdrückend wirkte, während hier ein ver- derbliches Gift, innerlich im eigenen Leben erzeugt, sich innerlich verbreitete. Auch hier finden wir den Götzen- dienst gegen die äussere Erscheinung, gegen die sichtbare Kirche, aber in einem Punkt, wo sie mit der unsichtbaren auf's innigste verknüpft ist und ebendarum um so täu- schender deren Gestalt nachahmt und sich in ihre Stelle einschiebt" (De Wette a. a. O.).

§ 53.

Will man den Erklärungsgrund für alle diese Mängel der altkirchlichen Moral in ihrem schroffen Gegen- satz gegen die umgebende heidnische Welt finden, sofern die Kirche dieser antichristlichen Welt gegenüber auf die strengste Exklusivität angewiesen war und ihre diesem Weltleben entgegengesetzte Natur energisch zusammen- nehmen und in steter Spannung erhalten musste: so wird sich hiegegen durchaus nichts einwenden lassen. Nur darf man dabei auch diess nicht vergessen, dass sich der Kirche in ihrem Kampfe wider den Weltgeist selber auch etwas vom Weltgeist mittheilte, insofern nehmlich, als ihre überweltliche Natur selber die Formen des Weltlichen annahm und den Gegner mit dessen eigenen Waffen bekämpfte. Wenn die Kirche die Welt überwinden wollte dadurch, dass die Christen aus der Welt flohen und die Einsamkeit der Wüste mit Anachoreten und bald auch mit Klöstern füllten; wenn sie die Ordnungen des Staats dadurch entbehrlich machen wollte, dass sie ihr eigenes Gesellschaftsleben staatlich organisirte, die kirchliche Busse zu einem Rechtsprozess machte, geistliche wie weltliche Vergehen mit äusserlichen Bussmitteln ahndete, an die Stelle der bürgerlichen Obrigkeit den geistlichen Priesterstand setzte und diesem eine ebenso straffe Organisation gab und ebenso unbedingte und unverantwortliche Herrschergewalt, wie die Regierenden im unfreien römischen Kaiserstaat sie hatten, übertrug: — was hiess diess Alles im Grunde anders als: der zu bekämpfenden Welt eine andere, wenn auch höhere, doch immerhin wieder der irdischen Sichtbarkeit angehörige und mit deren Mängeln behaftete Welt entgegenstellen? Diess wird sich auf's deutlichste bestätigen, wenn wir die Weiterentwicklung der kirchlichen Moral seit dem Friedensschluss mit der Welt verfolgen in der

2. Periode.

Die Kirche als Staatskirche im Frieden und Bündniss mit der christlichen Welt, von Constantin bis Carl den Grossen.

§ 54.

Dass die Kirche in ihrem Kampfe wider die Welt selbst verweltlichte (§ 53), kommt zur offenbaren Erscheinung in der Wandelung ihrer Moral von Constantin an, wie sie sich verfolgen lässt 1) in dem sich jetzt bildenden Verhältniss der Kirche zum Staat, 2) in der neuen Form des Busswesens, 3) in der standesmässigen Organisation der Ascese im Mönchthum und 4) im theoretischen Reflex aller dieser Verhältnisse im kirchlichen Dogma.

1. Das Verhältniss der Kirche zum Staat war von dem Friedenschluss der römischen Herrscher mit dem christlichen Glauben natürlich am unmittelbarsten betroffen. Aber weit entfernt, dass etwa jetzt sofort die Kirche dem Staate zurückgegeben hätte, was des Staates ist und sich auf das rein religiöse, geistliche Gebiet beschränkt hätte, steigerte und vollendete sich vielmehr erst jetzt recht die unselige Mischung von Kirchlichem und Staatlichem, Religiösem und Rechtlichem, kurz es vollendete sich die Rückbildung der christlichen Kirche in eine jüdisch-gesetzliche Theokratie. Mit dem Uebertritt Constantins trat an die Kirche die schwere Versuchung heran, den Kampf wider das Heidenthum, der bisher mit geistlichen Waffen geführt worden war, im Fleische zu vollenden, d. h. mit fleischlicher Gewalt zum Siege zu führen, und ebenso die zu ihrem Bestand nöthige innere Ordnung, die bisher, wenn auch schon weltlicher Art sich annähernd, doch wenigstens ganz auf Freiwilligkeit begründet war, jetzt durch gesetzlichen Zwang und rechtliche Privilegien zu befestigen. Dieser Versuchung hätte sie nur widerstehen können, wenn sie sich innerlich ganz rein erhalten hätte von allem unchristlich weltlichen Geist, wenn sie das evangelische Glaubensprinzip, das mit der Abhängigkeit von Gott die Freiheit von der Welt in sich schliesst, in Erkenntniss und Praxis lebendig erhalten hätte. Da nun aber diess von Anfang nicht genügend geschah, so dürfen wir uns keineswegs wundern, wenn die Kirche jetzt mit voller Hingebung sich dem Staat in die Arme warf, um von ihm sich stützen und schmücken, aber auch leiten und hofmeistern zu lassen, — solange bis sie, zur Selbständigkeit herangewachsen, ihm dann wieder ihrerseits die Zinsen heimgeben zu können im Stande wäre, und zwar mit Wucher.

§ 55.

Die erste Folge des staatlichen Patronatsverhältnisses, in welches die Kirche jetzt zu stehen kam, war die, dass das Heidenthum zunächst zurückgedrängt, bald ganz unterdrückt wurde. Ein verhängnissvoller Vorgang! Denn mit demselben Rechte, mit welchem man hier den Gewissen Gewalt anthat und einen Glauben aufnöthigte, konnte man auch (und that das nur zu bald) in der Kirche selbst die Gewissensfreiheit unterdrücken und Einförmigkeit des Bekenntnisses erzwingen, was doch ein wahrer Hohn auf die evangelische Moral ist! Und dass jetzt die erzwungenen Bekehrungen ganze Schaaren von innerlich Unbekehrten der Kirche zuführten, war für die innerliche Reinheit des kirchlichen Lebens ein grösserer Schade, als alle Verfolgungen bisher hatten anrichten können.

Auch sonst war die Begünstigung, welche die Kirche seitens der Staatsgewalt erfuhr, theils an sich von zweifelhaftem Werth, theils wenigstens um den Preis der Hingabe ihrer inneren Unabhängigkeit allzu theuer erkauft. Das Recht der Kirche auf Güterbesitz gewährte ihr zwar die Möglichkeit, Kirchen zu bauen und den Gottesdienst reicher auszurüsten, auch den Geistlichen durch Besoldungen ein von äusseren Sorgen und Geschäften unabhängiges Leben zu ermöglichen. Aber so viel Gutes diess an sich haben mochte und so sehr es zum ordentlichen Bestand einer kirchlichen Gemeinschaft gehören mag, so hatte es doch auch seine bedenklichen Schattenseiten. Gelockt durch die Dotationen wandten sich Viele dem geistlichen Stande zu, welche keineswegs den inneren Beruf dazu hatten; der Mangel der inneren Befähigung sollte jetzt ersetzt werden durch um so umständlichere Vorbildung, um so komplicirteren Stufengang, den man, um zu den höheren Stellen zu gelangen, vorher zu durchlaufen hatte; die kastenartige Abschliessung und die hierarchische Organisation des Clerus wurde dadurch nicht wenig befördert. Der Glanz des Cultus aber war um so gefährlicher, je mehr er dem sinnlichen Geschmack der kaum bekehrten Volksmassen entsprach; er lenkte den Blick vom Inneren auf das Aeussere der Erscheinung, vom abgebildeten geistigen Inhalt auf die sinnbildliche Form und machte diese zur Hauptsache; was nicht am wenigsten zum Aufkommen und Ueberwuchern der unethischen Sacramentsmagie beitrug.

Am fatalsten aber wirkten die Privilegien, welche der Staat dem Priesterstand gewährte, nicht ahnend, welch' eine Ruthe er damit sich selber binde! Die Cleriker bildeten einen vollkommen eximirten Gerichtsstand, der seine Rechtsstreitigkeiten unter sich und mit Laien ausschliesslich vor seinem eigenen (bischöflichen) Gerichtsstuhl abmachte. Ferner kam dem Clerus die ausschliessliche Gerichtsbarkeit für alle Staatsangehörigen in Ehe- und Testamentsachen zu. Aber auch für jede anderweitige Rechtsstreitigkeiten durfte der Clerus jene schiedsrichterliche Rechtspflege weiter üben, wie er sie vorher, so lange der Staat heidnisch war, unter den Christen geübt hatte. Endlich bekamen die geistlichen Strafen, welche die Cleriker schon bisher (theils unter Assistenz der Gesammtgemeinde, theils allein, als priesterliche Träger der kirchlichen Disciplinargewalt) verhängt hatten, jetzt durch die Verbindung der Kirche mit dem Staat auch eine weltliche Bedeutung. Da die bürgerlichen Rechte von der kirchlichen Mitgliedschaft abhängig waren, so war der Kirchenbann jetzt unmittelbar soviel als Ausschluss von den staatsbürglichen Rechten und Verhängung aller der Nachtheile, die damit verbunden sind, also zugleich eine sehr empfindliche weltliche Strafe. Bedenkt man nun, dass die Priester diesen Bann über Jeden ohne Unterschied, den Kaiser selbst nicht ausgenommen, verfügen konnten, so lässt sich ermessen, welch eine furchtbare, dem ganzen Staatsbestand gefährliche Waffe hiemit in die Hände der Priester gelegt war. Diese Macht konnte allerdings noch so lange weniger empfindlich werden, als dem Clerus die einheitliche Organisation noch fehlte; denn so lange konnte die Staatsmacht immer noch durch das „divide et impera" das Heft in der Hand behalten. Allein je mehr einerseits die Tendenz zur monarchischen Zuspitzung der kirchlichen Hierarchie sich verwirklichte und andererseits an die Stelle der festen römischen Weltmonarchie die noch schwachen Anfänge der germanischen Staatsbildungen traten, welche der Kirche zu ihrem Beistand bedurften: desto unvermeidlicher neigte sich das Uebergewicht auf die Seite der Kirche.

§ 56.

Die Wendung nahm jedoch erst die nächste kirchliche Epoche; zunächst war das Verhältniss noch umgekehrt der Art, dass die Kirche die weltlichen Vortheile, die sie der Vergünstigung des Staats zu verdanken hatte, andererseits erkaufen musste durch eine um so tiefere und ihres wahren Wesens unwürdigere Abhängigkeit vom weltlichen Regiment, speciell von der autokratischen Willkühr des Kaisers, der die Kirche (auch nach ihren inneren Angelegenheiten) kaum viel anders ansah als wie eine Staatsdomäne, die zu politischen Zwecken dienstbar zu machen sei, ungefähr ebenso wie es der römische Pontifex Maximus mit der römischen Religion gehalten hatte. Es gehört hieher der mittelbare und auch oft unmittelbare Einfluss der Kaiser auf die Bischofswahlen, wobei natürlich persönliche Gunst und politische Angenehmheit mehr als kirchlich religiöse Tüchtigkeit entscheidend sein mochte; ferner das Recht das sie beanspruchten, die kirchlichen Gesetze und Verfügungen, sowie den Vorsitz in den Kirchenversammlungen zu bestätigen; endlich — was das schlimmste war — die durch staatliche Zwangsmittel vollzogene Octroyirung von Gesetzen in rein innerkirchlichen Angelegenheiten, wie namentlich in der Sanction von kirchlichen Glaubensartikeln. Hiedurch wurde das christliche Moralprinzip in seinem Innersten angetastet; der Glaube, das Freieste und Persönlichste, der auf der Gewissensüberzeugung beruhende Herzensact, wurde zur unfreien Rechtspflicht, wie irgend eine äusserliche Cultusceremonie des Judenthums oder Heidenthums. Indess wäre es sehr unrichtig, hiefür nur den Staat verantwortlich zu machen. Die Bischöfe der Kirche haben diese Bevormundung nicht nur durch ihre geduldige Unterwerfung sanctionirt, sondern sie noch überdiess provocirt, indem jede Partei bei kirchlichen und dogmatischen Streitigkeiten zur Ueberwindung der Gegner den weltlichen Arm anrief. Ueberhaupt aber war diese Einmischung des Staats in die kirchliche Sphäre die ganz natürliche und fast unvermeidliche Kehrseite von der weltlich-politischen Machtstellung der Kirche. Wo die Kirche durch ihre innere religiös-politische Organisation (als Theokratie) und durch ihre äusseren politischen Privilegien (als Staatskirche) eine solche weltliche Bedeutung für das bürgerliche Gemeinwesen inne hat, wie diess in dieser Epoche der Kirche sich ausbildete: da ist der Staat jederzeit durch die Pflicht der Selbsterhaltung geradezu gedrängt, sich ein Aufsichtsrecht über diese bedrohliche Rivalin vorzubehalten, um ihre Ueberschreitungen auf seinem eigenen Territorium von vorneherein abzuwehren oder unschädlich zu machen; und es könnte nicht leicht etwas unpolitischer sein, als wenn der Staat in vermeintlichem Liberalismus sich seines kirchlichen Aufsichtsrechtes begeben wollte, während doch die Kirche ihre weltliche Machtstellung festhielte; nothwendig müsste dabei der Staat in derselben Weise wieder den Kürzeren ziehen, wie er in der Geschichte des Mittelalters der übermächtigen Kirche gegenüber stets im Nachtheil war. — So gewiss man also die Eingriffe des Staats in rein kirchliche Angelegenheiten als eine Beeinträchtigung der persönlichen Gewissensfreiheit beklagen muss, so gewiss hat man die eigentliche Schuld dieses Missstandes auf Seiten der Kirche zu suchen, nehmlich in ihrer eigenen Verweltlichung, insbesondere in der auf den weltlichen Arm allzu kleinmüthig sich stützenden und allzu hochmüthig nach weltlichem Einfluss verlangenden, kurz in der fleischlich gesinnten Geistlichkeit.

§ 57.

2) Die Umgestaltung des Busswesens. Wie gut sich die Geistlichen für ihre Abhängigkeit nach oben (sei es von den geistlichen Vorgesetzten, sei es vom Kaiser) nach unten an den Laien schadlos zu halten wussten, zeigt am besten die Praxis des Busswesens, wie sie sich jetzt gestaltete. Anscheinend wurde sie viel milder als früher, in Wahrheit ein viel schwereres Joch für die Gewissen. Die öffentliche Beichte nehmlich, wie sie bisher bei schwereren Vergehungen vor der ganzen Gemeinde abgelegt worden war, kam jetzt ausser Brauch wegen der weltlichen Strafen, die einem solchen Bekenntniss gefolgt wären. Statt dessen aber wurden jetzt dem Priester allein und in der Stille nicht bloss schwerere, sondern alle Sünden, die das Gewissen drückten, gebeichtet, die Beichte vor dem Priester also eine ebensolche Gewissenssache wie das Bekenntniss vor Gott. Und da nun doch von der früheren Praxis her die Anschauung beibehalten wurde, dass als Vorbedingung für die Sündenvergebung von Seiten Gottes die von Seiten der Gemeinde durch den Priester ausgesprochene Verzeihung nöthig sei, so wurde also jetzt die Beruhigung des Gewissens nicht mehr bloss über schwere und notorische Sünden, sondern über alle und jede Verfehlung oder Sündhaftigkeit von dem richterlichen Urtheil des Priesters abhängig gemacht. Das Heiligthum des christlichen Glaubens, die Freiheit und Selbstgewissheit des persönlichen Gewissens, die Unmittelbarkeit der Beziehung auf Gott war durch diess Dazwischentreten eines irrthumsfähigen und sündigen Menschen vernichtet.

§ 58.

3) Die Organisation der Ascese im Mönchthum. Auch auf die Art und Weise der Ascese übte die veränderte Stellung der Kirche zur Welt einen um-

gestaltenden Einfluss. In der ersten Periode war die
Richtung der Gesammtkirche, wie oben besprochen wurde,
eine wesentlich weltflüchtige gewesen, in Folge theils des
Glaubens an die demnächstige Parusie und Weltvollen-
dung. theils des antichristlichen Characters der umgebenden heidnischen Welt. Als nun aber diese Welt selber
eine christliche zu werden begann, an welcher der Christ
sich ganz wohl unbeschadet seiner religiösen und sittlichen Ueberzeugungen, thätig betheiligen konnte, da
sehen wir auch alsbald die Kirche im grossen Ganzen aus der Weltflucht zur thatkräftigen Welt-
beherrschung zurückkehren. Nun war aber doch
die Anschauung von der Vorzüglichkeit des weltflüchtigen
und beschaulichen Lebens schon so tief in dem christlichen Bewusstsein eingewurzelt, dass sie auch durch die
veränderte Lage der Dinge nicht mehr ganz verdrängt
werden konnte. So kam es denn nun zu jenem der katholischen Weltkirche höchst eigenthümlichen Compro-
miss: dass einerseits zwar die Kirche im grossen Ganzen
und für die ordinäre Regel sich dem Berufe der thätigen
Arbeit in und an der Welt und freilich zugleich auch
dem Reiz des Herrschens, Besitzens und Geniessens in
der Welt zuwandte, andererseits aber doch auch die sogenannte „höhere Tugend“ oder „evangelische Vollkommenheit“ ihre eigenen Vertreter hatte an einem besondern
Stande, der in seiner exceptionellen Weltflüchtigkeit die
ascetische Seite der kirchlichen Moral gleichsam repräsentiren und als Stellvertreter für die grosse Menge der
ordinären Glieder der Kirche das beständige Opfer der
Weltentsagung bringen musste. Indem aber diese Asceten
jetzt einen eigenen, von den andern Christen gesonderten
Stand zu bilden anfingen, mussten sie nothwendig auch
eine besondere Standesorganisation erhalten; berufslos
im weltlichen Sinn machten sie jetzt aus der weltflüchtigen Beschaulichkeit einen neuen geordneten und regel-
mässigen Beruf: das Mönchsleben. Das regellose, von
Laune, Zufall, auch äusserlichen Verhältnissen so mannigfach abhängig gewesene Einsiedlerleben der früheren
Asceten wurde jetzt in ein Zusammenleben Gleichgesinn-

ter hinter den Mauern der Klöster verwandelt; und hier, im frommen, von aussen wenig abhängigen, in sich selber wohl organisirten Verein, konnte die Beschauung, die intuitive und practische Frömmigkeit des Ascetismus, methodisch betrieben und so im eigentlichsten Sinn zu einem Lebensberuf, einem standesmässigen Gewerbe gemacht werden.

So kam es, dass jetzt die Ascese im Verhältniss zum Weltleben gleichsam eine zweite höhere Welt über der natürlichen bildete. Das, was früher den ordentlichen Grundzug der christlichen Moral überhaupt gebildet hatte, wurde jetzt zur ausserordentlichen und verdienstlichen Tugend eines besondern exceptionellen Standes der Gemeinde: der Mönche. Diess übte nun aber auf die Gesammtgemeinde die keineswegs günstige Rückwirkung aus, dass dieselbe mit der äussern Form jetzt auch den wahren Kern der Ascese, nehmlich jene der christlichen Moral wesentliche und nothwendige negative Seite der christlichen Heiligung, die Selbstzucht im heiligen Geiste, nur zu sehr hintanstellte und sich allzu tief in das Weltleben einlebte. Während die wahre evangelische Moral darin bestünde, in der Welt doch nicht von der Welt zu sein, sich innerlich von der Welt unabhängig und unbefleckt zu erhalten mitten unter allem äusseren Gebrauch der Welt und ihrer Güter: so traten jetzt bei der katholischen Weltkirche diese beiden gleich nothwendigen Seiten, die nur in ihrer inneren Einheit die Wahrheit des christlich-sittlichen Lebens ausmachen, so aus einander, dass sie auf verschiedene Stände vertheilt, in einem ganz äusserlichen Nebeneinander sich gegenseitig ergänzen sollten, eben damit aber beide einseitig und dem Geiste der christlichen Moral unangemessen wurden. Die Ascese war jetzt weltflüchtige und arbeitslose Mönchstugend, ohne alle sittliche Productivität für die Welt, dabei überdiess noch mit dem unevangelischen Anspruch auf höhere Vollkommenheit und Verdienstlichkeit; die weltliche Moral aber wurde zur Weltliebe, welche, statt die Welt dem Geiste Christi zu unterwerfen, vielmehr selber vom Geist der Welt sich beherrschen liess und das Christenthum in die unreinen Formen des Weltlichen herabzog (z. B. in der politischen Gestaltung und Tendenz der Kirche).

§ 59.

4) Der Reflex der Moral im Dogma. Die orientalische Kirche hatte sich bemüht, das Wesen des Christenthums dadurch im Gedanken zu erfassen, dass sie es in der göttlichen Natur und Hypostase seines Stifters fixirte. Aber je mehr sie auf diesem Weg in abstracte Transcendenz sich verstieg und in metaphysische Speculationen über das göttliche Wesen an sich und in seinem verschiedenen Offenbarungsverhältniss zur Welt sich verirrte, desto weniger vermochte sie von dieser abstracten Transcendenz den Uebergang in das practische Leben zu finden, und daher blieb ihr gerade die Bedeutung des Christenthums als eines neuen Moralprinzips fast gänzlich verschlossen. Je mehr das Wesentliche und Unterscheidende des Christenthums in die neue metaphysisch-trinitarische Gotteslehre verlegt wurde, desto naiver blieb man in der Anthropologie und Moral auf dem vorchristlichen Standpunkt der gesetzlichen Sittlichkeit stehen.

Man hatte vor Allem keinerlei Bedenken daran, dem Menschen die unbedingte Freiheit und spontane Kraft des Guten in dem Sinn beizulegen, dass derselbe durch seine natürliche sittliche Kraft im Stande sei, das göttliche Gesetz nicht nur vollkommen zu erfüllen, sondern sogar noch zu überbieten und dadurch die Seligkeit als göttlichen Lohn zu verdienen. Neben dieser Freiheitslehre konnte die Sünde nur als Thatsünde in Betracht kommen, wozu noch der Einfluss des bösen Beispiels und der üblen Gewohnheit hinzukommen mochte. Von einer der Freiheit vorausgehenden sündhaften Naturbeschaffenheit oder einer ursprünglichen Abnormität der Willensrichtung hatte man keinen Begriff. Darum konnte man schliesslich auch die christliche Gnade nicht in eine wesentliche Umbildung des Willens durch die belebende Kraft eines neuen geistigen Prinzips setzen; sondern man dachte dabei theils an die natürliche geistige Ausrüstung des Menschen, besonders eben seine Freiheit im Wollen und Thun des Guten; theils aber auch an die Veranstaltung der göttlichen Offenbarung, um den freien Willen des Menschen durch eine reine Gesetzgebung auf den guten Weg zu lenken, durch erhabene Vorbilder und reiche Verheissungen auf demselben zu erhalten und in der Uebung der Tugend zu ermuntern und stärken; theils endlich an die verzeihende Milde Gottes gegen die in Schwachheit begangenen Sünden (wenigstens die vor der Taufe, denn die nachfolgenden sollten durch des Menschen eigenes Thun wieder gut gemacht werden). Kurz also: der christlichen Gnade kommt hier nur die Bedeutung zu: den freien menschlichen Willen von aussen durch theoretische Leitung und Unterstützung zu fördern, seine Schwachheiten aber milde zu übersehen.

Diess war die allen Vätern der griechischen Kirche gemeinsame Lehre, die also von Pelagius keineswegs erst neu aufgebracht, sondern nur bestimmt ausgesprochen und zum Streitpunkt erhoben wurde. Dass man nun aber bei dieser Auffassung der Gnade im Verhältniss zur Sünde das Christenthum nicht nach seiner absoluten Heilsbedeutung und also die Kirche nicht als absolutes Heilsmittel, sondern beide nur als sehr wirksame. doch immerhin nur relativ nöthige Förderungsmittel des Guten in der Welt erscheinen lasse, diese Consequenz hat — so nahe sie auch für unser Denken zu liegen scheint, — keiner der alten Kirchenväter gezogen. Weil überhaupt das kirchliche Bewusstsein bei den Vätern der alten, namentlich der orientalischen Kirche noch nicht so stark entwickelt war, und weil die Absolutheit des Christenthums für ihr dogmatisches Bewusstsein hinlänglich gewahrt schien durch das Dogma von der göttlichen Natur Christi, so konnten sie leicht übersehen, wie sehr durch die Mängel ihrer Heilslehre die prinzipielle Bedeutung des Christenthums als neuen

Heilsprinzips und der christlichen Kirche als seines Organs herabgedrückt und in Schatten gestellt sei.

§ 60.

Diess war nun eben der Punkt, wo Augustinus einsetzte. Der Kampf mit Härese (Manichäer) und Schisma (Donatisten) hatte sein kirchliches Bewusstsein so geschärft, dass die absolute Bedeutung der Kirche als ausscliesslichen Heilsmittels ihm der feste Angelpunkt seiner ganzen Dogmatik wurde. Zwar hatte auch schon Cyprian lange vor Augustin jenes bekannte Wort gesprochen: „extra ecclesiam nulla salus!" aber erst bei Augustin trat diese Anschauung so in den Mittelpunkt, dass sie auf die ganze Dogmatik massgebend wirkte und namentlich den Impuls zu einer tieferen Erfassung der Heilslehre gab. Augustin nehmlich argumentirte einfach so: Wenn es mit der Sünde und Gnade so stände, wie Pelagius (und freilich eigentlich die ganze bisherige Kirche) gelehrt hatte, so ist die christliche Gnade dem Menschen zum Seligwerden nicht unbedingt nothwendig und es können dann also auch Nichtchristen, Heiden, Juden und ungetauft gestorbene Kinder die Seligkeit erlangen und dann haben also die Manichäer und Donatisten Recht mit ihrer Behauptung, dass die Kirche nicht das unbedingt nothwendige Heilsmittel sei. Nun steht aber dem christlichen Bewusstsein a priori fest und ist eigentlich das Festeste, der archimedische Punkt desselben, eben diess: dass ausser der Kirche kein Heil sei. Also muss auch das Verhältniss von Nichtchristlichem und Christlichem oder von Sünde und Gnade anders gefasst werden, als bisher geschah; nehmlich so, dass die unbedingte Unmöglichkeit des Heils ausserhalb der christlichen Gnadenanstalt (Kirche) klar erkennbar werde. — Diese Argumentation war der historische und dialectische Ausgangspunkt für die Augustin'sche Lehre von Sünde und Gnade.

Die Sünde ist nun nach Augustin eine völlige Verderbniss der menschlichen Natur, welche in Folge des Falls Adams sich durch Vererbung auf alle Menschen erstreckt und Jeden von Geburt an, abgesehen von allem seinem eigenen Thun, zu einem Gegenstand des göttlichen Zorns macht und der Verdammniss überliefert. Aus diesem Zustand gänzlicher Verdorbenheit und Verdammungswürdigkeit` kann sich der Mensch auf keine Weise, weder ganz noch auch nur zum kleinsten Theile, durch eigene Willensanstrengung heraushelfen, denn durch den Fall hat der menschliche Wille alle Fähigkeit zum Guten so gänzlich verloren, dass er nur noch frei ist zum Bösen. Ebendesswegen kann nun aber die Gnade, die aus diesem Sündenverderben erretten soll, nicht bloss in Vergebung der Schuld und Unterstützung des menschlichen Tugendstrebens bestehen, sondern in der inneren Umbildung des der Sünde verhafteten unfreien Willens in einen zum Guten fähigen und willigen, freien Willen. Diese wesentliche Umbildung aber geschieht dadurch, dass Gott „non lege et doctrina insonante forinsecus, sed interna atque occulta mirabili ac ineffabili potestate in cordibus hominum operatur non solum veras revelationes, sed etiam bonas voluntates" (de gratia Christi, 24). Die Gnade besteht sonach nicht bloss und nicht einmal wesentlich in theoretischen Lehroffenbarungen. sondern sie besteht wesentlich in einer schöpferischen Kraft, welche dem Menschen die Fähigkeit zum Wollen und Thun des Guten einpflanzt, oder kurz: sie besteht in einem von Gott aus- und in den Menschen eingehenden neuen sittlichen Lebensprinzip. Hiermit hatte Augustin unleugbar in den Herzpunkt der christlichen Heilslehre getroffen, dass nehmlich die christliche Offenbarung nicht bloss „das Gesetz gibt für den Willen, sondern auch den Willen gibt für das Gesetz", die Kraft zur Erfüllung des Gesetzes, und zwar die Kraft der beseligenden Liebe, welche die Furcht der Knechtschaft unter dem Gesetz aufhebt. Dass also Augustin die reale Freiheit des Menschen zum Guten nicht der Gnade gegenüber oder zur Seite stellte, sondern vielmehr als das Werk der innerlich wirkenden Gnade, als Erscheinung des neuen Lebensprinzips im menschlichen Willen ansah, das wollen wir ihm ja nicht als Fehler anrechnen; nur das muss als Uebertreibung betrachtet werden, dass er den Willen des Menschen auf dem vorchristlichen Standpunkt der gesetzlichen oder natürlichen Moral um desswillen, weil er da allerdings nicht die wahre Freiheit zum vollkommen Guten hat, für völlig unfrei zum Guten erklärte und auch die Tugenden der Heiden bloss für „glänzende Laster" wollte gelten lassen; der Fehler war dabei der, dass er über dem Massstab des absolut Guten die Möglichkeit und Wirklichkeit eines relativ Guten auf niedern Entwicklungsstufen übersah, oder mit andern Worten: dass er die der christlichen vollendenden Offenbarung vorausgehenden Stufen der natürlichen und der gesetzlichen Offenbarung übersah oder unterschätzte.

§ 61.

Indess war dieser Fehler nicht der schlimmste. Weit schlimmer und für die Kirche folgereicher war diess, das Augustin das christliche Heilsprinzip, welches der Kirche als der Heilsanstalt freilich innewohnt, unmittelbar mit der äussern Erscheinung der Kirche identificirte; so sehr, dass jedes Thun dieser äussern Kirche als solches schon auch für ein Thun Christi selbst, und Einheit oder Uneinigkeit mit dem äussern Kirchenverband und seinen Organen, den Priestern, für entscheidend über das Verhältniss des Einzelnen zu Christo und Gott galt. So war ihm dann die äussere Taufe (und zwar Kindertaufe) als Aufnahme in die kirchliche Gemeinschaft zugleich Einverleibung in den Leib Christi mit allen realen Folgen hievon, also namentlich Mittheilung des Geistes Christi. Umgekehrt der Ausschluss aus jener Gemeinschaft durch Exkommunikation oder Schisma war ihm zugleich Scheidung von Christo und dem Heil in Christo, also die Kirche, indem sie über jenes entscheidet, zugleich die Richterin über Seligkeit und Unseligkeit des Menschen. Ebenso ist ihm die von den kirchlichen

Organen festgesetzte Glaubenssatzung identisch mit der absoluten christlichen Heilswahrheit oder göttlichen Offenbarung und die Häresie also Abfall von Gott selbst. Das Denken, der Vernunftgebrauch, auch die Philosophie wird zwar zugelassen und sogar gefordert, um den Glauben zur Rechenschaft über sich selbst zu bringen; allein sofern doch „quaerendi dubitatio catholicae fidei metas non debet excedere" (de Genesi, 1), so ist zum Voraus alle Freiheit des Denkens innerhalb des christlich-frommen Bewusstseins eingeschnürt durch die feststehende kirchliche Glaubenssatzung, und es kann ihm dann also nur noch formaler, nicht materialer Gebrauch und Werth zugestanden werden — was genau schon der Standpunkt der Scholastik ist. Da die äussere Kirchengemeinschaft eine Verbundenheit in der Liebe Christi ist, so bedeutet jede Abweichung von jener Gemeinschaft, sei es von ihrem Glauben — in der Häresie, sei es von ihrem Leben — im Schisma, soviel als Lossagung von der Liebe Christi und diess kann nur als selbstische Empörung des stolzen Willens gegen die Gnade Gottes und die Herrschaft Christi betrachtet werden. So haben wir hier schon ganz jene widrige und lieblose Beurtheilungsweise aller theoretischen Meinungsverschiedenheiten als eines sittlichen Verbrechens gegen Gott selbst! — eine Anschauung, welche in letzter Consequenz zu den Scheiterhaufen der Inquisition und allen den sittlichen Greueln des Glaubensfanatismus führte!

Und diese practische Consequenz hat auch schon Augustin selber gezogen. Die absolute Berechtigung des christlichen Prinzips ohne Weiteres identificirend mit dem absoluten Recht der äusseren Kirchengesellschaft, kam Augustin folgerichtig darauf, dass Alles, was die Kirche im Interesse ihrer Macht und Herrschaft und zur Ueberwindung ihrer Gegner thun möge, um des unbedingt berechtigten Zwecks willen recht ·und gut sei, so namentlich auch die Verfolgung der Ketzer und Schismatiker mit äussern Zwangsmitteln; bekannt ist die verhängnissvolle Deutung, welche er dem „cogite intrare!" den Donatisten gegenüber gegeben hat!

In all dem erkennen wir, wie die Moral des Augustin, trotz seines tieferen Verständnisses vom Wesen des christlichen Prinzips im Unterschied vom Nichtchristlichen, dennoch, in Folge der Verwechselung des geistigen Prinzips mit seinem Leib in der kirchlichen Anstalt und Gesellschaft, wieder eine entschiedene Wendung zur Unfreiheit, zur Gesetzlichkeit und Menschenknechtschaft genommen hat. Nur eine weitere Folge dieser Wendung zeigt sich in der unevangelischen Unterscheidung zwischen Rath und Gebot, zwischen niederer und höherer christlicher Tugend und der Lehre von der Verdienstlichkeit der letztern; wenn Augustin auch zur Wahrung seiner Lehre von Gnade und Freiheit hinzusetzt, dass wir Verdienste erwerben können zwar „non per nativas", aber doch „per dativas vires" d. h. erst auf Grund der durch die Gnade in uns gewirkten Kraft zum Guten, und dass daher, „gratia sua coronat opera", indem sie unsere Verdienste belohnt: so brach diess zwar freilich theoretisch jener Verdienstlichkeitslehre ihre unevangelische Spitze ab, practisch aber wurde dadurch nichts besser, denn factisch kam doch diese Restriction nur darauf hinaus, dass nur der getaufte, in der Kirche stehende Christ durch gute Werke sich Verdienste erwerben könne, nicht auch der Nichtchrist oder Schismatiker: dasselbe folgte übrigens auch schon aus dem Satz, dass die Tugenden der Heiden nur glänzende Laster seien. — So führte also auch diese Lehre wieder hinaus auf die Verherrlichung der Kirche.

Man hat schon öfter mit Recht darauf aufmerksam gemacht, dass das Augustin'sche System zwei Seiten habe, welche später zwei entgegengesetzten Richtungen zum Anhaltspunkt dienten: eine evangelische, auf welche sich die Reformatoren stützten, und eine katholische, welche für die scholastische und tridentinische Lehrweise die Autorität bildete. Diese Thatsache findet ihre einfache Erklärung in der hier gegebenen Darstellung. Augustin hat das Prinzip der christlichen Moral tiefer als andere Kirchenväter erfasst, indem er alles sittliche Thun des Christen als Ausfluss der Gnade, diese aber als schöpferisches Lebensprinzip erkannte; diess das wahrhaft Evangelische seines Systems; aber indem er das der Kirche zu Grunde liegende und innewohnende Heilsprinzip mit der Erscheinung desselben in der Heilanstalt, in der äussern Kirchengesellschaft idenficirte, hat er das innerliche Wirken des Heilsprinzips, des Geistes Christi, materialisirt zu einem äussern Thun der Kirche und ihrer Organe und hat das freie Gesetz des Geistes depotenzirt zum Zwangsgesetz der kirchlichen Satzung und Verfassung; — diess die katholische Seite seines Systems, die jedoch mehr in den practischen Consequenzen als im theoretischen Aufbau heraustritt.

3. Periode.

Das Mittelalter: Die Kirche als Weltherrscherin.

§ 62.

1) **Das Verhältniss von Staat und Kirche.** Auch jetzt war es wieder theils die innere Consequenz der einmal eingeschlagenen theokratischen Richtung der Kirche, theils die äussere Weltlage und das Verhältniss der Kirche zu den sie umgebenden Weltmächten, was beides zusammen das kirchliche Leben des Mittelalters bedingte.

Das römische Weltreich hatte sich bis auf den geringen Rest des byzantinischen Kaiserthums 'aufgelöst und die Abhängigkeit der römischen Kirche von diesem letztern war mehr und mehr gelockert worden. Inzwischen aber hatte sich aus dem Chaos der Völkerwanderung das fränkische Reich herausgebildet, welches von Anfang durch seinen katholischen Glauben mit Rom befreundet gewesen war, insbesondere aber seit der Thronusurpation Pipin's die Rolle einer Schutzmacht Roms spielte. Unter

Pipin, der seine Usurpation durch den Papst sanctioniren
liess, dafür aber auch diesem gegen die Lombarden half,
und unter Karl M., der sich vom Papst zum römischen
Kaiser krönen liess, dafür aber auch eine Mitwirkung
bei der Papstwahl beanspruchte, kommt das Verhältniss
gegenseitiger Abhängigkeit und freundschaftlichen Schutz-
und Trutzbündnisses zwischen Kirche und Staat, wie es
bei Constantin bestanden hatte, noch einmal zum klarsten Ausdruck. Aber gleich nachher begann der Wett-
kampf beider Mächte um die Oberherrschaft und bald
schon zeigte es sich, auf welche von beiden Seiten das
Uebergewicht fallen werde. Die Schwäche und Uneinigkeit der Karolinger Fürsten gab den Päpsten Gelegen-
heit, durch schiedsrichterliche Entscheidungen sich in
das Ansehen einer höheren Autorität gegenüber den weltlichen Herrschern zu setzen. Zugleich wussten sie die
Streitigkeiten der Bischöfe mit den Metropoliten und
Erzbischöfen dazu zu benützen, um durch die unterge-
schobene isidorische Gesetzessammlung die Macht der
letztern zu brechen und sich die kirchliche Alleinherrschaft zu erringen. Die Folgen hievon blieben zwar noch
2 Jahrhunderte unter den Wirren der Zeit und der
Schlechtigkeit der Päpste versteckt; sobald aber in Hil-
debrand der rechte Mann an's Ruder kam, zeigte sich
alsbald die entschiedene Uebermacht des im Papstthum
centralisirten Kirchenregiments über das zersplitterte und
zerfahrene Königthum.

Der Kampf Gregor's VII. drehte sich zwar zunächst
nur um die Unabhängigkeit der Bischöfe von der weltlichen Macht. Allein die weltliche Dienstbarkeit der Bischöfe war ja nur die unvermeidliche Folge und Kehrseite ihres weltlichen Besitzes gewesen; diesen also hätte
man aufgeben müssen, um die Kirche vom Weltlichen
rein loszulösen und frei auf eigene Füsse zu stellen. Da
man nun aber diess weder thun wollte, noch auch — wie
die Dinge damals standen — thun konnte, ohne den Einfluss der Kirche bedenklich zu gefährden: so blieb kaum
etwas anderes übrig, als dass die Kirche, um der Dienstbarkeit zu entgehen, sich zur Herrin über die Weltmächte

aufwarf. Hatte sie sich einmal den weltlichen Mächten in der Weise gleichgestellt, dass sie gleichfalls eine in weltlichen Formen und über weltliche Mittel gebietende Macht war, so war es im Grunde sehr natürlich und nur consequent, dass sie jetzt als die höhere der beiden Mächte sich fühlte und demgemäss sich geltend zu machen suchte. Das überweltliche Prinzip, das der Kirche als der Heilsanstalt einwohnte, verlieh auch ihrer sehr weltlichen Gestaltung als Theokratie einen höheren Glorienschein, der die Majestät des weltlichen Reichs verdunkelte; bekannt ist das bezeichnende Bild: die Kirche ist die Sonne, der Staat der Mond, der sein Licht von jener nur zu Lehen trägt, und diese Idee, so kühn und folgenreich sie war, war nicht einmal ganz aus der Luft gegriffen, sondern hatte einigen Grund in der Wirklichkeit: empfingen doch seit Karl M. die deutschen Kaiser ihre Krone zu Rom aus den Händen des Papstes! und ruhte doch die kaiserliche Würde und Autorität in und ausser Deutschland wesentlich auf dem Glauben an die von Gott verliehene Weltherrschaft des Kaisers zum Zweck des Schutzes der katholischen Christenheit!

§ 63.

Wollen wir billig sein, so müssen wir zugestehen, dass eine gewisse weltliche Macht der geistlichen Würdenträger für jene Zeit kaum entbehrlich gewesen ist und vieles Gute gewirkt hat. Ohne weltlichen Besitz wäre der Papst als Unterthan eines weltlichen Herrn in einer Abhängigkeit gestanden, die seinen geistlichen Einfluss auf die Kirchenleitung schwer bedroht, ja zu einem Werkzeug für die politischen Zwecke des betreffenden Staats herabgewürdigt hätte (man denke an die „babylonische Gefangenschaft" der Päpste in Avignon!); hingegen als unabhängiger Herrscher über eigenes Territorium konnte der Papst seine weltliche Unabhängigkeit dazu benützen, um bei Streitigkeiten der Fürsten und Völker im Interesse der Gerechtigkeit und Humanität schiedsrichterlich zu entscheiden. Freilich blieben die Päpste dabei nicht stehen, sondern schalteten über Kronen und Länder nach eigener Willkühr im selbstsüchtigen Interesse der päpstlichen Alleinherrschaft; es war einem Innocenz III. um kein geringeres Ziel zu thun als um eine Welttheokratie, deren gehorsame Vasallen die Könige der Erde sein sollten. Indem sie zu diesem Zweck in alle bürgerlichen Rechtsverhältnisse aufs willkührlichste eingriffen, Vasallen gegen ihre Lehnherren aufhetzten, die Völker vom Eid des Gehorsams gegen ihre Fürsten entbanden, verkehrten sie ihren hohen Beruf, gerechte Schiedsrichter der Völker und Fürsten zu sein, ins Gegentheil und wurden schuldig an der heillosen Verwirrung der staatlichen Zustände, namentlich in Deutschland, und an der tiefen Entsittlichung der Völker, namentlich im 14. und 15. Jahrhundert.

Freilich gaben die Päpste hierdurch oft widerwillig und indirect Anlass zur kräftigsten Reaction und Erstarkung des nationalen Geistes; die „Magna charta" Englands, die National-Versammlung unter Philipp dem Schönen und der deutsche Kurverein zu Rense waren solche durch päpstliche Uebergriffe veranlasste Kundgebungen des erwachenden Selbstgefühls der Völker.

Auch bei den Bischöfen war der weltliche Besitz einerseits freilich eine starke Versuchung zu ungeistlichem Treiben, worin sie es den weltlichen Fürsten meist so ziemlich gleichthaten. Aber andererseits war diese fürstliche Stellung des höheren Clerus doch auch wieder ein Mittel, um der Kirche einen bedeutenden Einfluss auf die öffentlichen Angelegenheiten zu sichern; und dieser letztere war wohl überwiegend von heilsamer, segensreicher Art. Die Bischöfe waren sehr häufig die besten Räthe und treuesten Vasallen der Fürsten, da sie weniger partikularistische Familieninteressen hatten, als der weltliche Adel. Besonders wohlthätig aber wirkten sie auf die weltliche Gesetzgebung und Rechtspflege, die seit Karl M. zum grossen Theil in ihren Händen war; dem Faustrecht des gesetzlosen Adels setzten sie Schranken und wehrten der Gewaltthätigkeit der

Grossen gegen das rechtlose Volk, indem sie die Gewalt der Gesetze mehr auf alle Stände ausdehnten und den unschuldig Verfolgten an heiligen Stätten Asyle eröffneten. Auch die Form des Gerichtswesens wurde unter den Händen der Geistlichen eine bessere: die rohe Beweisart durch Zweikampf und durch Gottesurtheile wurde abgeschafft und durch Gesetzessammlungen und Eröffnung von Rechtsschulen eine rationelle Rechtspflege angebahnt. Freilich wurde auch diese Wohlthat der Kirche allmählig ins Gegentheil verkehrt, indem die Willkühr der Päpste auch in allen bürgerlichen Rechtssachen Appellationen annahm und dadurch störend in jeden geordneten Rechtsgang eingriff. So zeigt sich an diesem speciellen Fall, wie die Kirche im selben Grade heilsamer wirkte, je mehr sie als eine auf dem Volksleben ruhende sociale Macht durch die ihr zu Gebot stehenden geistigen (ob auch durch materielle Basis verstärkten) Mittel humanisirend wirkte; im selben Grade aber unheilvoller, je mehr sie als eine selbstständige politische Macht von aussen in das Völkerleben eingriff.

§ 64.

2) Busswesen und Kirchenzucht. Schon in der vorigen Periode war eine Milderung der Busspraxis insofern eingetreten, als an die Stelle der öffentlichen Beichte vor der Gemeinde die stille vor dem Priester getreten war und die Exkommunikation auch bei schweren Vergehen meistens gemieden und durch Büssungen ersetzt wurde. Jetzt konnte man bei dem rohen Geist der mittelalterlichen Völker auch diese Büssungen meist nicht mehr in ihrer ursprünglichen Gestalt durchsetzen und liess sie daher mit anderen, derberen und äusserlicheren Strafen vertauschen; unter diesen waren Wallfahrten, Betheiligung an einem Kreuzzug, Schläge und Gefängniss wenigstens noch mit persönlichem Leisten und Leiden verknüpft, aber die ebenfalls jetzt aufkommende und mehr und mehr überhand nehmende Abfindung durch Geldstrafen machte

die Busse zu etwas rein Aeusserlichem; und als dann zuletzt der Ablass nicht mehr bloss für einzelne Sünden, sondern auf einen ganzen Zeitraum, ja für Lebensdauer um Geld zu erkaufen war, da wurde die kirchliche Seelsorge und Disciplin zu einem gemeinen, alles Gewissensernstes spottenden Handelsgeschäft entwürdigt. Zu gleicher Zeit aber wurde der Bann im grossartigsten Massstabe, nicht bloss gegen Einzelne, sondern gegen ganze Völker und Länder („Interdict") in Anwendung gebracht als ein Zwangsmittel zur Durchsetzung hierarchischer Intriguen. Ebenso wurde die gegen den gewöhnlichen Sünder aufs heilloseste erschlaffte Disciplin gegen die Widersacher der Kirche, die Ketzer, im grossen Massstab und mit rücksichtsloser Härte betrieben; es sei nur an die Vertilgungskriege gegen die Ketzer, z. B. Albigenser, und an die Scheiterhaufen der Inquisition erinnert!

Liegt in dieser doppelten und scheinbar widersprechenden Behandlungsweise nicht der deutliche Grundsatz ausgesprochen, dass die Kirche eigentlich nur eine wahre Sünde kennt: die Auflehnung wider ihre Satzungen? und dass sonach an die Stelle des Gewissens die Kirchenlehre, an die Stelle aller menschlichen und christlichen Sittlichkeit die Kirchlichkeit zu treten habe? die willenlose Unterwerfung unter die Gebote der Hierarchie, ungefragt, ob sie dem Gewissen angemessen seien oder nicht? — Freilich, wie sehr wir hierin einen Abfall vom evangelischen Geist erkennen müssen, so dürfen wir doch auch andererseits nicht vergessen, dass die Kirche gegenüber der rohen Natur der mittelalterlichen Gesellschaft fast nothwendig zunächst das Amt des gesetzlichen und mit Zwangsmitteln wirkenden Zuchtmeisters führen musste. Der Geist des Evangeliums musste sich dieser Barbarei gegenüber noch einmal zurückziehen und verbergen hinter der rauhen Schaale einer jüdischen Theokratie, bis unter dieser Zucht des Gesetzes auf's Neue der Boden für die ächt evangelische Predigt bereitet war.

§ 65.

3) **Der Cultus und die Cultur.** Hatte man in der kirchlichen Theokratie das Judenthum erneuert, so fand sich im Cultus wieder das Heidenthum ein; der heidnische Zug, das Uebersinnliche als im Sinnlichen gegenwärtig zu schauen, beherrschte auch den Cultus des Mittelalters. Je mehr Christus im Dogma in die unnahbare Ferne der Transscendenz entrückt war, desto mehr verlangte man ihn im Cultus greifbar nahe zu haben und so kam das grobsinnliche Dogma von der Transsubstantiation fast zu gleicher Zeit auf, als das christologische Dogma die Spitze der übersinnlich-sinnlichen Abstraction erreicht hatte. Das Bedürfniss, die Kluft zwischen Gott und Mensch, die sich dem Evangelium zum Trotz aufs Neue aufgethan hatte, auszufüllen, führte wieder auf ähnliche Mittelwesen, wie die heidnischen Halbgötter oder Heroen waren; nur mit dem Unterschied, dass es jetzt die Helden des Martyriums und der Heiligung d. h. der Ascese waren. Und dass auch die Himmelskönigin dem neuen Götterhimmel nicht fehle, dafür sorgte die immer üppiger aufwuchernde Mariologie. Das Bedürfniss, auch diese Heiligen in greifbarer Nähe zu haben, führte zu dem tollen Reliquien- und Bilderdienst, bei welchem die mystische und wunderthätige Immanenz der Person im materiellen Bild — ebenso wie die Immanenz Christi in der Hostie — wieder ganz an den heidnischen Cultus der Localgottheiten in ihren Bildern erinnert. Das Gebet vollends, schon bisher als geschäftsmässige Uebung unter die Busswerke subsumirt, wurde zum Mechanismus des „Rosenkranzes" entwürdigt.

So fern auch dieses sinnliche Formenwesen dem „vernünftigen Gottesdienst des Geistes und der Wahrheit", welchen das Evangelium als den allein wahren fordert (Röm. 12, 1. Joh. 4, 23), gestanden sein mag: dennoch muss es anerkannt werden, dass unter dieser dicken Rinde des Aussenwerks der Geist frommer Andacht vorhanden war und dass derselbe auch unter dieser argen

Verhüllung doch seinen wohlthätigen Einfluss auf das sittliche Leben, sogar — was paradox scheinen mag — auf Förderung der humanen Cultur übte. Die dumpfe Verehrung, welche die Hostie, welche eine Reliquie einflösste, bändigte doch den sonst unbändigen Sinn einer rohen Natur; die unreine und trübe Begeisterung für die Wiege des Christenthums brachte doch den Schwung kühnen Unternehmungsgeistes in die Heere der abendländischen Kreuzfahrer und die Berührung derselben mit dem Orient bereicherte Europa an Schätzen und Ideen. Die Freude an der Pracht des Cultus weckte den Kunstsinn und die Gewerbthätigkeit, machte erfinderisch, ausdauernd und opferwillig im Bau der Dome, die wir heute noch bewundern. Endlich die weltverachtende Muse der frommen Mönche bot der Wissenschaft in finstern und wilden Jahrhunderten ein friedliches Asyl, ihre einzige Pflanz- und Pflegestätte. — So wirkt der Quell der Frömmigkeit auch durch seine arg getrübten und verunreinigten Wasser doch immer noch befruchtend auf die verschiedensten Felder des sittlichen Lebens und Arbeitens!

§ 66.

4) Die Morallehre. Die Augustinsche Lehre von Gnade und Freiheit war zwar in thesi von der Kirche acceptirt worden, in praxi aber wurde der Semipelagianismus die herrschende Anschauung, welcher sogar der grösste Scholastiker, Thomas von Aquino, trotz seiner deterministischen Voraussetzungen, sich nicht entziehen konnte. Der Dualismus von Natürlichem und Uebernatürlichem, Vernunft und Offenbarung, Philosophie und Glaube, Staat und Kirche, — dieser Alles beherrschende Grundzug der Scholastik, spiegelte sich auch in der Moral als Dualismus von Natürlich-Gutem und Uebernatürlich-Gutem, oder von philosophischer Tugend und theologischer Tugend, von Pflicht und Verdienst, von Freiheit und Gnade.

Nach dem Vorgang des Thomas v. A. theilten alle

scholastischen Ethiker die Tugenden in die vier philosophischen Cardinaltugenden: Klugheit, Gerechtigkeit, Mässigkeit, Tapferkeit, und die drei theologischen Tugenden:
Glaube, Liebe, Hoffnung. Zwischen beiden Classen aber
statuirte man das Verhältniss: dass die erstern auf der
natürlichen Freiheit beruhen und zur natürlichen Glückseligkeit führen, die letztern aber durch die göttliche
Gnade dem Menschen eingegossen seien und zur übernatürlichen Seligkeit der Anschauung Gottes führen.
Andere, die noch mehr pelagianisch dachten, liessen auch
die christlichen Tugenden noch theilweise durch die vorangehende oder mitwirkende menschliche Freiheit bewirkt
und also die Seligkeit in jeder Beziehung verdient sein.
Auch Thomas wusste dem Verdienst noch eine Stelle zu
retten, nicht so zwar, dass der natürliche Mensch irgend
etwas durch eigene Kraft verdienen könnte, wohl aber
so, dass auf Grund der durch die Gnade eingegossenen
Liebe dem Menschen möglich werde, übergesetzliche Tugend zu üben und die evangelischen Rathschläge zu erfüllen, wodurch er Verdienst erwerbe. (Es ist hiebei
zwar richtig erkannt, dass das wahrhaft Gute nur aus
dem innerlich angeeigneten christlichen Prinzip hervorgehen könne; aber verkannt ist, dass dieses Prinzip auch
das höchste Gesetz gottgleicher Vollkommenheit in sich
schliesst, also keinen Raum lässt für übergesetzliche Verdienstlichkeit!) Ebenso redet Thomas einerseits zwar
vom meritum superabundans der Genugthuung Christi,
durch welches wir der Gnade theilhaftig werden, verlangt
aber andererseits doch, dass der Mensch auf Grund jenes
meritum Christi selber auch opera meritoria und satis-
factoria zur Abbüssung seiner nach der Taufe noch übrig
gebliebenen Sündenschuld leiste. — So wird hier überall
das christliche Prinzip der Gnade und das natürliche
Thun des Menschen einander mechanisch coordinirt, statt
dass das erstere selber zur geistigen Natur des Menschen
würde und aus dieser, als dem organischen Keim, das
Thun des Guten, als natürliche Geistesfrucht, hervorwüchse.

Fragen wir nun nach dem Grund, warum auch hier,
trotz aller Ansätze des Besseren (namentlich bei Thomas),

doch der wahre organische Zusammenhang zwischen dem christlichen Prinzip und der menschlichen Sittlichkeit nicht erreicht wird, so ist es zuletzt wieder derselbe Fehler, den wir auch bei Augustin hervorhoben: dass das christliche Prinzip nicht in seiner reinen Geistlichkeit gefasst wird, sondern unmittelbar identificirt mit seinen äussern Vermittlungen: der Kirche und ihren Gnadenmitteln. Dadurch wird, was in Wahrheit ein durch Vermittlung der Kirche zwar eingeleiteter, aber an sich rein innerlicher Prozess des geistlichen (ethischen) Lebens sein sollte, auseinander gelegt in zwei coordinirte Vorgänge: einerseits ein magisches Thun der Kirche durch sinnliche Mittel (Sacramente) in Beziehung auf den geistlichen Zustand des Menschen, andererseits ein spontanes Thun des Menschen in Beziehung auf das Gebot der Kirche. Die Mystik des evangelischen Moralprinzips (wornach in der Empfänglichkeit Gott gegenüber die Quelle des spontanen sittlichen Handelns den Menschen gegenüber läge) ist hier in eine paganisirende Sacramentsmagie und judaisirende Werkgerechtigkeit auseinander gerissen. Daraus wird uns auch ganz begreiflich, dass für die Behandlung der Moral bei den Scholastikern bald die casuistische Form in Gebrauch kam: denn ebenda, wo das Sittliche nicht als organische Einheit, sondern als Nebeneinander einzelner Actionen aufgefasst wird, hat diese Form naturgemäss ihre Stätte.

§ 67.

Dem kirchlichen Positivismus der Scholastik geht die Mystik im Mittelalter zur Seite. Dem scholastischen Syllogismus, der vergeblich strebt, die Kluft zwischen Erkennendem und Zuerkennendem, natürlichem Verstand und übernatürlicher Offenbarung auszufüllen, setzte sie das Gefühl, die Liebe, das unmittelbar erfahrungsmässige Innewerden der göttlichen Offenbarung entgegen, in welchem die Zweiheit des Erkennenden und Erkannten zur unmittelbaren Einheit aufgehoben sei. In ganz derselben Weise setzte sie auch der Praxis der kirchlichen Werke, Leistungen und Büssungen u. s. w., welche die Kluft zwischen dem Sünder und der Seligkeit durch den unendlichen Prozess des Heiligungsstrebens ausfüllen sollen, die einfache Contemplation entgegen, in welcher die Seele unmittelbar jener Seligkeit des Gottesgenusses theilhaftig werde, welche auf dem Wege der kirchlichen Observanzen nur durch endlose Vermittlungen mühsam erstrebt werde. Allein wie jenes dem scholastischen Syllogismus entgegengestellte unmittelbare Wissen keine inneren Bestimmungen zuliess und so auch nicht als fruchtbares entwicklungsfähiges Prinzip des systematischen Wissens zu verwerthen war, ebenso war auch die dem kirchlichen Werkdienst entgegengestellte mystische Gottvereinigung durch die Contemplation durchaus kein positives Prinzip für die Moral, keiner Entwicklung in Grundsätze und Regeln für das thätige Leben fähig. Denn die Contemplation erforderte, um zum Gottesgenuss zu führen, eine ascetische Zurückziehung des ganzen Menschen von allem Endlichen, also auch von dem Stoff der sittlichen Arbeit in der Welt; nicht nur die unfreie Liebe zu Dingen und Menschen sollte ertödtet werden, sondern jede Theilnahme an ihnen sollte aufhören, das Bewusstsein sollte sich alles endlichen Inhalts ganz entleeren, um eben in diesem Leersein von endlichem Inhalt das Unendliche in sich fassen zu können. Bezeichnend hiefür ist z. B. eine Stelle des besten mystischen Buchs, der „deutschen Theologia": Es heisst da: „Der Mensch hat zwei geistliche Augen, mit denen er in die Ewigkeit und in die Zeit siehet. Aber diese zwei Augen mögen nicht mit einander ihr Werk üben; sondern soll die Seele mit dem rechten Auge in die Ewigkeit sehen, so muss das linke aller seiner Werke verziehen und sich halten, als ob es todt sei; und soll das linke sein Werk üben nach der Auswendigkeit, so muss das rechte an seiner Beschauung gehindert werden. Wenn die Seele in die Ewigkeit siehet und lauter und bloss ist von allen Bildern und abgeschieden von allen Kreaturen und zuvörderst von ihr selbst, so empfahet sie einen

Vorschmack ewiger Seligkeit." — Was ist diess im Grunde anders, als das offene Geständniss, dass der Dualismus von Gott und Welt, Natürlichem und Uebernatürlichem, welcher das ganze Mittelalter beherrschte, auch von der Mystik nicht zu überwinden war? Sie machte sich's nur dadurch leichter, dass sie die Ueberwindung der Kluft gar nicht anstrebte, sondern einfach durch ascetische Selbstertödtung aus der Welt entfloh — ein Versuch, der freilich wegen seiner inneren Unmöglichkeit nie völlig gelingen konnte, daher stets neu wiederholt werden musste und so zuletzt ebenfalls zu einer endlosen Arbeit, zu einem innerlichen Werkdienst der peinlichen Selbstquälerei und Gefühlsbearbeitung führte, die von der kirchlichen Werkgerechtigkeit nur durch die feinere Art und Weise, nicht im Prinzip verschieden war.

4. Periode.

Neue Zeit: Selbständigkeit der christlich-sittlichen Welt und Zurücktreten der Kirche.

§ 68.

1) **Der Protestantismus nach Prinzip und kirchlicher Erscheinung.** Der Protestantismus hat in seiner Grundlehre vom „rechtfertigenden Glauben" die äusserliche Heilsvermittelung der Kirche, die sich als neue Mittlerin und zugleich Scheidewand zwischen Gott und Mensch gestellt hatte, beseitigt und das wahrhaft evangelische Prinzip der Versöhnung mit Gott in seiner Unmittelbarkeit und Innerlichkeit wiederhergestellt, ebendamit auch die verschüttete Quelle wahrhaft christlicher Moral wieder aufgedeckt.

Diess beides ist mit wahrhaft reformatorischer Kraft, Klarheit und Wärme in jener Schrift Luther's: „Von der Freiheit eines Christenmenschen", welche als Absagebrief an Rom zugleich das Programm des Protestantismus in gedrängter Kürze aufstellt, ausgesprochen. Wir wollen das bezeichnendste daraus anführen. „Ein Christenmensch ist ein freier Herr aller Dinge und zweitens ein dienstbarer Knecht aller Dinge und Jedermann unterthan: frei ist er durch den Glauben und dienstbar durch die Liebe." Dann wird die königliche Freiheit und priesterliche Würde, die der Christ in der Einheit des Lebens mit Christo besitze, beschrieben und fortgefahren: „Zu welchen Ehren er nur durch den Glauben und durch kein Werk kommt; und wo er meinte, durch gute Werke fromm, frei, selig oder ein Christ zu werden, so verlöre er den Glauben mit allen Dingen. Der Glaube dagegen bringt das alles überflüssig; denn dem Glauben wird billig soviel zugeschrieben, dass er alle Gebote erfüllt, und ohne alle andern Werke fromm macht; denn er ist die Erfüllung des einen Gebots: Du sollst Gott ehren! Alle Werke, so damit nicht Gott die Ehre gegeben wird, machen nicht fromm; dagegen, wer das erste Hauptgebot erfüllt, der erfüllt gewisslich und leichtlich auch alle andern Gebote. Darum ist der Glaube allein die Gerechtigkeit des Menschen und aller Gebote Erfüllung. Wir fragen nicht, was gethan wird, sondern wir suchen den Thäter, der Gott ehret und die Werke thut. Das ist Niemand, denn der Glaube des Herzens — das ist die Hauptsache und das ganze Wesen der Frömmigkeit. Aber so der Glaube für sich genugsam fromm machen kann, warum sind denn die guten Werke geboten? So wollen wir guter Dinge sein und nichts thun! — Nicht also, sondern obwohl inwendig der Mensch genugsam gerechtfertigt ist durch den Glauben", so erwächst ihm doch aus diesem inwendigen Besitz eine doppelte Aufgabe nach aussen: im Verhältniss zu seinem eigenen Leib und zu der umgebenden Welt. „Dieweil die Seele durch den Glauben rein ist, wollte sie gern, das alle Dinge rein wären, zuvörderst ihr eigener Leib und dass Jedermann Gott mit ihr liebte und lobte. So geschieht es, dass der Mensch nicht kann müssig gehen;

er muss schon, um seinen Leib zu zwingen, viele gute Werke thun; und doch ist er nicht fromm und gerecht vor Gott durch sie, sondern er thut sie aus freier Lieb, umsonst, Gott zu gefallen, denn Gottes Willen thät er gern aufs allerbeste wie Adam im Paradiese". Und wie zur persönlichen Heiligung, so treibt die dankbare Liebe zu Gott auch zur thätigen Nächstenliebe. „Gleich wie Christus für sich selbst genug hatte und doch nichts ansah denn unser Bestes und um unsertwillen ein Knecht geworden ist: so macht ein Christenmensch, voll und satt im Glauben, wie Christus sein Haupt, sich williglich zum Diener des Nächsten, ihm zu helfen und mit ihm zu handeln, wie Gott mit ihm durch Christum gehandelt hat; und das Alles umsonst, nichts darin suchend denn göttliches Wohlgefallen." Schliesslich wird der organische Zusammenhang von Glauben und Werken, Religion und Sittlichkeit in ächt evangelischem Sinn also dargestellt: „Gute fromme Werke machen nimmermehr einen frommen Mann, sondern ein frommer Mann macht gute Werke. Denn es ist offenbar, dass die Früchte tragen nicht den Baum, sondern der Baum trägt die Frucht und müssen also die Bäume eher sein als die Früchte. Wer gute Werke thun will, muss also nicht anheben an den Werken, sondern an der Person, so die Werke thun soll. Die Person macht aber niemand gut denn allein der Glaube und niemand macht sie böse denn allein der Unglaube. So denn die Werke keine Person fromm machen, sondern eine fromme Person macht gute Werke, so ist offenbar, dass allein der Glaube die Person genugsam fromm und selig mache. Also müssen Gottes Güter fliessen aus Einem in den Andern und gemein werden, dass ein Jeder sich seines Nächsten also annehme, als wäre er es selbst; aus Christo fliessen sie in uns, der sich unser hat angenommen, als wäre er das, was wir sind, aus uns sollen sie fliessen in die, so ihrer bedürfen; das ist die Natur der Liebe, so sie wahrhaftig ist; sie ist aber wahrhaftig, wo der Glaube wahrhaftig ist. Aus dem Allem folget der Beschluss: dass ein Christenmensch lebet nicht in ihm selber, sondern in Christo und in seinem Nächsten; in Christo durch den Glauben, im Nächsten durch die Liebe; durch den Glauben fähret er über sich in Gott, aus Gott fähret er wieder unter sich durch die Liebe und bleibet doch immer in Gott und Gott in ihm."

So ist hier das christliche Heilsprinzip der im Glauben ergriffenen Gnade Gottes als das fruchtbarste Moralprinzip nehmlich nicht bloss als das Gesetz, sondern zugleich als die wirksame Kraft zu allem wahrhaft Guten, nachgewiesen; — das erstemal seit der Apostel Zeit, dass das christliche Moralprinzip so rein erkannt wird! aber eine systematische Ausführung der Moral hat Luther nicht gegeben. Sein Interesse war so überwiegend von der religiösen Seite des christlichen Heilsprinzips, der im Glauben erfahrenen Rechtfertigung vor Gott, in Anspruch genommen, dass er nur die sittliche Wirkungskraft dieses Prinzips nachzuweisen, nicht aber auch seine sittlichen Wirkungen im Einzelnen und im systematisch geordneten Zusammenhang darzustellen sich veranlasst fand.

§ 69.

Mehr Aufmerksamkeit hat Melanchthon der Moral geschenkt. Allein wenn er auch gleich die Dankbarkeit für die göttliche Gnade der Sündenvergebung als eines der Hauptmotive der Sittlichkeit geltend macht, so hat er doch den Zusammenhang der letztern mit dem christlichen Heil nicht so tief erkannt, um aus dem Glauben als dem Prinzip das sittliche Leben als die Wirkung systematisch abzuleiten und zu entwickeln. Er hat vielmehr statt dessen die Moral an Aristoteles und an das Alte Testament in einer Weise angeknüpft, wobei das eigenthümlich Christliche derselben nicht zur Geltung kommen konnte.

Am besten ist es Calvin in seiner „Institutio christianae religionis" gelungen, die christliche Sittenlehre mit der Heilslehre zu verbinden und aus dieser letztern,

als dem begründenden Prinzip, abzuleiten. Trefflich
unterscheidet er zwei Haupttheile:. einen grundlegenden,
welcher die Beweggründe und die Triebkraft zum sittlich guten Handeln darlegt und nachweist im christlichen Glaubensobject, theils sofern dieses der im Glauben innerlich angeeignete Geist Christi ist, in welchem
wir mit Gott Gemeinschaft des Lebens haben, theils sofern es der dem Gläubigen als äusseres Vorbild vorge-
stellte Jesus Christus der Heilsgeschichte ist, in dessen
Nachfolge wir das sittliche Ideal der Gottgleichheit erreichen sollen. Diess führt dann auf den zweiten Haupt-
theil, welcher die Regel des sittlichen Handelns, das
Grundgesetz der christlichen Moral, aufzeigt in der Selbstverleugnung oder Hingabe des Menschen an den Willen
Gottes, woraus dann das Einzelne unter den drei Grund-
formen christlicher Tugenden: Nüchternheit, Gerechtigkeit und Frömmigkeit abgeleitet wird; erstere ist die
Durchführung der Selbstverleugnung in Beziehung auf
die eigene Person, die zweite in Bezug auf den Nächsten und die dritte in Bezug auf Gott und seine Weltregierung und Vorsehung. Diese Fassung des sittlichen
Grundgesetzes erinnert zwar an den Fehler der mystischen Ethik, welche in der Negativität der weltflüchtigen
Ascese hängen blieb; und dass der calvinischen Moral
etwas vom ascetischen Geist anhaftete, wird sich wohl
auch nicht leugnen lassen, wenn wir nur an den Rigorismus und Puritanismus der calvinischen Kirche in Genf,
Frankreich und Schottland erinnern. Allein vor der
einseitig negativen und exklusiven weltflüchtigen Ascese
der vorreformatorischen Mystiker war doch Calvin zum
voraus durch sein ächt evangelisches Glaubensprinzip
gesichert und damit stimmt es, dass er ausdrücklich im
Verhalten zu den Weltgütern und dem Weltleben die
allzu grosse Strenge als das andere fehlerhafte Extrem
neben der Unmässigkeit rügt, da ja Gott die Güter dieser Welt nicht bloss zur Nothdurft, sondern zum Ver-
gnügen geschaffen habe. Zudem hat gerade die calvi-
nische Kirche durch die glänzende Energie, mit welcher
sie stets für die Reinigung und Verklärung des gesamm-

ten Weltlebens im Geiste Christi thätig war, das laut-
redende Zeugniss dafür abgelegt, wie weit die reforma-
torische Moral von dem unfruchtbaren Quietismus und
negativen Ascetismus der vorreformatorischen Mystik
entfernt war.

§ 70.

Der sittlich erneuernde und belebende Einfluss der
Reformation zeigte sich, um vom rein Kirchlichen als
nicht hierher gehörig ganz abzusehen, auf allen Gebieten des sittlichen Lebens, insbesondere in den beiden
Hauptformen der sittlichen Gemeinschaft: Familie und
Staat. Beide wurden aus der Erniedrigung, in welche
sie der supranaturale Geist des Mittelalters degradirt
hatte, wieder zu ihrer gebührenden Würde als göttliche
Ordnungen erhoben und aus der Knechtschaft, in welcher
die Vormundschaft der Kirche sie gehalten hatte, emancipirt.

Hatte die Ehe als der niedere Stand gegolten ver-
glichen mit der Ehelosigkeit, war ihre Eingehung durch
die zahllosen Ehehindernisse in hohem Grade erschwert,
war ihre Heiligkeit nur eine Wirkung der sacrament-
lichen Weihe der Kirche, die ebendesswegen auch jederzeit durch willkührlichen Act der Kirche annulirt werden konnte: so wurde jetzt die Ehe als ein von Gott
eingesetzter und von Christo bestätigter, also wahrhaft
natürlicher und wahrhaft christlicher Stand anerkannt
und mit Staat und Kirche zusammen als einer der „drei
rechten Orden“ zusammengestellt. Die Ehehindernisse
wurden vermindert; die Gültigkeit und Heiligkeit der
Ehe nicht unbedingt von der kirchlichen Weihe abhängig gemacht, sondern als etwas ihr von sich selber zu-
kommendes gedacht; daher auch priesterliche Willkühr
von ihrem Bestande ferne gehalten. Dagegen wird die
Möglichkeit der Scheidung, auf Grund nicht bloss thatsächlichen Bruchs, sondern auch schon des moralischen
Bruchs durch völlige Entfremdung der Herzen von ein-

ander, zugestanden; — eine Concession an die erfahrungsmässige menschliche Sündhaftigkeit, in welcher wir so wenig eine Unterschätzung der Würde der Ehe zu sehen haben, dass vielmehr gerade die tiefe Würdigung der sittlichen Idee der Ehe sich darin verräth, wenn die völlige Entzweiung der Gemüther schon ebenso gut wie die thatsächliche Treulosigkeit als materiale Auflösung des ehelichen Bandes und somit als zureichender Grund zur formalen Scheidung angesehen wird.

Durch diese Erhebung der Ehe wird die ganze Lehre von der supranaturalen Tugend und Verdienstlichkeit des Mönchthums umgestossen; dasselbe erscheint eben um seiner übernatürlichen Tugendhaftigkeit willen als ein widernatürliches und damit zugleich widergöttliches Leben, als „selbsterwählte Geistlichkeit" (Col. 2), die nicht nur nicht höhere Sittlichkeit, sondern vielmehr geradezu Unsittlichkeit ist. Damit haben sich die Reformatoren zu der hohen Erkenntniss erhoben, dass das wahrhaft Menschliche, zur menschlichen Natur und Idee nothwendig Gehörige, auch zugleich das wahrhaft — und zwar allein wahrhaft — Christliche sei; dass also die christliche Moral keine andere sei als die Vollendung der rein menschlichen Moral (Vollendung für Erkenntniss und Praxis); daraus würde aber durch den Untersatz, dass das Christenthum wesentlich Leben, nicht Theorie ist, der grosse und weittragende Schlusssatz folgen: dass also das Christenthum überhaupt nichts anderes sei und sein wolle als die Vollendung des Menschlichen, die reine und wahre Humanität, wie sie nicht ausser, sondern eben nur in der Gemeinschaft mit Gott sich verwirklichen lässt. Diesen Schluss haben nun zwar allerdings die Reformatoren noch nicht so, in seiner theoretischen Schärfe gezogen, allein wer irgend unbefangen und klar genug denkt, um aus konkreten Erscheinungen und moralischen Sätzen das wesentliche einer prinzipiellen Weltanschauung, trotz der theoretischen Verhüllungen in der Form, herauszufinden: der kann nicht verkennen, dass jene Identität des wahrhaft Menschlichen mit dem wahrhaft Christlichen die unmittelbare Consequenz der Ansicht ist, wornach das Leben in der Ehe und in der irdischen Berufsarbeit der allein wahre, gottgefällige Orden sei, in welchem die höchsten christlichen Tugenden der Selbstverleugnung, Opferwilligkeit, Geduld, Dienstbarkeit auf die natürlichste Weise geübt und gelernt werden. Daraus ergibt sich aber weiter die Folgerung, dass es also überhaupt keine specifisch fromme Thätigkeit gibt, sondern dass alle Thätigkeit eine allgemein menschliche, sittliche sein muss; dass also die Frömmigkeit eine inhaltslose, müssige und leere: also falsche wird, wenn sie nicht in sittlicher Arbeit ihre Erfüllung findet. Und daraus endlich folgt als letzter allgemeinster Schluss, dass Frömmigkeit und Sittlichkeit nicht einander äusserlich begränzende Sphären sind, sondern jene das — alles wahrhaft sittliche Thun begründende — Prinzip, diese aber die — durch dieses Prinzip begründete und alles reale Thun umfassende — Wirkung.

Die nähere Ausführung dessen gehört in den zweiten Theil dieser Arbeit, aber wir wollten hier nicht unterlassen, darauf aufmerksam zu machen, wie in den reformatorischen Grundsätzen schon die Folgerungen eingeschlossen sind, welche zu ziehen der modernen Wissenschaft vorbehalten war.

§ 71.

Nicht weniger als die Ehe wurde auch der Staat durch die Reformation in sein göttliches Recht eingesetzt. Gegenüber den allenthalben bevormundenden Einmischungen der Kirche in die Staatsangelegenheiten betonten die Reformatoren zunächst und vor Allem die Unterschiedenheit beider Gebiete und die Selbständigkeit des Staats innerhalb des seinigen. Beide sind verschieden nach Endzweck und Mitteln; denn „der Zweck der Kirche ist der ewige Friede, der des Staatswesens aber der weltliche Friede". Da nun jener seine eigentlichste Pflanzstätte im Inneren des persönlichen Lebens hat, im Herzen oder Gewissen: so hat die Kirche auch nur solche Mittel anzuwenden, welche sich auf dieses beziehen, also nur die geistlichen Mittel der Unterweisung und der Zucht durchs mahnende und strafende Wort. „Denn wir sollen die Kirche regieren mit dem Wort oder mündlichen Schwert und die Ruthe des Mundes führen, die schlägt allein die Gewissen; dagegen so hat die weltliche Obrigkeit kein ander Schwert denn ein Faustschwert und hölzerne Ruthe.“ Da sie aber dieses ebenso gut, wie die Kirche ihr geistlich Zuchtamt, von Gott hat, so folgt hieraus für's erste das göttliche Recht der Obrigkeit zum Regiment in weltlichen Dingen, welches ihr nicht von der kirchlichen Hierarchie unter dem Titel einer höheren Autorität beschränkt werden soll. Denn „das Evangelium hebt die natürlichen oder positiven Gesetze nicht auf, sondern bestätigt sie.“

Allein dabei blieb es nicht. Der Drang der Umstände führte von selbst weiter. Da die bisherigen Organe des Kirchenregiments, die Bischöfe, des Reformationswerks sich nicht annehmen wollten, so wandten sich die Blicke der Gemeinden natürlich auf die weltliche Obrigkeit und erwarteten von ihr, als der Trägerin aller äussern Ordnung, auch die Inangriffnahme und Leitung des Reformationswerks und die Organisation derjenigen neuen äussern Kirchenordnungen, welche der evangelischen Wahrheit entsprachen, oder doch die Abbestellung der dem Evangelium hinderlichen Missbräuche. Motivirt wurde diess theils damit, dass die Obrigkeit „als membrum praecipuum der kirchlichen Gemeinde“ dieser zum Ausdruck ihres christlichen Gemeinwillens und zur Organisation ihrer neuen kirchlichen Ordnungen zu verhelfen habe; — hiernach wäre also die Obrigkeit nur von der kirchlichen Gemeinde mit der kirchlichen Executivgewalt betraut, ohne aber ihrerseits gesetzgeberisch in die kirchlichen Angelegenheiten eingreifen zu dürfen. Doch auch diese Beschränkung fiel bald weg, indem man der weltlichen Obrigkeit nicht mehr bloss jure humano, um der äussern Ordnung willen, sondern jure divino —

um der göttlichen Ehre willen — das Recht und die
Pflicht zusprach: „Darob zu halten, dass in ihrem Lande
nichts wider das Evangelium getrieben werde," den Widerstrebenden aber kraft ihrer weltlichen Gewalt Stillschwei-
gen aufzulegen. Von diesem Gesichtspunkt aus hatte die
Obrigkeit dieselbe gesetzgeberische und richterliche Gewalt über die Gewissen der kirchlichen Gemeinde, wie
über Leib und Leben des bürgerlichen Gemeinwesens;
und alle jene schönen Prinzipien über Scheidung beider
Gebiete, von welchen die Reformatoren anfangs ausge-
gangen waren, wurden hiemit schliesslich wieder zurück-
genommen, nur mit dem Unterschied gegen früher, dass,
während vorher das Schwergewicht auf Seiten der Kirche
gewesen und der Staat unter ihrer Vormundschaft gestanden hatte, jetzt das Verhältniss sich einfach umkehrte:
der Staat bekam das Prinzipat und die Kirche wurde
seine Domäne; statt des Kirchenstaats hatte man jetzt
Staatskirchen.

Aus dieser Sachlage und Theorie erwuchs dann in
den monarchischen Staaten der protestantischen Welt
das sogenannte „Summepiskopat" des Landesfürsten mit
dem aus Juristen und Theologen gemischten Consistorium
als dem kirchlichen Rath an seiner Seite; in den Re-
publiken aber die theokratische Gestaltung des Staatswesens unter einem Magistrat, der — theilweise mit Theologen besetzt — streng unter geistlichem Einflusse stand,
und der die Kirchenzucht durchaus als Staatssache und
mit polizeilichen Mitteln handhabe. Nur in den protestantischen Kirchen Frankreichs, die einem feindlichen Staat
gegenüberstanden, gestaltete sich eine reine, der Idee der
Kirche entsprechende Verfassung, nehmlich ein aus der Gemeinde herausgewachsenes Presbyterialregiment, das mit
rein geistlichen Mitteln Leben und Lehre der Gemeinde
leitete, Kultus und Disciplin handhabe und ordnete.

§ 72.

Durch diese in den meisten protestantischen Kirchen
aufgekommene neue Mischung von Staat und Kirche,

Weltlichem und Geistlichem erfuhr denn natürlich der
erste protestantische Grundsatz: dass die Gewissen Gottes und damit frei von Menschensatzung seien, eine lei-
dige Trübung. Denn die weltliche Obrigkeit benützte
ihr Aufsichtsrecht über das Kirchliche bald nicht mehr
bloss zur Reformation der Gemeinden, zur Bestellung
evangelischer Geistlichen und zur Ordnung evangelischen
Gottesdienstes, auch nicht bloss zu einer gegen notorische Sünder einschreitenden und öffentliche Aergernisse
ahndenden Kirchen- und Sittenzucht. Sondern, wie ja
die Reformation von der Reinigung der Lehre ausging und
der rechte Glaube als das Fundament der wahren Kirche
galt, so war die christliche Obrigkeit der guten Meinung,
vor allem über der Reinheit der Lehre und Richtigkeit
des Bekenntnisses wachen zu müssen; woraus natürlich
folgte, dass jede Abweichung von der richtigen (d. h.
obrigkeitlich als richtig beglaubigten und sanktionirten)
Lehre als Ungehorsam gegen die geltenden Staatsgesetze
mit weltlichen Strafen belegt wurde. Consequent war
von hieraus die Verbrennung Servet's in Genf und die
Gewaltthätigkeit, womit die protestantischen Fürsten
Deutschlands allerorten die jeweilige dogmatische Ueberzeugung ihres Consistoriums ihrem Lande durch Staatsgesetze und Zwangsmittel aufoctroyirten. Freilich hatte
man damit das Joch römischer Hierarchie nur vertauscht
mit dem kaum weniger schlimmen eines byzantinischen
Cäsaropapismus.

Die geschichtliche Erklärung dieses Abfalls des Protestantismus von seiner Idee haben wir jedoch nur zum
einen Theil in den äussern geschichtlichen Verhältnissen:
in dem Bedürfniss nach staatlicher Hülfeleistung während
des anfänglichen Nothstandes der werdenden protestantischen Kirche, zu suchen. Auch hier, wie immer, kommt
zur äussern Ursache ein innerer Grund hinzu. Die Reformation hatte als alleiniges Heilsprinzip den Glauben erkannt — mit Recht, sofern sie darunter den Act des
Herzens verstand, das sich in Vertrauen und Liebe an
den in Christo geoffenbarten Gott anschloss und damit
in Gemeinschaft des Lebens mit Gott durch den Geist

Christi zu stehen kam. So hatte ja Luther selbst vom Glauben gesagt: er sei „nichts anderes denn das rechte wahrhaftige Leben in Gott." Allein diesem lebensvollen evangelischen Glaubensbegriff schob sich bald unvermerkt wieder der statutarische Glaube im Sinn von theoretischem Fürwahrhalten vorgeschriebener Lehrsatzungen unter. Und es war nicht etwa nur das Wort „Glauben", sondern auch die Sache selbst, was diese Verwechselung bedingte. Denn das Glaubensobject ist ja nicht etwa Gott unmittelbar oder überhaupt (wie bei einer geschichtslosen Mystik), sondern der Gott wie er sich geschichtlich auf eine ganz bestimmte Weise in Jesu Christo geoffenbart hatte, von welcher Offenbarung die heilige Schrift äusserlich Zeugniss gibt. Wie nahe lag es da, diess Zeugniss, durch welches wir zur Kenntniss und Erkenntniss der göttlichen Offenbarung gelangen, für diese selbst zu nehmen! Wie nahe lag es überhaupt, die Mittel, durch welche die göttliche Gnade sich geschichtlich vermittelt hat und stets in der Kirche sich vermittelt, mit dem Wesen und Zweck, dem diese nur dienen sollen, zu verwechseln. So wurde denn sehr bald die göttliche Autorität und Inspiration der heiligen Schrift einerseits und andererseits das kirchliche Dogma von Christi Person und Werk und von Wesen und Bedeutung des Abendmahls zum eigentlichem Object des seligmachenden Glaubens, der ebendamit wieder überwiegend zu einem Annehmen auf Autorität hin wurde. Den äussern Anstoss zu dieser Wendung des Protestantismus gab allerdings das Auftreten der Schwarmgeister, die in ihrem extremen Spiritualismus die geschichtliche Vermittlung der göttlichen Offenbarung ganz hintansetzten und damit auch eine dieser geschichtlichen Vermittlung dienende kirchliche Organisation von geschichtlichem Bestand ganz unmöglich gemacht haben würden. Dieser unverkennbaren Gefahr gegenüber war das Hervorkehren des geschichtlich Positiven ein Act der Nothwehr; dass man aber in der Nothwehr auch bei geistigen Kämpfen leicht die Grenze der wahren Berechtigung überschreitet und dem einen Extrem eine andere Einseitigkeit entgegenstellt, ist eine in der menschlichen Natur begründete unvermeidliche Schwachheit! Die Entwicklung im einzelnen haben wir nicht näher zu verfolgen. Wir wollten hier nur darauf hindeuten, wie es kam, dass die evangelische Gewissensfreiheit auf's Neue geknechtet wurde unter dem Zwang einer staatlich vorgeschriebenen Dogmatik oder Glaubenssatzung; und dass der evangelische „Glaube", dieses lebendige Prinzip sowohl der Rechtfertigung als der Heiligung, sowohl der religiösen Beseligung als der sittlichen Erneuerung, wieder zu einer todten und ertödtenden, namentlich das sittliche Bewusstsein abstumpfenden, dogmatischen „Rechtgläubigkeit" erstarrte.

§ 73.

2) **Moral der Aufklärung.** Während in der kirchlichen Entwicklung des 17ten Jahrhunderts mehr und mehr das Sittliche verdrängt wurde vom Dogmatischen, begann mit dem 18ten Jahrhundert von England aus eine gründliche Reaction hiegegen durch Ausbildung einer Richtung, welche mit völligem Absehen vom Dogma nicht nur, sondern überhaupt von aller religiösen Autorität die Moral rein auf sich selbst zu stellen bemüht war. Im Allgemeinen können wir sie als die „Moral der Aufklärung" bezeichnen; der historische Name dieser Richtung in England ist der Deismus, der in Frankreich sich zum Naturalismus entwickelte, in Deutschland wieder mildere Formen annahm in dem vulgären Rationalismus.

Hervorgegangen aus der Uebersättigung des Zeitalters an unfruchtbaren scholastischen Streitigkeiten über transscendente Mysterien, will die Aufklärung sich nur an die Erfahrung halten und durch verständige Betrachtung derselben die für's Leben brauchbaren Einsichten gewinnen. Gerade wie einst Sokrates vom Himmel die Philosophie auf die Erde herablenkte, indem er ihr den Menschen zum Gegenstand gab, so will jetzt die Aufklärung statt überirdischer Mysterien vielmehr die

Natur des Menschen erkennen, um daraus die practischen Gesetze für das menschliche Verhalten zu schöpfen. So stark auch der unmittelbare Gegensatz dieser Richtung gegen das kirchliche System sein mochte, wäre es doch sehr kurzsichtig, wenn man nicht den tieferen inneren Zusammenhang derselben mit dem Prinzip des Protestantismus erkennen würde. Das Recht der Gewissensfreiheit, welches dieser beansprucht, macht ja ebenso sehr den Menschen zur entscheidenden Instanz für religiöse Wahrheiten, wie es die Aufklärung thut für sittliche Wahrheiten. Aber freilich, während der kirchliche Protestantismus auf das Göttliche im Menschen zurückging und hier das unwandelbare $\varDelta o\varsigma$ $\mu o\iota$ $\pi o\upsilon$ $\sigma\tau\omega$ fand, von dem aus er die Welt bewegte, so blieb die Aufklärung bei der Oberfläche der Erscheinung der menschlichen Natur stehen und entnahm aus dem, was sich hier, einer verstandesmässigen Beobachtung darbot, ihre Sittenlehren, die eben darum auch wenig oder gar nicht über das Niveau der gemeinen Wirklichkeit zur Höhe des Ideals sich erhoben. Nothwendig musste ihre Sittenlehre hinter den ewigen Idealen des wahrhaft Guten zurückbleiben, weil sie ja dieselben auch nicht aus dem idealen Wesen, aus der göttlichen Anlage der menschlichen Natur abzuleiten versuchten, sondern im unsicheren Umhertasten sie bald an die eine, bald an die andere Seite des Menschen (resp. der menschlichen Gesellschaft), wie die Erfahrung ihn zeigt, anknüpften.

§ 74.

Schon vor dem eigentlichen Deismus hatte Hobbes zur Begründung seines absolutistischen Staatsrechts gezeigt, dass das einzige dem Menschen natürliche und nothwendige Moralgesetz das der Selbstliebe sei, kraft dessen er ein natürliches Recht auf Alles habe. Da er aber in Verfolgung desselben zum Streit mit allen Andern käme und dieser Krieg Aller wider Alle dem Interesse der Selbstliebe zuwiderliefe, so muss eine absolute Staatsmacht den Eigenwillen aller Einzelnen brechen.

Der wissenschaftliche Begründer dieser Richtung war jedoch Locke. Entsprechend seiner empirisch-sensualistischen Erkenntnisstheorie, welche angeborne Ideen in jeder Beziehung leugnete und alle Allgemeinbegriffe nur aus der Empfindung und Reflexion über die Empfindungen herleitete, leugnete er auch jeden apriorischen Character des Sittengesetzes oder der practischen Ideen. Er berief sich hiefür auf die Thatsache, dass das Gewissen, das man gewöhnlich für ein unmittelbares und angebornes sittliches Bewusstsein halte, doch bei verschiedenen Menschen ganz verschieden wirke und bei verschiedenen Völkern und Zeitaltern vollends den verschiedenartigsten Inhalt gehabt habe. Er folgert daraus, dass alle Sittengesetze nur positiven Ursprungs seien; seien sie nun als Rechtsgesetze von einem Gesetzgeber aufgestellt, oder, wie die eigentlichen Moralgesetze, von der öffentlichen Meinung festgesetzt, jedenfalls beruhen sie auf der blossen Convenienz der Menschen über das Lobens- und Tadelnswerthe. Es ist die Gesellschaft, die durch stillschweigende Uebereinkunft ihr Urtheil abgibt, welche Handlungen für lobenswerth oder gut, welche für tadelnswerth oder böse gelten sollen; natürlich sind diess eben nur diejenigen, welche der Gesellschaft überwiegend nützlich respective schädlich sind, denn nach der Empfindung von Freude oder Schmerz heissen wir Dinge (Handlungen) gut oder böse (eigentlich: übel). — Diese materiale Bestimmung hängt auf's engste mit jener formalen zusammen; denn ist das Gute nur das, was die Lustempfindung hervorbringt, so wohnt ihm natürlich keine innere vernünftige Nothwendigkeit und keine an sich gültige Allgemeinheit inne, sondern es kann ihm nur jene äussere Allgemeinheit zukommen, welche auf der zufälligen Uebereinstimmung der Meinungen (der subjectiven Empfindungen und Geschmacksurtheile) der Mehrzahl beruht. Damit ist aber sowohl die unbedingte Verpflichtungskraft des Sittengesetzes als auch die unmittelbare Gewissheit (das Gewissen) des sittlichen Subjects und damit alle Autonomie der freien Persönlichkeit gegenüber der Tradition und Sitte der Gesellschaft zerstört!

Daher richtete sich auch die Opposition gegen Locke's Moralprinzipien gleichmässig gegen beide Punkte, gegen die materiale und formale Bestimmung des Sittlichen. Es waren besonders Shaftesbury und Hutcheson, welche gegen Locke's Convenienz-Theorie die Ursprünglichkeit, mit welcher das Sittengesetz der menschlichen Natur innewohne, und eben damit die Unmittelbarkeit, mit welcher wir desselben inne werden, betonten. Allein sie waren zu sehr Kinder ihrer Zeit, als dass sie ihre vernünftige Opposition gegen die Unvernunft des sensualistischen Empirismus Locke's anders als selber wieder in sensualistischer Form hätten zu fassen vermocht. Sie erklärten nehmlich für die unmittelbare und untrügliche Quelle aller moralischen Erkenntnisse den „moral sense“, einen gewissen natürlichen Instinkt oder Geschmack für das Gute und wider das Böse, dessen Dasein sie zwar mit Recht als eine Thatsache der inneren Erfahrung vorfanden und aufzeigten, den sie aber weder nach dem Grund seiner unbedingten Nothwendigkeit und gesetzgebenden Autorität zu begreifen, noch nach seinem konkreten Inhalt zu entwickeln vermochten, denn zu Beidem wäre erforderlich gewesen, dass sie auf das immanente Vernunftprinzip, von welchem jener Sinn nur die Erscheinungsform ist, zurückgegangen wären, d. h. aber, dass sie überhaupt den Standpunkt der empirischen Aufklärungsmoral völlig überschritten hätten. Ebenso gibt, was den Inhalt des Sittengesetzes betrifft, Shaftesbury zwar eine entschiedene Verbesserung der Lehre Locke's, doch aber wieder auf eine so äusserlich empirische Weise, dass er auf gleichem prinzipiellen Standpunkt mit seinem Gegner zu stehen und nur dessen scharfer Consequenz zu ermangeln scheint. Er erklärt nehmlich, das Gute bestehe sowohl in der Selbstliebe, welche das eigene Wohl bezwecke, als auch in dem Wohlwollen, welches auf das Wohl der Andern gerichtet sei; die richtige Verbindung beider, so dass in ihrem Gleichgewicht weder das eigene Wohl noch das der Andern verkürzt werde, sei die wahre Tugend, die mit der wahren Glückseligkeit unzertrennlich verknüpft sei. — So löblich es nun auch gewiss ist, dass der reinen Selbstsucht von Hobbes' und Locke's Moralprinzip hier ein Gegengewicht an dem „Wohlwollen" gegeben wird, so wenig genügt doch dieses äussere Nebeneinander, wobei jede von beiden Richtungen die andere nur von aussen beschränkt, keine also zu ihrem Rechte als solche kommen kann. Wie weit steht diese verständige Berechnung des richtigen Gleichgewichts zwischen dem eigenen Wohl und dem der Andern zurück hinter der wahren sittlichen Liebe, bei welcher der Einzelne seine eigene höchste Befriedigung eben nur in der Hingabe an die sittliche Gemeinschaft und nicht ausserhalb derselben sucht und findet.

Eine derartige Reflexion mag Hutcheson bewogen haben, als einzigen Inhalt des sittlichen Gefühls das Wohlwollen gegen Andere zu bezeichnen. Wir empfinden, sagt er, in unserem moralischen Sinn um so mehr Wohlgefallen über eine Handlung und beurtheilen sie demgemäss um so mehr als tugendhaft, je mehr sie das allgemeine Wohl bezweckt, wozu freilich ausser dem Motiv des reinen Wohlwollens auch die kluge Erkenntniss dessen, worin das wahre Wohl Aller bestehe, nöthig ist. Ganz ähnlich lehrte auch Hume, dass die Richtung auf das allgemeine Beste das Wesen der Tugend ausmache, zu welcher wir durch den natürlichen Instinkt jedes wohlgeordneten Geistes verpflichtet werden. — So sehr wir den edlen Sinn dieser Theorien anerkennen müssen, so können wir doch die Frage nicht unterlassen, mit welchem Recht dieselben aus dem sittlichen Instinkte sollen abgeleitet werden können, da doch gewiss die Selbstliebe und der Anspruch auf persönliches Recht dem natürlichen Instinkt mindestens eben so nahe, um nicht zu sagen noch viel näher liegt, als der Trieb des Wohlwollens gegen Andre? Ebenso wenig lässt sich von hier aus bestimmen, worin eigentlich das allgemeine Wohl, das der Tugendhafte zu bezwecken hat, bestehe, ob in sinnlicher Wohlfahrt, welche dem natürlichen Instinkt jedenfalls am nächsten liegt, oder in was sonst?

§ 75.

Auf alle diese Fragen suchte am entschiedensten und klarsten Jeremias Bentham eine Antwort zu geben, der die sensualistische Moral nicht nur am besonnensten im Detail ausführte, sondern ihr auch eine wissenschaftliche Form zu geben wusste, indem er sie als das System der natürlichen Interessen des Menschen darstellte. Nach Bentham ist das einzige richtige, weil naturgemässe und brauchbare Moralprinzip der Nutzen oder die Eigenschaft einer Sache, einer Handlung, uns vor Uebeln d. h. Unlustempfindungen zu bewahren und Güter d. h. Lustempfindungen zu verschaffen. Tugend ist demgemäss die Befähigung eines Menschen, möglichst viele und grosse physische Güter hervorzubringen, unter welchen jedoch ebensowohl geistige als sinnliche zu verstehen sind, da beide zur ganzen Natur des Menschen gehören. Hiebei kommt aber Alles darauf an, sagt Bentham, dass man den richtigen und vollständigen Begriff vom wahrhaft Nützlichen hat; denn in Folge von Unwissenheit und Leidenschaft sind die Menschen stets den grössten Illusionen über ihren wahren Nutzen ausgesetzt; es handelt sich daher für die Moral nur darum, die Menschen über ihr wahres Interesse aufzuklären, da aus dem rechtverstandenen Interesse auch unfehlbar das richtige und mithin. das tugendhafte Handeln folgt.

Da das eigene Interesse Jedem im selben Masse näher liegt als fremdes, in welchem er auch eigene Lust und Unlust stärker empfindet als fremde, so ist der Egoismus oder das Streben nach eigenem Nutzen der einzig naturgemässe Ausgangspunkt der Moral. Aber da der unbedingte und unbeschränkte Egoismus nur zum eigenen Schaden des Betreffenden ausfallen würde, so muss er durch Klugheit gemässigt werden, welche bei allen Lustbestrebungen im „moralischen Budget" genau Gewinn und Verlust berechnet und nur dann der Lust sich überlässt, wenn diese grösser ist als der voraussichtliche Schaden. Eben diese Klugheit aber ist es auch, die eine wohlwollende Rücksicht auf die Zustände der Andern empfiehlt. denn sie findet, dass das rechtverstandene persönliche Interesse vom Wohl Anderer abhängig ist und nicht ohne dieses befriedigt werden kann. So führt die kluge Berechnung des eigenen Interesses den Egoismus über sich selbst hinaus, so dass man nun auch fremdes Wohl theils (negativ) achtet, theils (positiv) fördert — jenes Gerechtigkeit, diess Wohlthätigkeit. Die Aufgabe ist dabei immer die, die grösstmögliche Quantität fremden Wohlseins mit dem kleinstmöglichen Aufwand des eigenen Wohls zu erzielen; das eigene Wohl einfach zu opfern wäre Thorheit, nur darum kann es sich handeln, es möglichst haushälterisch im Verhältniss zum allgemeinen Wohl zu berechnen und abzumessen.

Diese Theorie ist darum sehr instructiv, weil sie das Aeusserste leistet, um die Einseitigkeit des Prinzips in den Consequenzen abzuschwächen und zu mildern. Man wird ihr zugestehen müssen, dass sie die wirkliche Moral der durchschnittlichen Menschenklasse beschreibt, aber eine ideale Norm zur Hebung und Läuterung der sittlichen Gesinnungen kann und will sie nicht aufstellen. Sie wehrt nicht dem sinnlich Genusssüchtigen, der seine höchste Befriedigung in ausschweifendem Sinnengenuss sucht; sie wehrt nicht dem Selbstsüchtigen, der schlau genug ist, seinen Vortheil auf Kosten Anderer, durch Umgehung der Rechtsschranken oder durch Ausbeutung Anderer auf dem Wege formalen Rechts zu erreichen; sie weiss nichts oder kann consequenter Weise nichts wissen von jener höchsten Höhe sittlicher Begeisterung, welche das eigene Wohl gänzlich, bis auf das Leben hinaus dem Ganzen (z. B. dem Vaterland) zum Opfer bringt. Mag also die Theorie auch von Werth sein als Klugheitslehre für einen Staatsmann, welche lehrt, wie die widerstrebenden Elemente des Gemeinwesens durch ein System des Gleichgewichts der Interessen zu bemeistern sind: — als Moral taugt sie offenbar nicht.

§ 76.

Der in England durch Locke begonnene Sensualismus fand in Frankreich den üppigsten Boden, auf welchem er erst seine letzten Früchte zeitigen konnte. Nach Helvetius ist der Mensch nur empfindendes Wesen, auch was wir Geist nennen, nur eine Modification der sinnlichen Empfindung. Daher kann auch nur die Empfindung der Lust das Gesetz seines Handelns sein, welches für ihn zur Triebfeder wird als Leidenschaft. Die Leidenschaft oder der unwillkührliche Trieb nach Befriedigung des eigenen Interesses, der Selbstliebe, ist die bewegende Kraft alles menschlichen Handelns; es kann also nie gefordert werden, sie zu unterdrücken. Nur aber wird die Leidenschaft die bessere sein, welche das Interesse Mehrerer befriedigt, in höchster Stufe die, welche auf das Interesse der Nation gerichtet ist. Politische Tugend ist die einzige wirkliche Tugend, der bürgerliche Nutzen das einzige Sittengesetz. Doch ist auch sie nur eine erweiterte Selbstliebe und kann nie das Opfer des Privatnutzens, auf welchen die Leidenschaft doch immer unmittelbarer gerichtet ist, verlangen. Nur um möglichst kluge Verbindung des Privat- und des bürgerlichen Interesses kann es sich handeln.

Wie Helvetius seiner Theorie ungeachtet persönlich achtungswerth und sogar für das Wohl der Gesellschaft lebhaft interessirt war, so hat auch Rousseau mit dem Ernste und dem Pathos eines Sittenreformators Grundsätze gelehrt, deren Wirkungen nur auf Zerstörung der Moral hinauslaufen konnten. Der die ganze Aufklärung beherrschende Grundgedanke tritt eigentlich bei Rousseau am einfachsten und schärfsten hervor: Der Mensch ist von Natur durchaus nur gut und so ist auch Alles gut, was aus dem ungehemmten Naturtrieb entspringt. Das Böse entsteht nur durch die Verbildung, welche die natürlichen Triebe verderbt, indem sie dieselben zügeln will. — Eine naturgemässe Reaction gegen die Unnatur seiner Zeitbildung und öffentlichen Zustände, ist dieser Naturalismus gleichwohl eine starke Verirrung des menschlichen Geistes, die um so gefährlicher wirkte, da sie auf der Verzerrung einer Wahrheit beruhte. Denn freilich ist ja die menschliche Natur d. h. die Anlage seines Wesens gut, sofern sie die reale Potenz zu allem Guten in sich trägt; nur aber trägt sie auch die Möglichkeit zu allem Bösen in sich und gerade diese letztere ist es, die in dem Menschen, wie er von Natur ist, überwiegend zur Verwirklichung kommt. Daher hat zwar allerdings die Moral die Aufgabe, die wahre Natur des Menschen (wie sie an sich, seinem Begriff nach ist) zu verwirklichen, aber sie kann diess doch nur dadurch, dass sie die unmittelbare Wirklichkeit des Menschen, wie er von Natur ist, aufhebt und umwandelt. Wird Letzteres übersehen, wie die naturalistische Moral der Aufklärung that, so ist die nothwendige Folge, dass die Naturtriebe eben in ihrer Unmittelbarkeit, d. h. aber in der ganzen Rohheit sinnlicher und selbstischer Begierden für gut erklärt, der Mensch also auf die Stufe des Thieres depotenzirt wird.

Diese Consequenz sehen wir auch schliesslich vollkommen ungenirt und ungeschminkt von den sogenannten Encyclopädisten gezogen. Nach ihnen ist der Mensch nur ein feiner organisirtes Thier und hat desshalb auch keine wesentlich andere Triebe als dieses, nur etwas verfeinert und complicirt. Daher kann auch seine Bestimmung keine andere sein als die des Thiers: möglichst viel zu geniessen. Das einzige Sittengesetz ist das Naturgesetz und diess lautet: Geniesse das Leben, so viel du kannst!

§ 77.

Als das kirchliche Pendant zu der weltlichen Aufklärungsmoral können wir hieher die Moral der Jesuiten stellen. Sie haben trotz aller Verschiedenheit des Ausgangspunkts und der Form doch in Prinzip und Geist viel Verwandtes. Beiden ist gleich sehr eigen die Leugnung eines unbedingten Sittengesetzes, die Herabdrückung des sittlichen Ideals auf das Niveau der gemeinen Wirklichkeit, die Anbequemung desselben an die erfahrungsmässige Menschennatur, die Verwechselung endlicher Zwecke mit dem höchsten sittlichen Endzweck oder Gut und bedingter Klugheitsregeln im Dienste des endlichen Zwecks mit den unbedingten Pflichtgeboten.

In der Moral der Jesuiten spitzt sich jene unevangelische Seite der katholisch-kirchlichen Moral, die Vergötterung der äussern sichtbaren Kirche, zu ihren äussersten praktischen Consequenzen zu. Die Ehre Gottes wird nicht in der Zweckerfüllung der gesammten Schöpfung oder im Reich Gottes gesucht, sondern in der Verherrlichung der sichtbaren Kirche, die doch nur ein Mittel für jenen Endzweck und nicht einmal das alleinige, sondern ein besonderes und beschränktes neben andern ist. Indem so ein einzelnes sittliches Gut zum höchsten allumfassenden Gut, ein einzelner bedingter Zweck zum absoluten Endzweck erhoben und alles einzelne sittliche Handeln prinzipiell nur auf ihn bezogen und an ihm als allein massgebender Norm beurtheilt wird, ist die wahre sittliche Weltordnung vollständig verrückt, Alles, was nach ewigen Gesetzen an sich gut oder böse ist, wird dieses seines unbedingten Charakters entkleidet und zu einem an sich Indifferenten herabgesetzt, das seine sittliche Werthung nur erhält durch seine Zweckbeziehung auf einen ihm fremdartigen einzelnen positiven Zweck, auf die Verherrlichung der Kirche. Dem gemäss werden von den Jesuiten die sittlichen Anforderungen an den Menschen möglichst herabgesetzt, das Gesetz seiner Heiligkeit beraubt und durch sophistische Auslegung aller einzelnen Gebote nahezu illusorisch gemacht, die Schuld der Sünde durch allerlei Verklausulirung des Begriffs „Sünde" möglichst erleichtert und die Vergebung an Bedingungen geknüpft, die ein wahrer Hohn auf den evangelischen Bussernst sind (z. B.: es genüge eine Reue, welche auch bloss in dem Verdruss über die unangenehmen Folgen der Sünde bestehe.)

Damit hängt ferner die **formale** Eigenthümlichkeit der jesuitischen Moral eng zusammen. Indem das sittlich Gute seines substantiellen Inhalts beraubt und auf die zufällige Angemessenheit einer Handlung an einen besondern Zweck (wie die Verherrlichung der Kirche) reducirt ist, kann es auch kein unmittelbares und dem menschlichen Geiste ursprünglich innewohnendes Erkenntnissprinzip des Sittlichen geben, sondern das Gute und Böse ist in jedem einzelnen Fall Sache verstandesmässiger Reflexion und Berechnung, welche aber in Ermanglung jedes objectiven absoluten Massstabes nur mit relativer „**Wahrscheinlichkeit**" das Rechte erkennen kann. Das subjective Meinen und Gutdünken des endlichen Verstandes ist hier an die Stelle der allgemein gültigen Vernünftigkeit gesetzt, es ist wieder, wie einst bei den Sophisten, „der Mensch das Mass aller Dinge" im schlimmsten Sinne dieses Worts. Aber freilich nicht jeder Einzelne erfreut sich auch in Wirklichkeit dieser schrankenlosen subjectiven Freiheit; die sittliche Laxheit ist ja nur die eine Seite, welche zur Kehrseite hat die unbedingte Unterordnung aller Handlungen unter die Zwecke der Kirche; über diese aber steht nur den Theologen und am meisten den Jesuiten ein richtiges Urtheil zu; also folgt, dass die Laien in all ihrem Handeln an die Gewissensleitung der Jesuiten gebunden sind, da sie nur von diesen über das Gute eine richtige Einsicht erlangen können, welche ihnen selbst gänzlich fehlt. Die Jesuiten selber aber sind zwar formal gebunden an geschichtliche Autoritäten berühmter Lehrer, allein da diese in jeder einzelnen Frage weit auseinander gehen, so bleibt die Entscheidung darüber, welcher unter den divergirenden Autoritäten zu folgen sei, doch jedesmal der eigenen probablen Meinung des Gewissensrathes anheimgestellt, der hiebei auch den Herzenswünschen seines Beichtkindes je nach Umständen kluge und milde Rechnung tragen mag. — So weiss diese Moral die laxeste Accomodation an die menschliche Natur mit all ihren Schwächen und Sünden aufs klugste zu vereinigen mit consequentester Verfolgung ihres den allgemein menschlichen Zwecken der sittlichen Gesellschaft stracks zuwiderlaufenden Endzwecks; sie weiss ferner das katholisch-kirchliche Traditionsprinzip der geschichtlichen Autorität ebenso wie jede andere göttliche und menschliche Autorität illusorisch zu machen, indem sie dasselbe im Allgemeinen zwar und formell gelten lässt, in jedem einzelnen Fall aber die Entscheidung den probablen Meinungen und den Umständen des Augenblicks überlässt. Das Subject setzt seine Willkühr an die Stelle alles objectiv gültigen Gesetzes, aller sittlichen Weltordnung, um desto ungehemmter und energischer der einen Idee, der es sich unterworfen hat, der Verherrlichung der Kirche, zu dienen; es ist diess — und das ist's, was diesen Standpunkt höchst instructiv macht — die vollendete Immoralität im Gewande der kirchlichen Religiosität.

§ 78.

3) Die neuere deutsche Philosophie. Die Moral, welche mit der religiösen Basis zugleich ihre eigene Idealität verloren hatte, aus ihrem Verfall zu erheben und einer Versöhnung mit der Religion entgegen zu führen, war das Werk einer Philosophie, welche zunächst gerade den Riss noch grösser und die Entfremdung zwischen Moral und Religion zur völligen Entzweiung beider zu machen schien: der Kantisch-Fichteschen Philosophie. Dieselbe gehört nehmlich in ihrem Anfang (bei Kant) noch dem Rationalismus an, ja vollendete denselben und gab ihm die feste wissenschaftliche Gestalt, unter welcher er seinen bedeutendsten Einfluss auf Theologie und Kirche ausübte. Aber eben in und mit dieser Vollendung und Vertiefung führte Kant den Rationalismus, dessen Eigenthümlichkeit ja gerade im Mangel aller Tiefe bestand, über sich selbst hinaus und lenkte in eine ganz neue Bahn ein, die bei seinem Schüler und anfänglichen Meinungsgenossen Fichte zu sehr wesentlich andern Resultaten, nehmlich zur innigen Versöhnung mit der Religion führte.

Kant stand darin auf dem Boden des Rationalismus, dass er der Religion nur insofern und insoweit Berechtigung zuerkannte, als sie sich durch practische Brauchbarkeit legitimiren könne. „Der Kirchenglaube, wenn er auch vorerst die statutarischen Sätze, welche etwas über die reine Moralität hinausgehendes enthalten, nicht entbehren kann, muss doch jedenfalls ein Prinzip enthalten, um die Religion des guten Lebenswandels als das eigentliche Ziel herbeizuführen und jener dereinst ganz entbehren zu können". Also das Wahre an der Religion besteht im guten Lebenswandel; was ihr als Eigenthümliches ausser diesem noch zukommt, ist bloss die Form der Betrachtungsweise: dass die sittlichen Pflichten als göttliche Gebote betrachtet werden. Aber diese Beziehung des Sittlichen auf Gott als gesetzgebende Autorität ist so sehr nur eine zu der Substanz des Sittlichen äusserlich hinzutretende Form, steht so wenig in innerlichem und wesentlichem Zusammenhang mit dem Wesen des Sittlichen, dass letzteres vielmehr nach Kant verunreinigt würde, wenn der Gedanke an den göttlichen Gesetzgeber als Beweggrund in den Willen aufgenommen würde. Denn jedes äussere, zur blossen Achtung vor dem Sittengesetz noch hinzukommende Motiv verunreinigt den sittlichen Willen, macht ihn zu einem eudämonistischen und damit bloss äusserlich legalen, innerlich aber unmoralischen.

Damit sind wir auf den andern Punkt gekommen, in welchem Kant von dem Rationalismus der Aufklärungs- und Popularphilosophie sich wesentlich unterscheidet. Hatte dieser das Sittliche mit dem Nützlichen identificirt und damit einem bald feineren bald gröberen Eudämonismus gehuldigt, so scheidet Kant zwischen beiden aufs strengste.

Die auf das Motiv der individuellen Interessen gebaute Moral ist ihm ein blosses System von Klugheitsregeln, die immer nur relative, bedingte Geltung haben können, denn sie sagen ja nur: wenn du auf diese oder jene Weise glücklich werden willst, so musst du nach diesen oder jenen Regeln handeln, wobei also immer noch des Menschen Belieben anheim gestellt ist, auf welche Art (sinnlich oder geistig z. B.) oder ob er überhaupt glücklich werden wolle. Ganz anderer Natur hingegen ist das wahre Sittengesetz: es stellt seine Forderungen an den Menschen kategorisch d. h. ohne alle Bedingung und Einschränkung; es fragt nach keinem Belieben und ruft keine Interessen als Beweggründe zu Hülfe, sondern es gebietet einfach und fordert vom Menschen unbedingten Gehorsam aus reiner Achtung vor der Majestät des Gesetzes, ganz unbekümmert darum, ob diese Unterwerfung unter das Pflichtgebot mit der individuellen Neigung übereinstimme oder nicht. Daraus folgt dann aber subjectiver Seits, dass nur derjenige wirklich sittlich handelt, der das Sittengesetz aus reiner Achtung vor seiner unbedingten Forderung befolgt mit Beiseitesetzung aller individuellen Neigungen und Interessen; wogegen derjenige, welcher zwar material das Sittengesetz befolgt, indem er ebenso handelt wie dieses vorschreibt, aber doch diess nicht um des blossen Gesetzes willen, aus reiner Achtung vor der Pflicht, sondern um irgend welcher Nebengründe willen (aus Interesse und Neigung) thut, noch nicht wahrhaft moralisch, sondern nur legal ist, sofern er zwar das Rechte thut, aber nicht auf die rechte Weise, nicht mit der rechten dem Sittengesetz entsprechenden Gesinnung.

§ 79.

Woraus erklärt sich nun diese Eigenthümlichkeit des Kant'schen Sittengesetzes in seinem Unterschied von den Klugheitsregeln der Aufklärungsmoral? Der Gegensatz des unbedingten Sittengesetzes und der bedingten Nützlichkeitsrathschläge entspricht dem Gegensatz der beiden Seiten der menschlichen Natur: Vernunft und Sinnlichkeit. Die letztere kennt nur Maximen zur Befriedigung der Neigungen, zur Erreichung individueller Glückseligkeit; aber dieser Zweck ist schon um desswillen, weil er von der zufälligen individuellen Constitution abhängt und sonach bei Jedem wieder andrer Art sein kann, ein bloss bedingter ohne absoluten Anspruch auf Befriedigung. Die Vernunft dagegen ist das Allgemeine, Allen Gemeinsame und in Jedem Mitsichselbstgleichbleibende; daher haben ihre Ansprüche für jeden Menschen als Vernunftwesen allgemeine und unbedingte Gültigkeit. Eben desswegen aber, weil sie nur das Allgemeine ist im ausschliesslichen Gegensatz zu allem Besondern, so kann sie nichts Einzelnes und materialiter Bestimmtes fordern; ihr Anspruch kann also nur darauf gehen, dass die Form alles Handelns ihr, der allgemeinen Vernunft, entsprechend oder von der Art sei, dass alle Menschen vernünftiger Weise die gleiche Handlungsweise zu ihrer Maxime machen können. Dass sich jede Handlungsweise zu einem allgemeinen Gesetz für alle Menschen eigne, diese Formbestimmung der Allgemeingültigkeit ist es also, worauf der Anspruch der Allen gemeinsamen Vernunft an jeden Einzelnen ergeht, worin das Sittengesetz besteht. Sonach ist eigentlich das Sittengesetz nichts anderes als die psychologische Form, unter welcher die allgemeine und in Allen gleiche Vernunft sich selbst, ihre Realisirung in jedem einzelnen ihrer Träger fordert. Daher nun, weil also das Sittengesetz nur das eigenste Wesen der Vernunft selbst ist, kann es auch nur in ihr seinen unmittelbaren Grund haben, keiner andern Begründung von irgend welcher Seite her weder bedürftig noch fähig. Diess ist die von Kant so strenge betonte „Autonomie der practischen Vernunft".

Es liegt nun zwar gewiss hierin eine hohe Wahrheit, die eben auch der christlichen Moral eigen ist; denn diese stellt ja auch dem Menschen in der Erfüllung seiner höchsten Aufgaben die Verwirklichung seines eigenen Wesens in Aussicht und verweist ihn auf den Trieb des inwohnenden Geistes als auf sein höchstes Gesetz. Aber freilich ist jene Autonomie des Sittengesetzes im Menschen nur die eine Seite der Sache, die wesentlich einer Ergänzung bedarf. Hierauf kann folgende einfache Reflexion führen: Ist denn etwa die autonome Vernunft, die im Sittengesetz ihr eigen Wesen ausspricht, identisch mit dem einzelnen Vernunftwesen? Nein, denn das Individuum steht ja unter ihr, indem es an das Gesetz als an seine gebietende Autorität gebunden ist. Oder ist sie identisch mit der Summe der Vernunftwesen, mit der menschlichen Gattung? Nein, denn der qualitative Unterschied zwischen dem Einzelwillen als dem Gebundenen und dem Vernunftwillen als dem Bindenden kann auch durch keine noch so grosse quantitative Summirung von Einzelwillen je aufgehoben werden. Wenn nun aber die autonome Vernunft weder die des Einzelnen noch die der Gesammtheit von Einzelnen oder der Gattung ist, was ist sie denn dann? Diese Frage hätte dazu führen müssen, die menschheitliche Vernunft aus einem höheren Prinzip, aus der göttlichen Urvernunft abzuleiten und so die menschliche Autonomie mit der Theonomie, seine innere Freiheit mit seiner wesentlichen Abhängigkeit von Gott zu verbinden. Es hätte sich dann gezeigt, dass der Mensch, indem er seine sittlichen Pflichten auf Gott als Gesetzgeber zurückführt und durch die Liebe Gottes sich zur Erfüllung jener bestimmen lässt, nicht aus der Autonomie in die Heteronomie fremder aussersittlicher Motive verfällt, sondern vielmehr nur seine Autonomie auf ihren tiefsten Grund zurückführt.

§ 80.

Fragen wir nun, was wohl Kant abgehalten habe, diese naheliegende Wendung einzuschlagen und so jetzt schon die Versöhnung der vertieften Moral mit der Religion herbeizuführen? so werden wir vor Allem in Betracht zu ziehen haben seine abstract formale, inhaltsleere Fassung der Vernunft und — damit zusammenhängend — den schroffen Dualismus von Vernunft und Sittlichkeit. Jene machte es ihm unmöglich, von einer schöpferisch-unendlichen eine geschöpflich-endliche Vernunft zu unterscheiden und in der Endlichkeit der letztern ihre Zugänglichkeit und Empfänglichkeit für bestimmende Einflüsse doppelter Art: sowohl von oben als von unten, von Gott wie von der Sinnlichkeit, anzuerkennen.

Kant setzte statt dessen die in ihrer formalen Unendlichkeit schlechthin einfache und spröde Vernunft in einen gänzlich unvermittelten Gegensatz zu der ihr völlig fremden Sinnlichkeit; natürlich wurde dadurch das thatsächliche Bestimmtwerden der Vernunft durch die Sinnlichkeit oder die Thatsache des Bösen zu einem unerklärlichen und unbegreiflichen Räthsel. Dass Kant dem System zum Trotz diese Thatsache in ihrem vollen Umfang anerkannte und das (wenngleich unbegreifliche) Dasein des „radikalen Bösen“ oder der ursprünglichen Herrschaft der Sinnlichkeit über die unmächtige Vernunft in seiner Untersuchung der Religion in Rechnung zog, macht nun zwar der objectiven Wahrheitsliebe und Unbefangenheit des Philosophen alle Ehre, aber es war doch ein schlimmer Riss durch die von vorneherein so energisch behauptete Autarkie der Vernunft. War nun aber einmal dieser Riss geschehen, so war es nur konsequent, dass dieselbe Ausnahme von der Regel auch nach der andern Seite hin zugegeben und auch die Möglichkeit göttlicher Einflüsse auf die Vernunft zugestanden wurde. Eine Inkonsequenz gegenüber der prinzipiell behaupteten Autarkie der Vernunft war freilich offenbar das eine wie das andere, die Anerkennung des radikalen Bösen wie das Zugeständniss der Möglichkeit und Nothwendigkeit göttlicher Eingriffe und Wirkungen. Aber da einmal die erstere Inkonsequenz durch die Thatsache der Erfahrung abgenöthigt war, so war zur Aufhebung dieser thatsächlichen Abnormität und zur Herstellung des hiedurch gestörten Gleichgewichts zwischen Vernunft und Sinnlichkeit auch die andere Inkonsequenz gefordert. Merkwürdig ist zu sehen, wie Kant in seiner Religionsphilosophie dieses folgenschwere Zugeständniss mehrmals in einem Athem macht und wieder zurücknimmt. Er sagt, dass die Sittengebote ihren Grund nur haben in des Menschen eigener Natur und jede andere Begründung, auch die durch den göttlichen Gesetzgeber, die Reinheit des Sittengesetzes trüben würde. Aber er gibt dann doch wieder zu, dass die Vernunft wegen ihrer Ueberwältigung durch die Sinnlichkeit von Anfang nicht im Stande gewesen wäre, ihre Gesetze zur Anerkennung zu bringen und dass es daher zu ihrer Introduction der göttlichen übernatürlichen Offenbarung bedurfte. Diese kam nun aber als ächter deus ex machina der gefesselten Vernunft nur in der äusserlichen Weise zu Hülfe, dass sie die Sittengesetze promulgirte und zur Sicherung ihrer Befolgung ein ethisches Gemeinwesen (positive Religionsgemeinde) stiftete. Und wie der Anfang, so ist auch das Endziel des sittlichen Prozesses nicht ohne göttliche Intervention zu erreichen. Denn das „höchste Gut" umfasst die harmonische Einigung und gemeinsame Befriedigung von Vernunft und Sinnlichkeit, welche nicht in der Hand des Menschen liegt, sondern nur durch Eingreifen des gemeinsamen Regenten beider, der Natur und der Menschenwelt, herzustellen ist. Ebenso wird endlich auch für den Verlauf des sittlichen Prozesses der Mensch zwar durchaus auf seine eigene sittliche Willenskraft und sein eigenes Tugendstreben hingewiesen, ja die Erwartung göttlicher Einflüsse geradezu für einen schwärmerischen Wahn erklärt, welcher der moralische Tod der Vernunft wäre; aber im selben Zusammenhang wird dann doch wieder zugestanden, dass es göttliche Gnadenwirkungen nicht nur geben könne, sondern zur Ergänzung unseres unvollkommenen Tugendstrebens sogar „vielleicht" geben müsse; jedenfalls sei zu hoffen: wenn nur der Mensch thue was er könne, so werde, was nicht in seinem Vermögen steht, von der höchsten Weisheit auf eine Weise ergänzt werden, die wir uns nicht anmassen dürfen wissen zu wollen.

Diese Behauptung der Möglichkeit und Nothwendigkeit göttlicher Einwirkungen zur Ergänzung unserer mangelhaften Sittlichkeit, welche zur vorausgesetzten Selbstgenügsamkeit der practischen Vernunft sich so wenig reimt, können wir nun zwar gewiss als unwillkührliches Zugeständniss der Unhaltbarkeit und Einseitigkeit dieser religionslosen Sittlichkeit ansehen, aber korrigirt ist damit dieser prinzipielle Fehler doch noch nicht. Die Religion nimmt hier die ganz unwürdige Stellung einer Lückenbüsserin der defecten Sittlichkeit ein und ist der Vernunft als solcher höchst gleichgültig, ja unbequem; nur wo die Vernunft unbegreiflicher Weise der Sinnlichkeit gegenüber nicht Meister zu werden vermag, da greift sie ungern genug nach den Stützen der Religion. Folgt daraus nicht, dass die Religion vollends als entbehrlich wegfallen müsste, wenn es der Vernunft gelänge, sich selbst als die Macht über die Sinnlichkeit zu erkennen?

§ 81.

Fichte war es, der diese Consequenz zog und damit die Autonomie und Autokratie der religionslosen Sittlichkeit auf eine Spitze trieb, wo ihre Einseitigkeit und innere Haltlosigkeit nothwendig zu Tage kommen und ihre Begründung in der Religion sich als unabweisbares Bedürfniss fühlbar machen musste.

Fichte fasste den Gegensatz von Vernunft und Sinnlichkeit nicht, wie Kant, als den konträren Gegensatz koordinirter positiver Realitäten; sondern er sah in der Vernunft oder dem „Ich" das einzig Reale und erklärte die Sinnlichkeit für die an diesem Positiven und durch dasselbe gesetzte Negation, Endlichkeit, Schranke, kurz für das „Nicht-Ich", welches das reine Ich sich selbst entgegensetzte, um durch diese Selbstbeschränkung zu einem bestimmten, wirklichen (individuellen) Ich zu werden. Da aber diese Beschränkung, obgleich unvermeidlich, doch zum Wesen des Ich, welches reine Freiheit und Thätigkeit ist, in einem Widerspruch steht, so ergibt sich daraus die sittliche Aufgabe für das Ich, sich von seiner Schranke mehr und mehr wieder zu befreien oder „nach unendlicher Freiheit um der Freiheit willen zu streben". Diese sittliche Bestimmung des Menschen und ihre Möglichkeit in einer Welt der Sittlichkeit oder kurz die „moralische Weltordnung" ist nun nach Fichte das einzig übersinnliche und der practische Glaube daran im furchtlosen Rechtthun die einzigmögliche Frömmigkeit.

Aus jener moralischen Weltordnung herauszugehen und mittelst eines Schlusses aus dem Begründeten auf den Grund noch ein besonderes Wesen als Ursache derselben anzunehmen, dazu hat man nach Fichte keinen berechtigten Grund, da jene Ordnung selbst das an sich Nothwendige und das Ursprüngliche sei. Sofern nun aber diese Ordnung nirgends anders existirt, als im sittlichen Bewusstsein und Handeln der Menschen, so sagt Fichte rundweg: „Ich selbst mit meinem nothwendigen Zweck, meine Freiheit und deren Bestimmung ist das absolut Positive und Categorische, über welches ich nicht weiter zurückgehen kann."

Bei dieser Paradoxie, die übrigens nur die letzte Consequenz von Kant's einseitiger Autonomie der practischen Vernunft war, konnte Fichte selber nicht stehen bleiben. Das wirkliche Ich kann ja schon um desswillen, weil es mindestens andere Iche neben sich hat, welchen gegenüber es beschränkt, also endlich ist, nicht das Unendliche selbst oder das letzte Positive sein; es ist vielmehr ebenso gut wie das Nicht-Ich und mit diesem zusammengesetzt durch die Selbstbeschränkung des reinen Ich (des „Ur-Ich"). Sonach muss also letzlich alle Realität in dieses Ur-Ich zurück verlegt werden und das endliche Ich kann dann nichts weiter als die Erscheinung jenes göttlichen Grundes sein. So ist nun durch die innere Dialektik des Systems der subjective Idealismus, der sich practisch als Atheismus erwies, in das Gegentheil umgeschlagen und zum idealistischen Akosmismus geworden; war dort das Subject Alles und Gott nichts, so ist jetzt Gott Alles und das Subject nichts.

§ 82.

Dadurch gestaltete sich nun aber sofort auch das Verhältniss von Religion und Sittlichkeit völlig anders. Bestand vorher der einzig wahre Glaube im sittlichen Bewusstsein von der eigenen freien Kraft, so

wird diess jetzt gerade als die wahre Unsittlichkeit und
das grösste Hinderniss der ächten Sittlichkeit angesehen,
da vielmehr letztere eben gerade darin bestehe, dass das
Subject seine eigene Nichtigkeit erkenne, den göttlichen
Genius in sich walten lasse und dessen Walten empfinde
im religiösen Gefühl der Liebe und Seligkeit, welche
weit über alle pflichtmässige Moralität erhaben ist. Weit
entfernt also, dass das Religiöse noch, wie in der ersten
Phase dieser Philosophie, im Moralischen aufginge, erklärt vielmehr Fichte jetzt: „Was der Moralische Pflicht
nennt, welcher er aus blindem Gehorsam folgt, ohne
eigentlich zu wissen was sie an sich sei und wolle, das
ist dem Religiösen das Lebenselement; für ihn kommt
das gebietende „Soll" zu spät; ehe es gebietet, will er
schon und kann nicht anders wollen; wie vor der Moralität das äussere Gebot des Buchstabens verschwindet, so
vor dem Religiösen auch vollends das innere; der religiöse Wille ist lauter Liebe und Seligkeit." Während
hier die Religion zwar von der unfreien und gesetzlichen
Sittlichkeit unterschieden, aber mit der freien Sittlichkeit
des guten Willens identificirt wird, so wird sie später
auch noch über diese hinaufgestellt. Die „Anweisung
zum seligen Leben" unterscheidet nehmlich 5 Welt-
ansichten: 1) die gemein sinnliche, eudämonistische; 2) den
Kant'schen Moralismus, der nur ein negatives, formal
ordnendes Rechtsgesetz aufstellt; 3) die wahre höhere
Sittlichkeit, welche in dem lebensvollen und sich reali-
sirenden Prinzip des Heiligen, Guten und Schönen ein
positives und productives Gesetz erkennen lehrt; 4) die
Religion, in welcher alle Hüllen, unter welchen das Göttliche in den Erscheinungen der natürlichen und geistigen
Welt sich verhüllte, verschwinden uns in dem Gottesgefühl
und der Gottesbegeisterung des Frommen Gott ohne Hüllen,
in seinem eigenen unmittelbaren und kräftigen Leben erscheint; 5) die Wissenschaft, welche das unmittelbare religiöse Wissen vom Begründetsein alles Mannigfaltigen im
einen göttlichen Sein und Leben zur vermittelten Erkenntniss erhebt.

In diesem mystischen Pantheismus ist nun zwar un-

zweifelhaft die eigenthümliche Bedeutung und selbständige Berechtigung der Religion als des unmittelbaren
Lebens in Gott anerkannt. Aber es geschieht diess jetzt
offenbar ebenso einseitig auf Kosten des andern Theils
der freien persönlichen Sittlichkeit, wie vorher der
Moralismus einseitig auf Kosten der Frömmigkeit sich
breit gemacht hatte. Es begegnet hier Fichte derselbe
Fehler, wie der mittelalterlichen Mystik, welche in Opposition gegen den pelagianischen Werkdienst der kirchlichen Moral die Vernichtung des Ich durch Versenkung
in Gott, das thatlose Aufgehen im Gottesgenuss und in
der Gottesbetrachtung verlangt hatte. So sagt ja auch
Fichte in der genannten Schrift: „So lange der Mensch
noch irgend etwas selbst zu sein begehrt, kommt Gott
nicht zu ihm, denn kein Mensch kann Gott werden; sobald er sich aber rein, ganz und bis in die Wurzel vernichtet, bleibt allein Gott übrig und ist Alles in Allem.
Der Mensch kann sich keinen Gott erzeugen, aber sich
selbst als die eigentliche Negation (Gottes) kann er vernichten und sodann versinkt er in Gott". — Es ist leicht
zu bemerken, dass, wo die Religion so einseitig als reine
Passivität des Aufgehens in Gott gefasst wird, von ihr
aus kein Weg zurückführen kann zur Activität der
Sittlichkeit, in welcher das selbständige Ich das handelnde
Subject und die Welt des Endlichen, insbesondere die
Wechselwirkung freier Kräfte das zu behandelnde Object
sein sollte. Hatte Fichte vorher das sittliche Subject so
spröde auf sich selbst gestellt, dass er dessen religiöse
Gebundenheit an den göttlichen Lebensgrund übersah,
so wurde ihm jetzt dieser religiöse Grund zum verschlingenden Abgrund, aus dem er den Rückgang zur Entfaltung und Regung der freien Kräfte nicht mehr fand.
In beiden Fällen fehlte die richtige Einsicht in den
organischen Zusammenhang zwischen der Religion als
der fruchtbaren Wurzel und der Sittlichkeit als der selbständigen Frucht. Und so ist diess System ebendadurch
höchst lehrreich, dass es uns zeigt, wie jede der beiden
Seiten die andere braucht, um nicht einseitig und damit
selbst falsch zu werden.

§ 83.

Dem unklaren Schwanken der Begriffsbestimmungen und Vermischen der Religion sowohl mit dem sittlichen Handeln als mit dem Wissen, wie uns diess auf verschiedene Weise in diesen Systemen allen begegnete, ein Ende gemacht zu haben, ist das unsterbliche Verdienst Schleiermacher's. Während die Rationalisten die Religion in das sittliche Thun setzten, sofern es mit einem Wissen vom göttlichen Gesetzgeber sich verbinde, ihre Gegner umgekehrt in die Erkenntniss Gottes und seiner geoffenbarten Religionslehren, zu welcher das sittliche Thun hinzukommen müsse, beide also schliesslich aus der Religion ein ungeniessbares Gemisch von Metaphysik und Moral machten: so erklärte Schleiermacher, dass sie von all' dem nichts sei, weder Wissen noch Thun, noch ein Gemisch beider, sondern ein Drittes zu beiden: nehmlich Gefühl. Denn während im Erkennen und Thun das Subject aus sich heraus gehe und in der Beziehung auf ein äusseres Object, also in der Gegensätzlichkeit begriffen sei, so sei dagegen das Gefühl der unmittelbare Einheitspunkt des persönlichen Lebens, wo dieses ganz in sich sei; und nur dieser Punkt eigne sich zum Innewerden des Göttlichen, das ja gleichfalls eine ungetheilte einfache Einheit sei. Vom sittlichen Handeln aber insbesondere unterscheidet sich die Religion nach Schleiermacher dadurch, dass dieses sich immer nur als ein Eingreifen des Menschen in das ihm gegenüberstehende Ganze zeigt, daher am Bewusstsein der Freiheit hängt, in deren Gebiet auch alle seine Bethätigung hineinfällt; wogegen die Frömmigkeit auch eine leidende Seite hat, auch als ein Sichhingeben und Sichbewegenlassen vom Ganzen erscheint, also ebenso gut wie im Gebiet der Freiheit auch in dem der Nothwendigkeit sich regt, wo kein freies Handeln eines Einzelnen erscheint. Ja später bestimmte Schleiermacher die Frömmigkeit noch genauer als „das schlechthinige Abhängigkeitsgefühl" des Menschen in seiner Beziehung auf Gott,

welches zwar das Freiheitsgefühl in seiner sittlichen
Wechselwirkung mit der Welt zur Voraussetzung habe
und nur an diesem zur Erscheinung komme, aber doch
zugleich ganz specifisch von ihm dadurch unterschieden
sei, dass es jene Freiheit, welcher sich der Mensch gegenüber der Welt bewusst ist, aus der Beziehung auf Gott
gänzlich ausschliesse.

Hiemit war denn der Frömmigkeit ein eigenthümliches Gebiet, ein Heiligthum innerhalb des Personlebens
reservirt, welches, wie ein stilles Asyl, geschützt ist sowohl gegen die Verstandesreflexion als auch gegen die
werktägliche Arbeit des sittlichen Handelns in der Welt.
Aber diese grosse Errungenschaft war noch mit einem
unleugbaren Nachtheil behaftet. Die Religion war hier
zwar in ein schützendes Asyl geflüchtet, aber sie war
innerhalb desselben internirt, in seinen engen Grenzen
abgeschlossen und eingeengt. Zwar war diese Abschliessung der Religion keineswegs als eine einseitige Aus-
schliessung des Weltlebens gemeint, wie uns solche
beim späteren Fichte (§ 82) und in der vorreformatorischen Mystik (§ 67) begegnet war, wornach die Gott-
innigkeit nur durch gänzliche Entleerung des Bewusstseins von allem endlichen und weltlichen Inhalt zu erkaufen sein sollte. Vielmehr sagt Schleiermacher ausdrücklich, dass das Weltbewusstsein nicht verdrängt und
abgebrochen werden dürfe; ein solcher Zustand wäre ihm
ein unvollkommener, weil der nöthigen Klarheit und Be-
grenztheit des bestimmten Denkens ermangelnder. Vielmehr sollen also beide Pole, Gott und Welt, in der Einheit eines Bewusstseinsmomentes zusammensein, jedes
bestimmt vom andern gesondert aber zugleich aufs andere
bezogen, und eben in dieser ihrer gegenseitigen Bezogenheit auf einander soll der fromme Zustand bestehen.
Allein es ist doch nicht zu leugnen, dass bei Schleiermacher die Beziehung des frommen Gefühls auf das Wissen und Thun eine zu äusserliche ist; beide treten nur
von aussen, nur veranlasst durch das Bedürfniss gesetti-
gen Austauschs, zum frommen Gefühl hinzu, aber sie
stehen in keinem innerlichen und wesentlichen Verhält-

niss zu ihm; sie sind weder so auf die Frömmigkeit begründet, dass sie aus dieser als dem productiven Prinzip
mit innerer Nothwendigkeit hervorgehen müssten, noch
auch üben sie ihrerseits einen wesentlich bestimmenden
Einfluss rückwirkend auf jene aus. Mit Recht hatte
Schleiermacher in der Frömmigkeit eine von Wissen und
Thun specifisch verschiedene, nicht, wie diese, auf die
äussere Objectivität bezügliche, sondern innerlich-geistige
Lebensbestimmtheit erkannt; aber der Fehler war, dass
er die Frömmigkeit als bloss passive Bestimmtheit
ohne alle freie Selbstbestimmung, und eben damit als
bloss subjective Bestimmtheit ohne alle Beziehung auf
ein bestimmendes Object auffasste. Das Gefühl schlecht-
hiniger Abhängigkeit ist allerdings die eine und zwar
erste Seite der Frömmigkeit, ihre feststehende Basis;
aber als wirklicher Lebensact vollzieht sich das fromme
Bewusstsein doch nur durch das Eingehen der Freiheit
auf die Abhängigkeit durch das bewusste und wollende
Sichbeziehen des Subjects auf das Object, von dem es
sich unbedingt bestimmt fühlt, auf Gott. Eben damit
aber, dass in der wirklichen Vollziehung des religiösen
Wechselverhältnisses die freie Selbstthätigkeit des Menschen schon auch mitenthalten ist, ist der organische Zusammenhang der Religion mit der sittlichen, auf die Welt
bezüglichen Thätigkeit von vorneherein gewahrt. Wo
hingegen jenes Moment im Begriff der Frömmigkeit fehlt,
wie bei Schleiermacher, da ist von der ausschliesslich
passiven Frömmigkeit zur Activität des sittlichen Lebens
keine natürliche Brücke. Ein solches frommes Gefühl
ist daher auch immer etwas einseitig Subjectives; die
subjective Innerlichkeit, die allerdings aller währen Frömmigkeit zukommt, wird zur Subjectivität, zur individuellen
Eigenthümlichkeit, die stets bis auf einen gewissen Grad
(nach Schleiermachers eigenen Worten) etwas „Unüber-
tragbares" bleibt. Die Folge hievon ist, dass die Frömmigkeit zur ästhetischen Empfindung, am Ende zur individuellen Virtuosität wird, aber für das sittliche Leben,
dessen tiefster Grund sie sein sollte, unfruchtbar bleibt.

§ 84.

So wenig auch **Schleiermacher** selber das Ethische verkürzte, so ist doch nicht zu leugnen, dass seine **Ethik** neben seiner Religionswissenschaft ziemlich zusammenhanglos nebenher läuft. Und dieser Mangel einer religiösen Begründung macht sich in seiner Ethik sehr entschieden fühlbar in dem **Mangel jedweder unbedingten sittlichen Gesetzgebung.** Schleiermacher kennt kein sittliches Sollen, sondern nur ein Sein, keine Pflichtenlehre, sondern nur eine Güterlehre, keinen kategorischen Imperativ, sondern bloss descriptive Form der Sittenlehre.

Auch er zwar geht aus von dem Kant'schen Gegensatz von Vernunft und Sinnlichkeit, den er nach **Schelling** als Gegensatz von Vernunft und Natur, Idealem und Realem, dinglichem (gewusstem) und geistigem (wissendem) Sein fasst. Aber statt den Gegensatz beider, wie Kant, als unversönlichen Zwiespalt zu fixiren und daher der Vernunft den steten Kampf gegen die widerstrebende Sinnlichkeit zur peinlichen und fruchtlosen Pflicht zu machen, geht Schleiermacher vielmehr von der **immer schon seienden Einheit** beider aus und bezeichnet als Aufgabe der Ethik, das **fortgesetzte Werden ihrer Einigung** mittelst des Handelns der Vernunft auf die Natur zu beschreiben. Die beschreibende Formel für die Wirksamkeit der Vernunft auf die Natur (auf die Masse) ist das **Sittengesetz,** das sonach so wenig wie das „Naturgesetz" ideales Sollen vorschreibt, oder eine Zumuthung an die Vernunft stellt, welcher diese sich erst zu unterwerfen hätte, vielmehr nur das der Vernunft von selbst schon natürliche Thun beschreibt. Das Sittengesetz ist also nicht specifisch, sondern nur graduell vom Naturgesetz unterschieden, sofern es, wie dieses, nichts anderes ist, als „der Gattungsbegriff für ein bestimmtes System von Funktionen in ihrer zeitlichen Entwicklung"; nur dass die Gattung, mit welcher es das Sittengesetz zu thun hat, die höchste ist, weil in ihr die

Wirksamkeit der Intelligenz auf die Masse am meisten individualisirt, eben damit am lebendigsten oder „freiesten“ ist. Denn was wir Freiheit der menschlichen Vernunft heissen, ist nur das Maximum der Lebendigkeit der Vernunft überhaupt in ihrer Beziehung zur Natur. Fragen wir, wie es dann doch komme, dass wir im Gebiet des Sittlichen von einem an die Freiheit als Anmuthung gerichteten „Sollen“ reden, so weiss Schleiermacher hierauf keine andere Antwort als die: Das Sollen, das auf einen gebietenden Willen hinzuweisen scheint, der dem menschlichen gegenüber stände, sei in die christliche Ethik hereingekommen aus der jüdischen, wo es die Folge gewesen von der Form der bürgerlichen Gesetzgebung, welche in dem Gottesstaat alle, auch rein sittliche Sätze angenommen haben; daher sei es auch unter uns noch eine gebräuchliche Redeform, obgleich ihr kein vernünftiger Grund mehr entspreche.

Ist also das Sittengesetz nur das Naturgesetz der menschlichen Vernunft, die Ethik die Physik des menschlichen Handelns, wie die Physik die Ethik des natürlichen Lebens ist, so hat auch der Gegensatz von gut und böse in der Ethik so wenig mehr einen Raum wie in der Physik. Alles, was Gegenstand der Ethik ist, ist auch gut, sofern es ein bestimmtes sittliches Sein, ein Einssein von Vernunft und Natur darstellt; das Böse hingegen kann nur am Guten sein als dessen relative Schranke, es kann nur das Moment des Nochnichteinsgewordenseins von Vernunft und Natur bezeichnen, wie es auf jedem Punkte der werdenden Einheit sich mit metaphysischer Nothwendigkeit vorfindet, immer aber so, dass sein Dasein zugleich sein Nichtsein, nemlich sein Aufgehobenwerden ist, eben daher gar nicht als ein positiver Gegenstand der das positive Einswerden der beschreibenden Ethik.

Schleiermacher hat Kant gegenüber gewiss darin Recht, dass man von einem blossen abstracten Ideal aus nie zur realen Sittlichkeit käme, ja dass ein Pflichtgebot, das dem Menschen in jeder Beziehung nur transcendent gegenüber stände, in ihm sogar nicht einmal eine Anerkennung finden und noch weniger seinen Willen zur Befolgung bestimmen könnte. Er stellt sich daher von vornoherein auf den Boden des realen Geisteslebens und betrachtet das Sittliche als die sich selbst realisirende objective Vernunft, die kein Sollen kennt und der kein Gesetz von aussen gegeben werden kann, weil sie sich selbst Gesetz ist. Damit ist nun zwar der unfruchtbare Dualismus beseitigt und die richtige Erkenntniss gewonnen, dass das sittlich Gute das eigene Wesen des Menschen und dass dieser nur dann wahrhaft sittlich ist, wenn er mit seiner subjectiven Freiheit im Guten lebt und webt als in seinem eigensten Elemente. Allein über dieser Immanenz des Guten im Menschen ist das andere ebenso wahre Moment übersehen: der Unterschied zwischen der Wirklichkeit des Einzelmenschen und dem Wesen des Menschen an sich oder zwischen der subjectiven Freiheit des Einzelwillens und dem objectiven Gesetz des Willens überhaupt. Indem dieser reale Unterschied, in welchem auch die Möglichkeit der conträren Entgegensetzung beider d. h. des Bösen begründet ist, von Schleiermacher übersehen und beide unter dem Begriff der „Vernunft" schlechtweg vereinerleit wurden, entstand nothwendig der Schein, dass das wirkliche Wollen und Thun eines jeden Einzelnen auch schon das wesentlich vernünftige, mit dem Gesetz identische sei, was in seine Consequenzen verfolgt auf einfachen Naturalismus hinauskommt. Indem Schleiermacher den abstracten Imperativ der Kant'schen Moral, der es nur zu einer gesetzlich-jüdischen Sittlichkeit kommen lässt, mit Recht vermeiden will, verfällt er in das andere Extrem einer platt empirischen Naturbeschreibung der gemeinen Wirklichkeit des menschlichen Handelns, also in einen heidnischen Naturalismus, der weder ein sittliches Ideal der Wirklichkeit als Spiegel vorzuhalten, noch vollends eine ideale Kraft ihr als Realität höherer Potenz einzupflanzen vermag.

§ 85.

Einen theilweisen Anlauf zur Verbesserung dieser Schleiermacher'schen Einseitigkeit bietet das Hegel'sche System dar. Hegel hat den Kantisch-Schelling'schen Gegensatz von Vernunft und Sinnlichkeit, Geist und Natur zum Monismus des Geistes aufgehoben, dafür aber den wesentlichen Unterschied in den Geist selbst gesetzt, nehmlich die Selbstunterscheidung des Geistes von sich als objectivem und als subjectivem, die sich zur höheren Einheit des absoluten Geistes mit einander vermitteln. Damit bekommt Hegel jenen bei Schleiermacher vermissten realen Unterschied des endlichen oder subjectiven Geistes vom unendlichen (sei es objectiven oder absoluten) Geiste und damit die Grundvoraussetzung aller richtigen Moral, welche ebenso sehr den Wesenszusammenhang des endlichen Geistes mit dem unendlichen, in dem er sein Gesetz hat, als zugleich den realen Unterschied des endlichen freien Geistes von seinem substantiellen Grund und objectiven Gesetz fordern muss. In diesem Fürsichsein des subjectiven Geistes im Unterschied vom unendlichen Geiste liegt nun auch die Möglichkeit eines wirklichen Bösen, das Hegel im Wesentlichen ganz richtig als den in seiner Subjectivität entgegen dem objectiven Geist sich fixirenden subjectiven Willen fasst. Näher zeigt Hegel trefflich, wie der Wille schon auf der Stufe der unmittelbaren Natürlichkeit böse sei, weil er hier zu seinem Inhalt die seiner Idee durchaus widersprechenden rein zufälligen Einzeltriebe hat; wie sodann durch die eigene Dialektik dieser Naturtriebe ihre Unmittelbarkeit gebrochen wird, und an ihre Stelle der reflectirte, gebildete Wille tritt, der zu seinem Inhalt die relativ allgemeinen Verstandeszwecke der Glückseligkeit setzt, die gegenüber den rohen Trieben immerhin schon ein Allgemeineres, Geistiges ist. gleichwohl als particuläre Glückseligkeit des einzelnen Individuums auch noch nicht dem wahren Vernunftzweck oder der Idee des freien, in sich allgemeinen Willens entspricht; wie daher erst der vernünftige Wille, der die wahrhaft allgemeinen Zwecke des objectiven Geistes zu seinem subjectiven Inhalt macht, der seiner Idee wirklich entsprechende, ebenso wahrhaft freie als zugleich wahrhaft gute Wille ist; gut nehmlich ist derselbe desswegen, weil hier die Freiheit nicht mehr ausser dem Gesetz steht als schlechte Freiheit der Willkühr, sondern mit dem Gesetz des Allgemeinen im Einklang ist; frei aber zugleich desswegen, weil das Gesetz nicht mehr ausser der Freiheit steht als hemmende Schranke derselben, sondern von ihr subjectiv als vernünftig, somit als die eigene Substanz des freien Geistes anerkannt und bejaht ist; woraus zugleich erhellt, wie das wahre Freisein mit dem Gutsein eigentlich identisch ist.

Diess sind unleugbar sehr tiefe, für die ethische Weltbetrachtung fruchtbare Gedanken, die auch mit der christlichen Ethik die wesentlichsten Berührungspunkte haben. Aber sie wurden bei Hegel so sehr verkümmert, dass er selber es eigentlich zu gar keiner wirklichen Ethik, sondern bloss zu einer Rechtslehre brachte und die Möglichkeit einer von dieser unterschiedenen Moral fast prinzipiell aufhob. Diess kam daher: Hegel machte die Unterscheidung des endlichen Geistes vom unendlichen Geist doch wieder dadurch illusorisch, dass er den letztern nur als Resultat, nicht als Voraussetzung des endlichen Weltprozesses und Geisteslebens zu fassen vermochte und zwar diess so, dass in jenem Resultat der Unterschied des endlichen Geistes vom unendlichen wieder verschwindet, indem eben der erstere sich selbst als den unendlichen erkennt. Daraus folgte ein doppelter Uebelstand. Einerseits wird der Mensch, indem er sich als das mit dem Unendlichen substantiell Identische erkennt, über alle Schranke der Endlichkeit und geschöpflichen Unabhängigkeit hinausgehoben, vergöttert; damit ist aber die Voraussetzung sowohl der Religion wie der Ethik aufgehoben, nehmlich das Abhängigkeitsverhältniss des endlichen Wesens von einem ihm unbedingt als Gesetz und Grund seines Daseins vorausgesetzten Unendlichen; daher die nächste Consequenz hievon ist, dass der souveräne Mensch sich in selbstischer

Willkühr über Sitte und Gesetz als über einen überwun-
denen Standpunkt hinwegsetzt (cf. Feuerbach, Junghege-
lianer). Andererseits ist das der subjectiven Freiheit
vorausgesetzte Gesetz, da es nicht eine Willensoffenba-
rung des — erst werdenden — absoluten Geistes sein
kann, nur das objective Gesetz der äussern geschichtlichen Mächte, des Rechts und der Sitte, wie es das geschichtlich gewordene und als solches gültige „Positive"
ist. Damit wird aber die doch immer menschlich beschränkte und unvollkommene, also auch nur bedingt gültige Autorität des geschichtlich Positiven in einer Weise
vergöttert, dass ihm gegenüber der individuelle Geist als
das völlig recht- und werthlose Dasein erscheint, das nur
in seiner unbedingten Unterwerfung unter die äusserliche
Autorität, nie aber dieser gegenüber oder gar wider diese
eine vernünftige Bedeutung und Geltung anzusprechen
hat. Und diese Consequenz ist es, die Hegel selbst in
seiner Rechtslehre klar genug zieht. Die subjective Sittlichkeit, die sich auf das Gewissen stützt und im Anschluss
an diese innere Gesetzgebung sich berechtigt oder beru-
fen weiss, das positiv Geltende der Geschichtsautorität
zu prüfen und nöthigenfalls zu reformiren, wird von Hegel
kurzerhand als eine vernunft- und rechtlose Subjectivität
gebrandmarkt und unverhohlen mit dem selbstischen Eigenwillen zusammengestellt und als „böse" bezeichnet.
Weil Hegel die Gottheit nur im rauschenden Strome der
Geschichte der ganzen Menschheit zu erkennen weiss, verkennt und verleugnet er die göttliche Stimme in jeder
Menschenseele, in welcher doch in Wahrheit die letzte
Quelle sowohl aller sittlichen Verpflichtung, als dann
auch wieder aller sittlich-religiösen Berechtigung des
Individuums gegenüber der Gemeinschaft liegt. Was Wunder, wenn von seinen Schülern bald die erstere, bald die
letztere geleugnet, bald die Zuchtlosigkeit einer lüder-
lichen Genialität, bald die blinde Unterwerfung unter
eine politisch-kirchliche Theokratie als praktische Consequenz der Lehre des Meisters verkündigt wird!

II. THEIL.

Kritisch-philosophischer Theil.

1. Abschnitt.

KRITIK DER MODERNEN GEGENSÄTZE.

§ 86.

Den Uebergang von der geschichtlichen Darstellung zum positiven Resultat dürfte am ehesten eine kritische Uebersicht der die Gegenwart beherrschenden Richtungen machen. Den Grundgegensatz bildet natürlich die einseitig sittliche und die einseitig religiöse Richtung. Die modificirenden Nuancen aber rühren her von jener Wendung, welche (seit dem 2. Jahrzehnt dieses Jahrhunderts) unser Zeitalter genommen hat vom Einzelnen zum Allgemeinen, vom Subjectiven zum Objectiven, von individueller Freiheit zu geschichtlicher Autorität. Demgemäss lässt sich auf der einen Seite unterscheiden zwischen der Richtung, die das Hauptgewicht legt auf die Sittlichkeit des Einzelwillens, — Moralismus — und derjenigen, welche die Sittlichkeit des Gemeinwillens für das Höchste hält und daher den Staat als die geschichtliche Organisation des sittlichen Gemeinwillens vergöttert — Bureaukratismus. Ebenso wird sich auf der andern Seite unterscheiden die subjective Richtung, welche die Religiosität des Einzelgefühls überwiegend cultivirt, — Pietismus — und die objective, welche den Hauptnachdruck legt auf das fromme Gemeinleben in seiner geschichtlichen Organisation, also auf die Kirche — Hierarchismus. Da die Wahrheit nicht in der Trennung, sondern in der organischen Einigung sowohl des Sittlichen und Religiösen als auch des Subjectiven und Objectiven liegt, so lässt sich zum Voraus erwarten, dass jede der bezeichneten 4 Richtungen in dem Masse unwahr ist, als sie in ihrer Einseitigkeit sich verfestigt und gegen die andern isolirt.

§ 87.

1) Der Moralismus ist diejenige einseitige Richtung, welche von der Sittlichkeit des Subjects ausgehend dieselbe rein auf sich selbst gründen und sowohl von der Religion als von allen objectiv geschichtlichen Voraussetzungen emancipiren will. Wir müssen aber innerhalb dieser Richtung eine doppelte Nuance unterscheiden. Die Einen, an Kant sich anschliessend, gehen aus von der Freiheit des Individuums, als der psychologischen Urthatsache, welche das oberste Prinzip der Moral zu bilden allein fähig und genügend sei, da sie, ohne selbst weiter erklärt oder begründet werden zu können, ihrerseits so Rechte wie Pflichten der Personen, also die gesammte moralische Weltordnung in sich schliesse. In der Politik ist dieses Prinzip hauptsächlich vertreten von der „liberalen" Partei, welche auch den Staat wesentlich nur als Rechtsstaat oder Anstalt zum Schutz der

persönlichen Freiheit zu betrachten pflegt. Die Andern hingegen, an den vorkantschen Standpunkt der Aufklärungsmoral, den Eudämonismus und Utilitarismus, sich anschliessend, gehen aus vom Wohl des Individuums als dem obersten Zwecke, dem alles Handeln zu dienen habe und von dessen Gesichtspunkt aus die moralische Welt ausschliesslich, abgesehen von dem Interesse der Freiheit der Einzelnen, geordnet werden soll.

Die „socialistische" Partei bekennt sich zu diesem Prinzip und verfolgt am konsequentesten also auch instructivsten. — Gemeinsam aber ist beiden Nuancen des Moralismus, dass sie vom einzelnen Subject ausgehen, nicht von einem diesem voausgesetzten Allgemeinen, etwa einem Gesetz oder einer höheren Ordnung, die das Individuum mit seinen Rechten und Interessen in sich schlösse und zugleich seine Pflichten ihm zuwiese. Sondern der Einzelne wird für sich betrachtet und dann aus seiner Freiheit oder seinem rechtverstandenen Interesse gegenüber den Andern sein moralisches Verhalten gefolgert, also aus den Einzelnen nachträglich das Allgemeine der moralischen Weltordnung konstruirt; gerade so wie der Atomismus in der Metaphysik aus zusammenhangslosen Einzelwesen das geordnete Weltganze sich zusammensetzen lassen will.

§ 88.

Betrachten wir zunächst die erste Form des Moralismus, die an Kant sich anlehnende. (Eine klare Darstellung und warme Vertheidigung derselben findet man z. B. bei C. Coignet: „La morale indépendante, dans son principe et dans son objet", Paris 1869).

Alle moralischen Phänomene, wird hier gesagt, fliessen aus einer einzigen Quelle, die sich nur in der menschlichen Natur vorfindet und das eigenthümliche Merkmal der menschlichen Persönlichkeit im Unterschied von den Thieren bildet: aus der Freiheit. Die wahre moralische Freiheit aber ist diejenige, welche nicht Mittel ist für einen ihr äusserlichen Zweck, nicht blosse Möglichkeit, sich einer gegebenen Ordnung der Dinge, sei es einer metaphysischen (religiösen) oder einer physischen (naturalistischen) zu unterwerfen, sondern welche eine active (spontane) Ursache ist, die ihren Zweck in sich selbst hat. Sie bezieht sich nicht auf eine dem Menschen vorausgesetzte und jenseitige Ordnung, weder den Willen Gottes noch das Weltgesetz, sondern sie konstituirt selber die menschliche Ordnung, unabhängig von Metaphysik und Naturalismus. Frei ist der Mensch, nicht weil er durch Unterwerfung unter die Kirche sich mit Gott vereinigen kann, noch auch weil er seine natürlichen Triebe befriedigen kann, (jenes die auf Metaphysik gebaute, dieses die naturalistische d. h. unmoralische Moral); sondern frei ist der Mensch, weil er, eingeschlossen in ein System von Kräften und Gesetzen, welches man Natur nennt, einen Zweck kennt, den ihm nicht die Natur gibt, den er sich selbst gibt und den er selbst verwirklicht; weil er die schöpferische Ursache und der verantwortliche Vermittler eines Zwecks ist, der sein eigener ist und dem er selbst die Elemente der Natur dienstbar macht. Während Pflanze und Thier nach fremdem Plane und in Kraft einer unwillkührlichen Macht sich bethätigen, so schöpft dagegen der Mensch, selbst Ursache, Zweck und wirkende Kraft, seinen Plan aus sich selbst und erfüllt ihn durch seine eigene Anstrengung. Darum erhebt sich in seiner Person eine Reihe freier Ursachen inmitten der Reihe abhängiger Bedingungen, wie ein neues System von Beziehungen, eine neue Ordnung des Geschehens, die Welt der Freiheit.

Diese menschliche, freie und verantwortliche, Achtung verdienende und zur Achtung verbundene Persönlichkeit ist das Fundament der Moral. Die moralische Freiheit konstituirt die Unverletzlichkeit der menschlichen Person, also das individuelle Recht, von welchem die Natur nichts weiss. Nun schliesst aber das Recht die Pflicht als andere Seite der Freiheit in sich; da das Recht seiner Natur nach unverletzlich ist, schliesst es die Verpflichtung ein, diese Unverletzlichkeit zu achten. Es gibt also ebenso wenig Rechte ohne Pflichten als Pflichten ohne Rechte, und wenn wir das eine in Beziehung auf das andere voranstellen, so geschieht diess nur subjectiv in der Reflexion, nicht entspricht es dem objectiven Sachverhalt. Anders der Metaphysiker (Dogmatiker): indem er die Moral auf eine dem Recht vorangehende Pflicht begründen will, wie auf den Willen des Schöpfers, statuirt er ein Verhältniss der Ungleichheit zwischen Höherem und Niederem, welches, in die menschlichen Gesellschaften übertragen, diese auf eine Hierarchie der Autorität gründet. Hingegen die untrennliche Einheit von Recht und Pflicht, wie sie im Bewusstsein der Freiheit ursprünglich gegeben ist, sofern dieses das Recht Anderer ebenso gut wie das unserige zum Gegenstand hat, begründet ein Verhältniss der Gleichheit unter allen Menschen und damit die Gerechtigkeit, welche das sittliche Ideal, der oberste Zweck der Freiheit ist, die ebendesswegen, weil sie auch das Prinzip von Recht und Pflicht und also von der Gerechtigkeit ist, ihren Endzweck in sich selbst trägt.

Die Gerechtigkeit bezieht sich also weder auf ein erstes Prinzip, noch auf ein schöpferisches Wesen, sondern hat ihren Grund im Menschen, nehmlich in seiner Freiheit, sofern diese die Gleichheit der Rechte und die Gegenseitigkeit der Verpflichtungen einschliesst. Ihr elementarster Ausdruck ist die Billigkeit: die Freiheit, welche sich selbst und Andere unter rechtlicher Garantie respectirt, — ein Gebot, welches seiner Natur nach unbedingt gültig und zwangsweise fordernd ist. Trotz dieses Charakters der Unbedingtheit, vermöge dessen es die Grundlage aller Moral bildet, unterscheidet es sich vom metaphysischen Gebot dadurch, dass es nicht von aussen kommt. Es geht vielmehr vom Individuum aus, welches es sich selbst auferlegt; ebendesswegen hat es nichts von knechtischem Zwang an sich, sondern enthält in der Verpflichtung das Prinzip der Souveränität; es repräsentirt ja nur die Menschheit, welche sich ihr eigenes Gesetz macht und es durch ihre eigene Kraft realisirt.

Doch nicht bloss diese erste Stufe der Gerechtigkeit,

die juridische Rechtlichkeit, welche in der passiven A ch - tung fremden Rechts besteht, lässt sich aus jenem Prinzip ableiten, sondern, so wird behauptet, auch die höheren Stufen der individuellen Sittlichkeit, welche in der activen Liebe und selbstlosen Hingabe für fremdes Wohl besteht. Denn indem die Freiheit Recht und Pflicht des Individuums enthält, setzt sie die Gleichheit aller Rechte unter den Gliedern der menschlichen Gattung und die Gegenseitigkeit aller Verpflichtungen voraus. Diese Gleichheit in Bezug auf das positive Recht zu . garantiren, ist Sache der juridischen, zwangsweisen Gerechtigkeit. Aber die Gleichheit auch in Bezug auf die natürlichen Kräfte und äussern Bedingungen herzustellen, geht über die bürgerliche Rechtlichkeit hinaus, ist also Sache der persönlichen Sittlichkeit. Auch hier aber ist es doch zuletzt nur die Achtung vor der menschlichen Persönlichkeit, welche über die bloss passive Anerkennung fremden Rechts zum activen Wohlwollen, ja zur Selbstaufopferung für Andere erhebt, indem sie die Ungleichheiten der menschlichen Schicksale und Lagen auszugleichen und so in Wahrheit mehr und mehr die Gleichheit der socialen und natürlichen Bedingungen, also das Ideal der Gerechtigkeit im Kampf mit den Ungerechtigkeiten der geschichtlichen Gesellschaft und der Natur herzustellen sucht.

In der Politik endlich folgt aus diesem Moralprinzip die bürgerliche und religiöse Freiheit der Individuen. Denn wenn die Moral zu ihrem Ziel hat das Recht und die Würde des Individuums, so wird der Staat unter ihrer Eingebung eine einfache Garantie der Freiheit, der Thätigkeit und der Initiative der Bürger, ein Contract gegenseitiger Versicherung, seiner Natur nach wesentlich neutral und zum Zwang nur im Interesse des Schutzes der persönlichen Rechte berechtigt. Eben damit wird auch die Kirche Privatsache aller Einzelnen, berechtigt, soweit sie diess und nicht mehr sein will, von jedem Einfluss, aber auch von jeder Begünstigung seitens des Staats entledigt.

§ 89.

Diess sind die wesentlichen Züge einer Moral, welche sich rühmt, den freien Menschen auf sich selbst zu stellen, ohne doch der Unbedingtheit des Sittengesetzes und der Würde des Menschen irgend etwas zu vergeben oder den Naturtrieben und der egoistischen Willkühr das sittliche Leben preiszugeben. Sie ist, wie jeder sieht, wesentlich nichts anders als die Moral des Kant'schen Imperativ, welche gleichfalls ebenso sehr die Unbedingtheit des Sittengesetzes als die Autonomie desselben betonte.

Wir sind nun weit entfernt, diesen Standpunkt darum anzufechten, weil er das Gesetz der Freiheit im Menschen selbst sucht. Im Gegentheil halten auch wir diess für nothwendig, und zwar nicht bloss desswegen, weil ein Gesetz, das dem Menschen nur von aussen käme, ihn zum Knecht eines fremden Willens, zum Mittel eines fremden Zwecks erniedrigen und also seiner persönlichen Freiheit und Würde nahe treten würde; sondern auch desshalb schon, weil ein bloss äusserliches Gesetz das freie Vernunftwesen nur durch Gewalt zwingen, nicht aber moralisch binden, nicht innere Anerkennung und Achtung finden könnte, weil Vernunft nur durch Vernünftiges, also durch eine ihrem eigenen Wesen entsprechende Bestimmung sich bestimmt fühlen kann. Allein wenn man auch diess zugibt, dass das Gesetz dem Menschen nicht von aussen gegeben werde, so folgt daraus doch nicht, dass das Individuum selber sich sein Gesetz gebe und dieses nur aus der individuellen Freiheit entspringe. Denn sobald man mit diesem Gedanken Ernst machen wollte, käme man nothwendig auf Folgerungen, welche den Begriff des Sittengesetzes in seinem strengen (auch hier anerkannten) Sinn geradezu aufheben und dasselbe in eine bedingte Klugheitsregel verwandeln würden. Wenn das freie Subject sich das Gesetz macht, so ist es auch der Herr über sein selbstgemachtes Gesetz, dieses also eben nicht mehr verpflichtende Macht über dem Subject, sondern Klugheitsmaxime, die nur dienendes Mittel ist für Erreichung der subjectiven Zwecke; hier also z. B. könnte das Gesetz, die Freiheit der Andern zu respectiren, immerhin als eine von dem rechtverstandenen Interesse der eigenen Freiheitsbethätigung nahe gelegte Maxime der subjectiven Willkühr gelten, die aber ebendarum nur eine bedingte Regel, nicht unbedingtes Gesetz wäre, also schon auf dem Boden des Utilitarismus läge, von welchem nachher mehr. Hält man hingegen streng daran fast, dass das Gesetz ein unbedingtes ist, eine absolute Autorität gegenüber dem freien Willen des Individuums, so muss man auch erkennen, dass es nicht von diesem selber gemacht sein kann, sondern diesem vorausgesetzt sein muss als eine von seiner Willkühr völlig unabhängige Nothwendigkeit, welche er als eine ihm gegebene Norm immer in sich vorfindet. Eine dem Menschen gegebene Norm, die doch kein fremdes Gesetz ist, kann aber nichts anderes sein als des Menschen eigenes Wesen. In diesem liegt die sittliche Weltordnung präformirt, nicht als eine himmlische Hierarchie, noch als physische Naturordnung, wohl aber als vernünftige Ordnung der einzelnen Vernunftwesen zu einander und zur Natur; — eine Ordnung, die allerdings als ein Allgemeines und Objectives der subjectiven Freiheit der Einzelpersönlichkeit wesentlich und factisch vorausgeht, sowohl als deren Möglichkeitsgrund, — denn die Freiheit wurzelt nur in der dem menschlichen Individuum anerschaffenen Vernunftanlage, in seinem (potentiellen) menschheitlichen Wesen, das seiner (actuellen) menschlichen Persönlichkeit und Freiheit zu Grunde liegt; wie auch zugleich als deren Endzweck, — denn die subjective Freiheit ist inallwege nur das formale Mittel zur Verwirklichung der Menschheit im Allgemeinen, zur Realisirung der konkreten Menschheitsidee, welche in dem einzelnen menschlichen Individuum immer nur einseitig, allseitig nur in der Gattung überhaupt dargestellt ist. Ob nun aber nicht doch zuletzt dieses im menschlichen Wesen präformirte und in seinem Gewissen sich kundgebende Gesetz seiner Freiheit von dem geistigen Grund seines Wesens sich herschreibe, also einen religiösen Hintergrund habe, das wollen wir im nächsten Abschnitt untersuchen.

§ 90.

Doch nicht nur die mangelhafte Begründung des Prinzips, sondern auch der mangelhafte Inhalt ist es, was wir an der Moral der subjectiven Freiheit (§ 88) auszusetzen haben. Gäbe man auch zu, dass die Freiheit eines Jeden die Verpflichtung zur Achtung der Freiheit aller Andern in sich schliesse als sittliches Grundgesetz der Gerechtigkeit, so führt das doch nicht über den Standpunkt des Rechts hinaus zu dem der Moral. Jenes Grundgesetz der Gerechtigkeit ist genau besehen gar nichts anderes als die Schranke, welche die Willkühr eines Jeden an der aller Andern findet, und diese „Gerechtigkeit" nur der „Inbegriff der Bedingungen, unter welchen die Freiheit eines Jeden mit derjenigen aller Andern zusammenbestehen kann", wie Kant ganz richtig das „Recht" definirt hat. Allein wer sieht nicht, dass diess von Moral himmelweit verschieden ist? Es bleibt ja hiebei der Wille eines Jeden innerhalb der Schranke, die ihm die Rücksicht auf die Andern auferlegt, völlig sich selbst überlassen, kann seine sinnlich-selbstischen Triebe ganz ungehemmt und ungereinigt walten lassen, die sinnlichen im weitesten Umfang, wenn er die Mittel dazu hat, die selbstische Neigung aber jedenfalls insoweit, dass er keine Gemeinschaft der Liebe zur gegenseitigen Ergänzung mit Andern einzugehen sucht oder von Andern annimmt. Die Selbstsucht in Form der spröden Selbstgenügsamkeit ist mit der strengsten Rechtlichkeit, also mit vollkommener Achtung der Freiheit aller Andern ganz wohl zu vereinigen.

Nun hat freilich der oben genannte Vertreter dieser Theorie (Coignet) versucht, wie wir zeigten, auch die höheren Stufen der Gerechtigkeit, die wohlwollende Liebe und Selbstaufopferung aus seinem Prinzip abzuleiten. Allein es ist nicht schwer nachzuweisen, dass er hiebei

von seinen Prämissen abspringt und dem Prinzip Fremd-
artiges unterschiebt. Er hatte aus der Allgemeinheit der
Freiheit als des specifisch Menschlichen die Gleichheit
des Rechts und Gegenseitigkeit der Verpflichtung Aller
nachgewiesen; natürlich nur in dem Sinn: dass jede
menschliche Persönlichkeit als solche das gleiche Recht
auf Freiheit und auf Anerkennung derselben durch die
Andern und ebenso jede die gleiche Pflicht dieser Anerkennung den Andern gegenüber habe. Nur diess, das
gleiche Recht Aller auf Freiheit und deren gesetzliche
Anerkennung, überhaupt also das gleiche juridische Recht
Aller als freier oder als Rechtspersönlichkeiten, lässt
sich vernünftigerweise aus der Allgemeinheit der Freiheit
deduciren. Was macht nun aber Coignet hieraus? Er
sagt: „Indem die Freiheit Recht und Pflicht des Individuums enthält, setzt sie die Gleichheit aller Rechte
unter den Gliedern der menschlichen Gattung und die
Gegenseitigkeit aller Verpflichtungen voraus“.
Das gleiche Recht Aller auf Freiheit und gesetzliche
Anerkennung wird unter der Hand in die Gleichheit
aller Rechte Aller verwandelt und die Gegenseitigkeit
der Verpflichtung zur Anerkennung des persönlichen
Freiheitsrechts in die Gegenseitigkeit aller Verpflichtungen! Ein Paralogismus von furchtbarer Tragweite, an
welchem seinerzeit die an sich schöne Idee der Revolu-
tion („die allgemeinen Menschenrechte“) zu Grunde gegangen ist und in ihr scheusslichstes Gegentheil verkehrt
wurde! In Wahrheit ist mit dieser Wendung nicht nur
das ursprüngliche Prinzip überschritten, sondern es ist
geradezu damit aufgehoben. Denn, wenn Alle gleiche
Rechte auf Alles, z. B. auf Besitz, Genuss, Macht und
dergleichen haben, so ist eben damit das Recht jedes
Einzelnen auf das Seinige aufgehoben, also auch seine
persönliche Freiheit, die ja nur in seinem ausschliesslichen persönlichen Recht (auf Eigenthum, gesellschaft-
liche Stellung u. dgl.) zur Anerkennung kommt, vernichtet. Das ist so wenig bloss eine spitzfindige Dialektik, welche diese Folgerung zieht, dass wir vielmehr
in der neueren Geschichte überall, wo die Gleichheit des

juridischen Rechts Aller in dieser Weise als „Gleichheit aller Rechte Aller" missverstanden wurde, sofort auch die Wendung zum Socialismus, der Freiheit und Recht eines Jeden aufhebt, eintreten sehen. Auch Coignet streift in der That nahe an diesen Abweg, wenn er die natür- lichen und socialen Ungleichheiten der Menschen als ein Unrecht vom Standpunkt der höheren Gerechtigkeit aus bezeichnet, welches der wahrhaft Gerechte mehr und mehr aufzuheben sich angelegen sein lasse. Was heisst diess im Grunde anderes, als das Prinzip des Socialismus zum sittlichen Ideal erheben und damit das vorausge- setzte Prinzip der persönlichen Freiheit, welche das ge- rade Gegentheil der socialistischen Gleichheit ist, auf- heben?

Allerdings will Coignet diese Consequenz nicht ge- zogen wissen. Die socialistische Nivellirung der Gesell- schaft soll nach ihm nicht auf dem Wege des öffentlichen oder Zwangsrechts, sondern nur durch die höhere freie Sittlichkeit der Einzelnen, welche die höhere Idee der Gerechtigkeit erfasst haben, vollzogen werden; wogegen er dem Staat — consequent von seinem formalen Frei- heitsprinzip aus — nur die Aufgabe zuweist, die persön- lichen Rechte der Einzelnen zu garantiren und durch Zwang gegen Rechtsverletzung zu schützen. Allein wenn für den Staat, die organisirte sittliche Gesell- schaft, keine höhere Aufgabe als diese negative, Ab- wehr der Rechtsverletzungen, aus dem Prinzip der formalen Freiheit der Einzelpersonen sich ableiten lässt, so fragt sich um so mehr, wie aus demselben Prinzip der Einzelne ein höheres sittliches Ideal gewin- nen soll und nun vollends ein solches, welches dem staat- lichen Rechtsbegriff so diametral entgegensteht, wie die Nivellirung der gesellschaftlichen Ungleichheiten. Ist um- gekehrt diess letztere die wahre ideale Gerechtigkeit, so ist nicht abzusehen, warum nicht die Socialisten Recht haben sollten, wenn sie auch dem bürgerlichen Gemein- wesen die Realisirung jenes Ideals zur Aufgabe stellen.

Macht man zum Prinzip die abstracte formale Frei- heit, so lässt sich aus der Coëxistenz freier Subjecte die abstracte Rechtsidee ableiten, mehr aber nicht; alles darüber hinausgehende ist von diesem Prinzip aus erschlichen. Macht man aber zum Prinzip das ganze conkrete Wesen des Menschen, wie es als göttliche Idee der Menschheit das absolute (schöpferische) Prius sowohl als der absolute Endzweck des wirklichen Daseins und Handelns der Menschen ist, so ist darin zwar die Freiheit freilich auch eingeschlossen, als die wesentliche Form und das unerlässliche Mittel der Selbstverwirklichung des menschlichen Geistes, und mit der Freiheit liegt auch die Rechtsidee in jenem Prinzip eingewickelt; aber beide, Freiheit und Recht, erschöpfen das Prinzip noch nicht, sondern sind nur Momente desselben, wesentliche zwar, aber doch nur formale Momente, die ihre Erfüllung nur in der ganzen Entfaltung des menschlichen Wesens in Natur und Geschichte finden, die ebendesswegen auch nie und nirgends Selbstzweck sein dürfen, sondern stets nur vermittelnde und schützende Formen des unermesslich reichen Inhalts gottgefälliger Menschlichkeit.

§ 91.

Die andere Richtung des Moralismus geht nicht von der Freiheit, sondern vom Wohl des Individuums aus. Wie alles Lebendige nach Wohlsein strebe, so sei diess auch für den Menschen der höchste naturgemässe Zweck und sonach der oberste Gesichtspunkt für die Regelung des menschlichen Handelns. Da nun aber das Wohlsein des Einzelnen in seiner Isolirung nicht zu erreichen wäre, so führt das eigene Interesse eines Jeden dahin, dass die Einzelnen sich gesellschaftlich verbinden, um durch vereinte Kräfte das höchstmögliche Mass des Wohlseins Aller zu erzielen. So ist es das Prinzip der Association der Einzelnen zu einer dem gemeinschaftlichen Zweck des Wohlseins Aller dienenden Gesellschaft, was hier der Moral zu Grunde gelegt wird. Wir können diess den „socialen Moralismus“ nennen im Unterschied vom vorigen, dem „liberalen“. Hatte es sich für diesen darum

gehandelt, dass die Gesellschaft die Bedingungen fest-
stelle und schütze, unter welchen die freien Individuen
coëxistiren könnten (Prinzip der Coëxistenz der Freiheit Aller im Recht — Grundlage des Rechtsstaats), wobei die Sorge für das Wohlsein Jedem als seine individuelle Privatsache überlassen blieb, um welche das Ganze
sich nichts kümmerte: so erklärt der sociale Moralismus
diese leere Freiheit der Individuen für völlig werthlos
gegenüber dem realen Zweck einer befriedigten Existenz;
und da er diese nur von einer zweckmässigen Ordnung
der Gesellschaft erhofft, so trägt er kein Bedenken, die
persönliche Freiheit jener zweckmässigen Gesellschaftsordnung unterzuordnen. Ja es ist sehr bezeichnend, dass
viele, vielleicht die meisten Anhänger dieser Richtung die
Freiheit als Vermögen spontaner Selbstbestimmung geradezu leugnen.

So gleich der Anfänger der modernen Philosophie
der Gesellschaft, der Engländer Robert Owen, der in
seinem „Rationalen System der Gesellschaft" als ersten
Hauptsatz die Unverantwortlichkeit des Menschen aufstellt. Der Charakter jedes Menschen, sagt er, sei das
Produkt seiner gesammten Organisation und der äussern
Ursachen, welche auf ihn wirken, daher seine Laster,
Krankheiten und Irrthümer, die der Heilung, nicht der
Bestrafung bedürfen. Es handle sich nur darum, die gesellschaftlichen Zustände auf ihre ursprüngliche Einfach-
heit zurückzuführen, wo jede Arbeit der inneren Neigung
entspreche und die Gemeinschaftlichkeit alles Gewinnes
und Besitzes einem Jeden die billigen Ansprüche auf
Befriedigung seiner einfachen Bedürfnisse gewähre.

Auch die französischen Socialisten: St. Simon, Fou-
rier, Cabet, La Mennais und Leroux haben bei
aller Verschiedenheit im Einzelnen und aller Abenteuer-
lichkeit in der Ausführung doch alle die Grundanschauung
gemein, dass der Rechtszustand, welcher, um die formale
Freiheit der Individuen zu schützen, die materiale Knechtschaft der Besitzlosen fixire und die Ausbeutung der
Einen durch die Andern ermögliche, das wahre Unrecht
sei, auf dessen Beseitigung aller Fortschritt der mensch-

lichen Gesellschaft hinzuwirken habe. An die Stelle dieses positiven Rechts, welches Rechte und Pflichten ungleich vertheile, also ungerecht sei, müsse die harmonische Weltordnung treten, in welcher allen natürlichen Trieben ihr natürliches Recht auf Befriedigung gewährleistet und keine andern Pflichten auferlegt werden, als diejenigen, welche den Trieben und Neigungen entsprechen. Um diess herbeizuführen, müsse die Arbeit Aller so organisirt werden, dass auf Jeden nur dasjenige Pensum falle, zu welchem er in seiner Naturanlage, Neigung und Talent, die innere Bestimmung habe, welches er. also gerne und gut thun werde. Dadurch werde dem Einzelnen die höchste Lust, die der freien, befriedigenden Thätigkeit gewährleistet; die Sorge aber um seine Existenz, dieser Stachel der Arbeit des Armen, werde ihm abgenommen durch die Gemeinschaft, welche aus dem Ueberfluss der gemeinschaftlich erzeugten Güter die Bedürfnisse eines Jeden zu befriedigen im Stande sei. Um einen solchen künstlichen Calcul, der den Neigungen Aller gerecht würde, herauszubringen, haben die Socialisten die verschiedensten mehr oder weniger abenteuerlichen Systeme ausgesonnen, die aber alle an demselben Grundfehler scheitern, dass sie die persönliche Freiheit und das bestehende Recht aufs gröbste vergewaltigen, also natürlich auch die Neigungen und Interessen mindestens der einen Hälfte der Menschheit verletzen zu dem Zweck, das allgemeine Wohlsein herzustellen. Diesen inneren Widerspruch: um der Gerechtigkeit willen das Grundrecht jeder Persönlichkeit auf Selbstbestimmung zu zerstören und um des allgemeinen Wohlseins willen die persönliche Selbstbefriedigung Aller zu opfern, indem dieselben dem furchtbarsten Despoten, der Gesellschaftsmaschine willenlos unterworfen werden: diesen inneren Widerspruch hat Proudhon seinen Vorgängern auf's schärfste nachgewiesen, ohne aber selber irgend etwas besseres als die ironische Negation alles Bestehenden nicht nur, sondern auch aller bis jetzt gemachten Verbesserungsvorschläge, also eben eigentlich den vollendeten Nihilismus an die Stelle zu setzen.

§ 92.

Abstrahiren wir von diesen revolutionären Extravaganzen des französischen Socialismus, die — wie soeben gezeigt — durch ihren inneren Widerspruch sich selber richten, so dürfte sich das Prinzip des „socialen Moralismus" auf jenes „System der natürlichen Interessen" reduciren, wie wir es schon in der früheren Geschichte der Moral bei englischen Moralisten, namentlich bei Jer. Bentham (§ 75) gefunden haben. Auch diesem liegt die Tendenz zu Grunde, das möglich grösste Wohlsein Aller durch die verständige Thätigkeit eines Jeden und richtige Ordnung der Gesellschaft herbeizuführen. Auch hier wird dem Staat, sehr verschieden vom liberalen Begriff des blossen Rechtsstaats, als seine höchste Aufgabe die Förderung des allgemeinen Wohls zugewiesen. Auch hier soll aus dem rechtverstandenen Interesse, also aus der aufgeklärten Selbstliebe das richtige sociale Verhalten zu den Andern, die Nächstenliebe, („Brüderlichkeit" sagen die Socialisten) abgeleitet und so alle sociale Pflicht auf Neigung und Trieb basirt werden. Die ethischen Prinzipien also sind beiderseits ganz dieselben, der Unterschied ist nur der (freilich sehr grosse) praktische, dass der besonnene englische Staatsmann jene Ideen nicht durch Umsturz des Bestehenden und utopische Neubildungen, sondern durch vernünftige Reformen der Staatsverwaltung und Staatswirthschaft erreicht wissen will.

Und hier, auf dem Gebiet des Staatslebens, liegt auch gewiss das gute Recht und die hohe Bedeutung dieser Richtung, die in der That eine nothwendige und heilsame Ergänzung zu der Einseitigkeit des Liberalismus bildet. Gegenüber dem Formalismus des abstracten Rechts, dessen starre Formen so oft die Decke für das schreiendste materiale Unrecht, für die gewissenloseste Knechtung und Ausbeutung der untern Classen durch die obern abgeben müssen, bildet der Realismus einer auf das allgemeine Wohl abzielenden Gesellschaftsmoral ein durchaus berechtigtes Gegengewicht, welchem Rechnung zu tragen keine vernünftige Staatsregierung wird umhin können.

Aber eine ganz andere Frage ist, ob das Prinzip des socialen Moralismus, die aufgeklärte Selbstliebe oder das rechtverstandene Interesse, zum obersten Moralprinzip tauge? Und diess müssen wir mindestens ebenso entschieden, wenn nicht noch entschiedener verneinen, als wir dasselbe vom Prinzip des liberalen Moralismus, Freiheit und Recht, geleugnet haben. Wo das egoistische Interesse jedes Einzelnen der höchste Zweck und das oberste Gesetz ist, von welchem alle Pflichten abgeleitet werden, da gibt es keine Pflichten, die über dem individuellen Willen stünden als bindende Gesetze für seine Willkühr; sondern als Ausfluss seines partikulären Interesses stehen sie unter dem individuellen Willen und reichen ebendesswegen nicht weiter als dessen Belieben und Vortheil mit sich bringt. Wo also die Pflichten gegen das Allgemeine in Conflict gerathen mit dem individuellen Belieben und Vortheil, da ist durchaus kein zwingender logischer Grund, die letztern dem erstern nachzusetzen, mit Verleugnung der Neigung die Pflicht zu erfüllen oder mit eigenen Opfern dem Ganzen zu dienen; vielmehr ist es in solchem Fall ein von den Prämissen aus ganz korrecter Schluss, dass der mit freier Willkühr und einzig nur zum Zweck des eigenen Nutzens eingegangene Gesellschaftsvertrag gelöst oder suspendirt werden darf, sobald der souveräne Zweck des eigenen Nutzens ohne oder gegen die Gesellschaft leichter und schneller erreicht werden kann als mit ihr, oder gar wenn die Gesellschaft vom Individuum das Opfer seines persönlichen Wohls fordern würde. Die Gesellschaft mag dann immerhin die einseitige Lösung des wechselseitigen Assekuranzvertrags beanstanden — wenn sie kann — mit Gewalt hindern wollen; aber diess hebt das Recht des egoistischen Individuums. seine Interessen der Gesellschaft zum Trotz mit allen Mitteln der List und Gewalt zu verfolgen, nicht auf. Kurz: das Recht, das nur ein Ausfluss des egoistischen Interesses ist, reicht auf jeder Seite ganz so weit und nur so weit, als die Macht reicht, die eigenen Interessen

durchzusetzen. Diess ist aber offenbar die Auflösung
aller moralischen Verhältnisse in einen latenten Kriegs-
zustand, in welchem sich Alle wider Alle befinden würden; dessen Ausbruch zwar für gewöhnlich durch die un-
gefähre Gleichheit der Interessen der Mehrzahl verhin-
dert wird, der aber jedenfalls keinerlei innere Garantie
bietet gegen die Auflösung aller sittlichen Bande und
das Ueberhandnehmen allgemeiner Barbarei.

§ 93.

Während also beim liberalen Moralismus infolge seines abstrakten Freiheitsprinzips die ganze persönliche
Sittlichkeit, das ganze Gebiet der activen Liebe namentlich absorbirt wird vom bürgerlichen Recht oder von der
bloss negativen Anerkennung der persönlichen Freiheit
Anderer, so wird hier beim socialen Moralismus auch
diess vollends absorbirt in ein Gleichgewicht der Interessen und der Macht und die dort noch allein übrig gebliebenen kümmerlichen Grundlagen der Moral in den
Elementarformen des Rechts fallen vollends in den alles
verschlingenden Abgrund der schrankenlosen Selbstsucht
und rohen Macht. Wird dabei auch nur das bürgerliche
Gemeinwesen Bestand haben können, wenn die Opferwilligkeit der Einzelnen im Interesse des Ganzen, diese
Grundlage aller Bürgertugend, vom selbstischen Calcul
der egoistischen Interessen-Moral zerfressen wird?[1]
Hieraus erhellt nun aber, dass es überhaupt unmöglich ist, von den Einzelnen aus, sei es vom Gesichtspunkt
der individuellen Freiheit oder des individuellen Wohls,
die sittliche Welt zu konstruiren; so unmöglich, wie die
natürliche Welt aus ursprünglichen einheitslosen Atomen
ohne Voraussetzung einer höhern vorausgesetzten Einheit
je zusammenzusetzen ist. „Sie haben die Theile in der
Hand, fehlt leider nur das geistige Band!" gilt vom einen

---

[1] Die Commune in Paris hat inzwischen auf diese Frage thatsächlich
die Antwort gegeben! Anm. d. Verf.

12*

wie vom andern Versuch. Das sittlich Nothwendige und
Gute ist eben weder die Freiheit noch das Wohl der
Einzelnen noch auch eine gedankenlose Verbindung beider Gegensätze, sondern ein höheres Drittes zu beiden,
in welchem sie als in ihrer wesentlichen Einheit vermittelt sind. Und diess ist die göttliche Idee der Menschheit, welche als das schöpferische Prinzip und als absoluter Endzweck sowohl über jedem Individuum als auch
über der Summe aller Individuen steht. In ihr ist mit
der Freiheit der Einzelnen auch das Gesetz des Allgemeinen und mit diesem Gesetz auch das wesentliche
Wohl der Gesammtheit enthalten. Dieses Gesetz aber,
in welchem die Freiheit ihren vernünftigen Inhalt und
das Wohl seine reelle Basis erhält, ist göttlich nach seinem Ursprung — als Idee des schöpferischen Geistes, in
welchem Natur und Menschheit ihren Grund hat, — und
ebendesswegen auch religiös nach seiner ursprünglichen
psychologischen Erscheinung — als Stimme des Gewissens. Darum können wir die Kritik des abstrakten subjectiven Moralismus schliesslich dahin zusammenfassen:
Er entbehrt sowohl eines absolut festen als eines allumfassenden Prinzips, vermag also die sittliche Welt weder
zu begründen noch zu erschöpfen, desswegen, weil er es
verschmäht, das Prinzip des Sittlichen auf den tiefsten
Grund zurückzuführen: auf die religiöse Urthatsache, das
Gewissen.

§ 94.

2) Der Bureaukratismus. Gegen die wissenschaftliche Oberflächlichkeit und praktische Misslichkeit der
eben geschilderten Richtung, welche über den Individuen
und ihrem Einzelinteresse nichts Höheres, Bindendes
kennt, bildet ein heilsames Gegengewicht die durch Hegel vertretene ethische Weltanschauung, welche im Gegentheil vom Allgemeinen ausgeht und in dem Gemein-
willen die absolute Voraussetzung, also auch Macht und
Autorität gegenüber dem Einzelwillen erblickt. Dieser
Gemeinwille soll aber nichts Abstraktes jenseits der Be-

sonderheiten des wirklichen Lebens sein, sondern er hat
sein Leben im geschichtlichen Dasein eines Volks und
hat sich seinen Leib geschaffen im Organismus des Staats
und der gesellschaftlichen Institutionen. So ist also der
Staat mit seiner geschichtlich gewordenen Organisation,
Verfassung und Gesetzgebung als das wirkliche Dasein
des Gemeinwillens (des „objectiven Geistes") anzusehen;
er ist eben damit die höchste Macht und Autorität gegenüber den Einzelnen. Die geschichtlichen Institutionen
sind der Selbstzweck und die Individuen sind nur das
Material, in welchem — und die Organe, durch welche
das geschichtliche Volksleben sich vollzieht, wie in einem
Leib die belebende Seele der Selbstzweck ist und Fleisch
und Blut, Knochen und Glieder nur der Stoff sind, in
welchem und durch welchen die Seele lebt.

Diese Theorie des „historischen Rechts" hat
nicht nur eine wohlthätige Schutzwehr gebildet gegen die
zersetzenden Fluthen eines eitlen und zuchtlosen Subjectivismus in Staat und Gesellschaft, sondern sie hat auch
im Gegensatz zur Irreligiosität des subjectiven Moralismus wieder eingelenkt zur Versöhnung des sittlichen
Lebens mit der Religion, wenigstens so weit diese in den
kirchlichen Institutionen ein äusseres Dasein hat. Denn
da auch die Kirche eine historische Macht ist, so kommt
das historische Recht auch ihr zu gut und schützt sie
vor zersetzender Willkühr; ohne dass doch das absolute
und umfassende Recht des Staats dem particularen Recht
der Kirche im Geringsten geopfert werden dürfte. Freilich bei allem Respect vor der Kirche als historischer
Institution fehlt oft alles Verständniss für das innerliche
Prinzip der Kirche, für den religiösen, speciell christlichen Geist und für die Nothwendigkeit einer relativ
selbständigen Bewegung des innerkirchlichen Lebens.
Man betrachtet von dieser Seite aus gerne auch die Kirche
als Staatsanstalt, wie Justiz, Polizei u. a. und demgemäss
massregelt man sie auch in ihren innersten Angelegenheiten mit polizeilichem Zwang, octroyirt durch Cabinets-
ordres Bekenntnissformeln, Catechismen, Liturgieen, Ge-
sangbücher und Agenden und tastet damit das höchste

Recht der Persönlichkeit, das Recht der Gewissensfreiheit, mit grober Gewalt an.

Es kommt indess auf diesem Punkte nur der tiefere Mangel dieser ganzen Richtung, die in ihrer Einseitigkeit als „Bureaukratismus" zu bezeichnen ist, zur deutlichsten Aeusserung. Auch dieser ethischen Theorie fehlt es nehmlich, wie der vorigen, an einem absoluten Prinzip und Gesetz des Sittlichen. Denn die historischen Mächte, welchen hier die Autorität für den Einzelwillen zukommt, enthalten zwar wohl ungleich mehr Gutes und Wahres als die egoistischen Einzelwillen, aber dennoch sind auch sie menschlich beschränkte Mächte, zeitlich geworden und zeitlich sich ändernd, in ihrem Werden und Wechseln gar mannigfach von zufälligen lokalen und temporalen Umständen, auch von der individuellen Denk- und Sinnesart der daran mitarbeitenden Menschen bedingt und beeinflusst, können also jedenfalls nicht auf absolute, sondern nur auf relative Geltung und Berechtigung Anspruch erheben. Diese ihre bedingte Autorität bedarf also selber wieder eines absoluten Grundes, auf den sie sich stützen und aus dem sie ihre Kraft ziehen kann; das kann nur das Gewissen sein. Im Gewissen, diesem Band des endlichen Willens an den unendlichen, wurzelt auch die Gebundenheit des Individuums an die historischen Autoritäten (den „objectiven Willen") — cf. Röm. 13, 5. Ohne das Gewissen seiner Bürger für sich zu haben, ist auch der stärkste Staat schwach, wider das Gewissen seiner Bürger aber völlig machtlos. Doch nicht nur bedürfen die historischen Mächte zu ihrem Fundament der göttlichen Legitimation, sondern ihr relatives Recht sinkt sogar geradezu zum Unrecht herab, wenn es nicht sein stetes Regulativ und Correctiv hat an der im sittlichen Bewusstsein gegebenen absoluten Norm einer nicht geschichtlichen, sondern ewigen und rein idealen Wahrheit und Gerechtigkeit. So grossartig die Anschauung ist, welche in der geschichtlich gewordenen Organisation des sittlichen Lebens das Dasein der objectiven Vernunft, der sittlichen Idee erkennt und respectirt, so nahe liegt ihr doch die Gefahr, die Seite des Endlichen und menschlich

Beschränkten an der Geschichte und ihren Gestaltungen
zu übersehen oder gar gerade diese Seite für das Wesentliche und Ideale zu nehmen, also Menschliches und
Unvollkommenes zu vergöttern. Damit sinkt auch diese
Richtung in einen ideallosen Empirismus herab, wie die
vorige, wenn gleich auf ganz andere Art. Davor kann
sie nur dann bewahrt bleiben, wenn sie den Geist der
Geschichte stets richtet nach dem übergeschichtlichen
ewigen Gottesgeist.

§ 95.

3) Der Pietismus. Das Gegenstück gegen den Moralismus, die einseitige subjectiv-sittliche Richtung, bildet
der Pietismus, die einseitige subjectiv-religiöse Richtung. Fehlt jenem die religiöse Vertiefung, so diesem
die sittliche Erfüllung, ist dort das Sittliche oberflächlich,
halt- und grundlos, so hier das Religiöse leer, inhalt- und
fruchtlos; fehlt dort dem sittlichen Handeln die Reinheit
der Motive, so hier dem religiösen Fühlen die Kraft und
Klarheit des Handelns; dort Verkehrung des Sittlichen
in eine Mechanik der egoistischen Interessen, hier Verkehrung des Religiösen in ein Spielen mit Gefühlen und
Vorstellungen. Nicht, als ob der Pietismus sittlich indifferent wäre; aber sein sittliches Interesse ist ein rein
negatives, ascetisches. Er gleicht darin auf protestanti-
schem Boden ganz dem katholischen Mönchthum, dass
ihm die Welt, das Natürliche und allgemein Menschliche
ein dem Christenthum mindestens Fremdes, wenn nicht
geradezu Feindseliges zu sein scheint, das der ernstliche
Christ möglichst zu fliehen und zu verleugnen habe. Das
Christliche ist ihm eine völlig andere, zweite Welt über
dem Natürlich-Menschlichen; über dem Gegensatz in der
empirischen Wirklichkeit verkennt er das andere Moment,
dass das Christliche in seinem Wesen nichts anderes ist
und sein will als die Wahrheit des Menschlichen, als die
Vollendung der menschlichen Natur nach Gottes Ebenbild; über den unchristlichen Erscheinungen der wirklichen Welt kann er nicht zu der Erkenntniss sich er-

heben, dass das eigentliche Wesen und die Bestimmung alles Weltlebens nach der Idee des Schöpfers keine andere ist als die, das Material zu bilden, das durch die sittliche Bearbeitung des christlichen Geistes zu einem Reich Gottes erhoben werden solle.

Daher ist denn der Pietismus zuvörderst gegen die rein sittliche Thätigkeit und ihre Organisation in der objectiven sittlichen Welt sehr gleichgültig. Staat, Kunst und Wissenschaft, humane Cultur sind ihm profane Dinge, ohne göttlich wahren Gehalt und Zweck, vergänglich und eitel, wie der Sinnengenuss, Dinge, die, wenn man sich auch der Umstände wegen mit ihnen befassen muss, doch jedenfalls kein tieferes lebendiges Interesse verdienen. Von diesem sittlichen Quietismus gilt mit Recht, was dem Christenthum als solchem mit grossem Unrecht schon nachgesagt wurde: er entfremdet den Menschen dem irdischen Beruf, macht ihn ungeschickt für die edelsten Aufgaben und nöthigsten Arbeiten des Diesseits und lullt ihn in einen Zustand von schlafwachem Dämmerleben ein, bei welchem er mindestens ein unnützes Glied der Gesellschaft ist, unter Umständen aber auch als Werkzeug in der Hand schlauer Führer ein höchst gefährlicher Fanatiker werden kann.

Aber auch gegen die Kirche, die objectiv geschichtliche Organisation des Christenthums, verhält sich der Pietismus kühl, wenn nicht geradezu ablehnend; sie ist ihm als eine der sichtbaren Welt angehörige Anstalt schon zu weltförmig; die mannigfachen Berührungen, in welche sie als Weltmacht mit dem Staat und mit dem ganzen sittlichen Culturleben zu treten nicht umhin kann, erscheinen dem Pietismus schon wie eine Art Verweltlichung des Christenthums. Daher fühlt sich der Pietismus in der Kirche, auch wenn er sich nicht geradezu separatistisch von ihr zurückzieht, doch nie ganz befriedigt, sondern sucht seinem Gemeinschaftsbedürfniss lieber oder doch nebenher in den engsten, auf rein individueller Wahlverwandtschaft ruhenden Kreisen, in den Conventikeln, genug zu thun. Ueberhaupt ist ihm das Religiöse immer am liebsten in der ganz individuellen Form, als

Herzenserfahrung und Lebensgeschichte der Einzelnen. Die Folge dieser Zurückziehung auf individuelle Frömmigkeit ist nun zwar allerdings eine Feinheit des religiösen Empfindens und Virtuosität der religiösen Selbstbeobachtung und Selbstmittheilung, die man fast auch eine in ihrer Art hohe Meisterschaft menschlicher Geistescultur nennen könnte. Aber die Enge des Gesichtskreises, das Verschmähen der Klarheit und Bestimmtheit, Nüchternheit und Besonnenheit des wissenschaftlichen Denkens und sittlichen Wirkens macht auch das fromme Leben kränkeln: die Feinheit der religiösen Empfindung wird da gar leicht zur nervösen Reizbarkeit und Hypochondrie, die Virtuosität der Selbstbeobachtung und Selbstdarstellung zur eitlen Selbstbespiegelung und unzarten Schaustellung des Innersten, die Beschränkung auf die engen Gemeinschaftskreise führt zur lieblosen Selbsterhebung über die draussen Stehenden, zum pharisäischen Tugendstolz und zur Scheinheiligkeit.

Einen achtungswerthen Zug des Pietismus, den einzigen, worin er thätig auftritt, dürfen wir schliesslich nicht unerwähnt lassen: seine Bemühung um Bekehrung der Heiden und um Rettung und Unterstützung der physisch und geistig Verkommenen und Verwahrlosten, die „äussere" und „innere Mission". Allein so achtungswerth namentlich die letztere Thätigkeit ist, so ist sie doch — characteristisch für den Pietismus! — von vorneherein auf nur individuelle Erfolge gerichtet und überwiegend auch auf die kleinen Mittel der Einzelthätigkeit beschränkt. Wie klein sind nun aber doch im Grund diese Erfolge an einzelnen geretteten Individuen im Vergleich zu dem Wohl und Wehe ganzer Völker und Staaten, für welches der weltflüchtige Pietismus kein Herz hat und keine Hände rührt![1]) Und wie viel mehr könnte auch in jenem Rettungs-

---

[1]) Gerne sei zugestanden, dass diese im Sommer 1869 geschriebenen Worte während des deutsch-französischen Kriegs durch manche erfreuliche Thatsachen widerlegt worden sind. So waren auch die Verhandlungen der am 31. Mai und 1. Juni 1871 zu Stuttgart abgehaltenen Conferenz der süddeutschen Vereine für innere Mission von einem so

werk geschehen, wenn man es im Grossen organisiren und im Bunde mit den sittlichen Mächten betreiben wollte! Es ist unleugbar, dass hier der Pietismus eine grosse Mission hat; aber um ihr völlig zu genügen, müsste er aus der Enge des Parteistandpunkts heraustreten, seine Abneigung gegen das rein-menschlich Wahre und Gute in Erkennen und Handeln aufgeben und sich den Culturbestrebungen der Zeit anschliessen. Dann könnte er ohne Frage ein Salz der Erde werden; aber isolirt vom Sittlichen muss das Salz „dumm werden".

§ 96.

4) Der Hierarchismus. Gegenüber der dem Pietismus eigenen einseitigen Richtung auf individuelle Frömmigkeit ist die Richtung auf die Gemeinschaft des religiösen Lebens in der objectiven geschichtlichen Institution oder die Kirchlichkeit entschieden im Recht. Auch liegt ihr die Abschliessung von der Welt und den sittlichen Thätigkeiten in derselben ferner als dem ascetischen Pietismus. Die Kirche ist ja selbst eine Weltmacht und bedarf zu ihrem äusseren Bestehen nothwendiger Weise der weltlichen Mittel, kann also die Berührung mit dem übrigen Weltleben nicht so ganz zurückweisen. Diess wird sie immer vor der krankhaften Innerlichkeit und dem unfruchtbaren Quietismus bewahren.

Aber diese Vorzüge verbinden sich bei dieser Richtung, sobald sie sich von dem kirchlichen Interesse einseitig beherrschen lässt, mit so gewichtigen und für religiöses wie sittliches Leben nachtheiligen Schattenseiten, dass dagegen die Mängel des Pietismus als völlig harmlos erscheinen. Diese einseitig kirchliche Richtung ist, da ihre Träger die Organe der kirchlichen Regierung zu sein pflegen, als „Hierarchismus" zu bezeichnen. Der

---

tüchtigen, volksthümlich gesunden sittlichen Geist durchzogen, dass bei fernerer Pflege desselben die besten Folgen sowohl für das christliche Volksleben als auch für den Pietismus selbst zu hoffen sein dürften.

Anm. des Verf.

Pietismus fehlt darin, dass er die Religion d. h. die innerliche Frömmigkeit allein, mit Ausschluss (oder doch auf Kosten) des Sittlichen, will gelten lassen. Dabei war aber doch 1) diese innerliche Frömmigkeit etwas wahrhaft Werthvolles, ja als Prinzip des geistigen Lebens das unersetzbar Wichtigste, und 2) war jene Exclusivität doch bloss ein Ignoriren des Sittlichen, eine Weltflucht, nicht eine verkehrte Beeinflussung des Sittlichen; der Pietismus ist nur sittlich unfruchtbar, nicht (positiv und direct) sittlich schädlich. Beides ist beim Hierarchismus anders. Sein Idol ist die Kirche als diese äusserliche weltförmig organisirte Institution. Die Kirche ist nun aber nicht die Religion selbst, sondern nur deren äusserlicher sichtbarer Leib; ihre Institutionen, Aemter und Cultusfunctionen sind gar nicht, wie schon missverständlich genug gesagt worden ist, das Dasein des religiösen Geistes, sondern sie sind einfach die Mittel, durch welche, und die Formen, in welchen der religiöse Geist in der Gemeinschaft zum wechselseitig verständlichen Ausdruck kommt. Wenn nun diese Mittel mit dem innerlichen Zweck, dem sie nur dienen sollten, verwechselt und selbst zum Zweck, und zum höchsten, ja einzigen Zweck gemacht werden, so ist klar, dass damit vor Allem das eigentliche Wesen der Religion gröblich geschädigt wird; sie wird aus einem Innerlichen in ein Aeusserliches verwandelt; zwischen das unmittelbare Verhältniss von Mensch zu Gott schieben sich menschliche Mittler und Mittel ein; die Gebundenheit des Gewissens an Gott wird gelöst und dafür eine Gebundenheit an irrende und sündige Menschen untergeschoben, was auf Abgötterei und Menschenvergötterung hinausläuft. Dazu kommt, dass diese in sich selbst nichtige, hohle Form der Religion gegenüber dem in sich erfüllten, real werthvollen sittlichen Leben mit dem Anspruch auf unbedingten Vorzug, ja auf Beherrschung und Bevormundung auftritt. Die Geistlichen, statt Diener der Gemeinde zu sein, wollen nicht nur Herren über den frommen Glauben und Richter über die Gewissen sein (was schon vom religiösen Standpunkt aus verwerflich genug wäre), sondern auch noch Herren über Staat, Gesellschaft, Schule. Für ihre sehr menschlichen Glaubenssätze und sehr weltlichen kirchenpolitischen Dekrete sprechen sie die Autorität einer göttlichen Offenbarung an und verwerfen dagegen die wahren Offenbarungen des göttlichen Geistes in der wissenschaftlichen Erkenntniss und in den sittlichen Weltordnungen. So ist der Hierarchismus zugleich ein Feind der lebendigen Frömmigkeit und der Sittlichkeit; die Opposition, die er von der letztern aus erfährt, ist aber eben desswegen so wenig ein Kampf gegen die Frömmigkeit, dass vielmehr auch diese nur dabei gewinnen kann, wenn ihr Zerrbild, der thönerne Götze einer an Gottes Stelle sich setzenden Kirchenherrschaft, zerstört und den wahrhaft göttlichen, weil sittlichen, Weltmächten, Staat, Gesellschaft, Familie und Schule, der an ihnen gemachte Raub zurückerstattet wird.

THETISCHE ENTWICKLUNG.

§ 97.

Als das gesicherte und öfters bestätigte Resultat der bisherigen Untersuchungen können wir diess hier voranstellen: Moral und Religion gehören zusammen; und zwar einmal in dem Sinn, dass keines von beiden das andere entbehren oder ersetzen kann; und für's andere insofern, als beide auch nicht gleichgültig neben einander hergehen, sondern mit einander in wesentlichem innerem Zusammenhang, in gegenseitiger Wechselwirkung stehen. Kurz das Verhältniss beider Lebenssphären ist das der Verknüpfung Unterschiedener: Einheit im Unterschied und Unterschied in der Einheit. Nach diesen beiden Seiten also haben wir das Verhältniss zu betrachten.

Ausgehen wird die Untersuchung müssen von der Seite der Einheit; es wird nachzuweisen sein, dass die Sittlichkeit in der Religion ihre Wurzel, ihr Prinzip hat. Und zwar verstehen wir dabei Prinzip in doppeltem Sinn: sofern es ideales Gesetz und sofern es reale Kraft ausdrückt, nach diesen beiden Beziehungen also wird es sich zeigen lassen, dass die Sittlichkeit auf der Religion ruht nach jener, sofern sie ihr absolutes Gesetz nur aus der natürlichen Gottesoffenbarung im Gewissen entnehmen kann; nach dieser, sofern ihr die absolute Kraft nur zufliesst aus der geschichtlichen Gottesoffenbarung in der Erlösung.

Ist damit die prinzipielle Verknüpfung der Sittlichkeit mit der Religion nachgewiesen, so wird sich andererseits zeigen, dass die auf jenem Grunde erwachsene Sittlichkeit nun doch nur zur eigenthümlichen und selbständigen Erscheinung in der Wirklichkeit des Lebens kommt, wie der Baum aus der Wurzel zwar erwachsen, aber darum doch wieder ein anderes ist, als die Wurzel. Und zwar gehört zu dieser Selbständigkeit des Sittlichen nicht nur diess, dass es in seiner äusseren Gestaltung und inneren Organisation seinen eigenen Gesetzen folgt, die nicht aus dem religiösen Centrum, sondern aus dem gesammten Umkreis der menschlichen und aussermenschlichen Natur entnommen sind; sondern auch diess, dass die ganze Selbstverwirklichung des Sittlichen in der Welt als realer Selbstzweck oder als ein unbedingtes Gut zu betrachten ist, welches ebendamit unbedingtes Existenzrecht in Anspruch zu nehmen hat. Diess gilt im bestimmten Unterschied von, ja Gegensatz zu denjenigen Erscheinungen des äussern Lebens, welche ausschliesslich der Religion als solcher angehören. Denn auch diese, obgleich ihrem Wesen nach ein innerliches Leben in der Beziehung auf Gott, muss doch schon damit, dass sie Sache der Gemeinschaft wird, auch in die äussere Erscheinung heraustreten, muss in einer organisirten Gesellschaft sich einen Leib und in den bestimmten Functionen und Formen des Cultus sich Mittel ihrer Selbstverwirklichung geben. Aber diese äussere Organisation der Religion unterscheidet sich von derjenigen der Sittlichkeit dadurch ganz wesentlich, dass letztere durchgängig Selbstzweck ist, weil Realisirung der Idee des Guten in der äussern Welt, wogegen jene durchgängig nur Mittel ist für den Zweck der innerlichen Frömmigkeit, nur Form, die nicht in dem Aeussern der Erscheinung ihren Zweck hat, sondern

ganz nur dem Innenleben des frommen Gemüths zum
Ausdrucks- und Anregungsmittel dient. So gewiss nun
auch diese innerliche Frömmigkeit als solche, als centrale
Beziehung des Menschen auf Gott, so sehr ein Selbstzweck ist wie die Sittlichkeit, als Bethätigung der gott-
gegebenen Kraft im Umkreis der Welt: so gewiss stehen
doch die äusseren Vermittlungen der Frömmigkeit, eben
weil nur Mittel und dienstbare Formen, den organischen
Gestaltungen des Sittlichen, welche selbst reale Zweckerfüllung, reale Güter sind, schlechthin an Werth, Bedeutung, Recht und Anspruch nach. Wie wichtig dieser
Satz ist als Kanon für Beurtheilung der concreten Fragen unserer Zeit, wird sich später ergeben.

1. Das Prinzip des Sittlichen liegt in der
Religion.

§ 98.

Wir werden auf allgemeine Zustimmung rechnen dürfen bei dem Satz, dass alles Sittliche ein Handeln nach
Gesetzen sei. Alle äusseren Gesetze aber werden zu
wirklich verpflichtenden Gesetzen für den einzelnen Willen nur dadurch, dass sie an einem demselben innerlichen
Gesetz ihren Anknüpfungspunkt haben, von diesem als
verpflichtende Gesetze anerkannt und sanctionirt werden.
Diese oberste gesetzgeberische Instanz, diess letzte Gewisse, an welches alle einzelnen und besondern Gesetze
des Sittlichen anknüpfen, ist nun nach allgemeinem Sprach-
gebrauch das Gewissen. Liesse sich nun nachweisen,
dass das Gewissen in der That (wie auch die gewöhnliche
Annahme ist) eine Offenbarung des göttlichen Willens im
Menschen sei, so wäre damit der Satz bewiesen, dass alle
sittlichen Gesetze von der göttlichen Gesetzgebung her-
fliessen, aus dieser ihre verpflichtende Kraft entlehnen
und also im religiösen Prinzip wurzeln.
Allein gegen jene gewöhnliche Definition vom Gewissen erhebt sich mit dem Anspruch auf tiefere Wissen-

schaftlichkeit die Entgegnung, dass das Gewissen einfach zur Natur des Menschen gehöre und der Ausdruck
davon sei, was seine Natur fordere, dass es somit eine
rein „immanente, autonome Vernunftgesetzgebung“ sei.
Was man populär „Stimme Gottes“ heisse, sei in Wahrheit die sich selbst offenbar werdende menschliche Natur
oder Gattung und wir seien wissenschaftlich durchaus
nicht befugt, für diese psychologische Erscheinung eine
jenseits des anthropologischen Standpunkts liegende gesetzgebende Macht als begründendes Prinzip vorauszu-
setzen oder zu fordern.

Diess die Ansicht der reinen Immanenzphilosophie
oder, wie sie wohl am bezeichnendsten zu benennen wäre,
des „Anthropologismus“. Sehen wir uns dieselbe näher
an, um sie einer Kritik zu unterziehen! Wir befinden
uns dabei in der günstigen Lage, die Prämissen des Geg-
ners ganz billigen zu können und doch von seiner eigenen Definition aus zu einer andern Folgerung über Wesen
und Ursprung des Gewissens zu gelangen. Auch wir
gehen nehmlich davon aus, dass das Gewissen das
unmittelbare Bewusstsein von der dem endlichen
Geiste als Gesetz seiner Selbstbestimmung inne-
wohnenden Bestimmtheit seines (geistigen) Wesens ist. Aber sehen wir genau zu, was damit gesagt ist!
Unmittelbar springt ein doppeltes in die Augen: 1) Der
Inhalt des Gewissensgesetzes ist kein anderer als das
eigene Wesen des Menschen; es ist insofern allerdings
so, wie die Gegner sagen, dass im Gewissen die eigene
geistige Natur des Menschen zum Ausdrucke kommt, dass
also der Mensch dabei autonom ist. Allein diess ist
offenbar nur die eine Seite der Sache und es muss als
unphilosophische Oberflächlichkeit bezeichnet werden,
wenn über dieser die andere gleich wesentliche Seite
übersehen wird. Es liegt nehmlich in jener Definition
auch eben so sehr: 2) im Gewissen erscheint dem Menschen sein eigenes Geisteswesen in der Form einer gegebenen Bestimmtheit, also als ein der freien Selbstbestimmung des Ich gegenüber Nothwendiges — als Gesetz

über ihm und für seine Freiheit. Da nun die Wirklichkeit des Ich in seiner Freiheit, in den Actionen seiner Selbstbestimmung und Selbstbethätigung besteht, so ist, was dieser seiner freien Selbstthätigkeit als Nothwendigkeit, als gegebene Bestimmtheit des Wesens gegenübersteht, offenbar ein Anderes gegen das wirkliche Ich; d. h. einmal: es ist mit ihm keineswegs identisch, denn es verhält sich ja zu ihm' wie Nothwendigkeit zu Freiheit, wie seiende Wesensbestimmtheit zur actuellen Selbstbestimmung, was offenbar Gegensätze sind. Aber weiter noch: die Wesensbestimmtheit geht jedem Act der Selbstbestimmung voraus, ist also nicht vom freien, wirklichen Ich gemacht, sondern diesem vielmehr immer schon gegeben; das in sich bestimmte (nothwendige) Wesen des endlichen Geistes ist nicht von der sich bestimmenden (freien) Wirklichkeit des Ich abhängig, wohl aber diese von ihm, weil da, wo Wesen und Wirklichkeit aus einander sind — was die Endlichkeit ausmacht — nothwendig das Wesen, das bestimmte Sein, das logische Prius ist für die Wirklichkeit, für das auf bestimmte Weise Thätigsein. Kurz also: Die im Gewissen als Gesetz gegebene Wesensbestimmtheit ist nicht nur ein anderes gegen das wirkliche selbstthätige Ich, sondern ist auch die höhere Macht über dieses; während das Gesetz weder in seinem Dasein noch in seinem Sosein vom Ich abhängig ist, ruht hingegen das Ich mit seiner ganzen Freithätigkeit auf jenem, ist also von jenem schlechthin abhängig, unbedingt an jenes gebunden. So steht das Verhältniss beider, wenn wir es auch nur rein begrifflich, in abstracto betrachten; in concreto aber erscheint das entwickelte Verhältniss der Gegensätzlichkeit und Ueberordnung endlich noch geradezu als das des directen Widerspruchs. Betrachten wir nehmlich den endlichen Geist in concreto, wie er als menschliche Seele erst aus der Natur heraus werden muss, so finden wir, dass keineswegs von Anfang seine Wirklichkeit, seine actuelle Selbstbestimmung und Selbstbethätigung entspricht seinem Wesen als Geist, sondern dass er vielmehr eine seinem Geistwesen widersprechende Bestimmtheit, die der

ungeistigen Natur, an sich trägt und unter dem beherrschenden Einfluss dieser letztern sich selbst auch un-
geistig und widergeistig bestimmt, also nach seiner actuellen Wirklichkeit im Widerspruch steht zum Gesetz seines
(geistigen) Wesens, zum Gewissen.

§ 99.

Aus allem Diesem folgt nun mit zwingender Nothwendigkeit, dass der endliche Geist oder das wirkliche
Ich wohl der Träger, nicht aber die hervorbringende Ursache, nicht der zureichende Grund für die Thatsache
des Gewissens sein kann. Und wir sind damit also zu
der weiteren Frage gedrängt, wo im Aussermenschlichen
die Ursache für jene Erscheinung im Menschen zu
suchen sei?

Das nächstliegende könnte scheinen, diese Ursache
in der untermenschlichen Natur zu suchen, welche
ja die Basis und den Ausgangspunkt für das Werden
des endlichen Geistes bildet. Nun klebt zwar allerdings
dem endlichen Geist von diesem seinem ungeistigen Ausgangspunkt her eine anfängliche Bestimmtheit an; allein
diese ist so wenig die geistige Bestimmtheit des Gewissensgesetzes, dass es vielmehr die diesem direct entgegengesetzte ungeistige und widergeistige Naturbestimmtheit ist, in deren Fesseln der werdende Geist anfangs liegt, von der er sich aber im Prozess seiner Selbstverwirklichung zum wirklichen Geist im selben Masse
loszumachen hat, in welchem er seine geistige Anlage
realisiren will. So wenig also ist das Gewissen die Wirkung der Natur, dass vielmehr die Erfüllung seiner Ansprüche einen Bruch mit der Natur und eine energische
Erhebung über die Natur voraussetzt.

Wenn also die hervorbringende Ursache für das Gewissen weder im Menschen, noch in der Natur zu finden
ist, so bleibt offenbar nichts anderes übrig als sie zu
suchen in der gemeinsamen Voraussetzung beider: in der
schöpferischen Macht, welche ebenso sehr der Grund ist

für das Dasein der Natur als für das Hervorgehen des
endlichen Geistes aus der Natur. Diese Macht muss nun
Geist sein, sonst könnte sie nicht der Grund sein für
das Werden des endlichen Geistes, und zwar muss sie
absoluter Geist sein, sonst könnte sie nicht der Grund
sein weder für das Werden des endlichen Geistes, noch
für dessen Voraussetzung, für das Sein der Natur. Und
wir können noch weiter gehen und aus der Art der Wirkung auf die nähere Beschaffenheit der schöpferischen
Ursache des Gewissens schliessen. Wie im endlichen
Geist Selbstbestimmung und Wesensbestimmtheit (Gesetz), Freiheit und Nothwendigkeit zusammen sind, so
müssen sie es auch sein im unendlichen Geist, als dem
Grund des endlichen. Aber während beide Seiten: die
freie Wirklichkeit und das nothwendige Wesen im endlichen Geist von Anfang ausser einander sind, so müssen
sie im unendlichen Geist von Anfang schlechthin in Einheit stehen, sonst wäre dieser selber auch dem Werden
unterworfen, könnte also nicht der schöpferische und
Gesetze gebende Grund für das Werden und Sichbestim-
men des endlichen Geistes sein. Nun ist aber die Einheit der Freiheit mit ihrem Gesetz nichts anderes als
sittliche Vollkommenheit oder Heiligkeit. Sonach bestimmt sich der unendliche Geist, welcher der Schöpfer
und Gesetzgeber des endlichen ist, noch näher als der
heilige Wille des Guten oder als der heilige Gott.
Und so sind wir also zu dem Resultat gelangt:

Die hervorbringende Ursache für die psychologische Erscheinung des Gewissens liegt weder
im Menschen noch in der Natur, sondern im heiligen Willen Gottes. Das Gewissen ist also das
Bewusstsein der von Gott im endlichen Geistwesen gesetzten eigenen (geistigen) Bestimmtheit desselben, somit allerdings eine Offenbarung des heiligen Gotteswillens im Menschen.

Dass durch diese Theonomie die von vorneherein
zugestandene Autonomie des Gewissensgesetzes keineswegs aufgehoben, sondern vielmehr nur ergänzt und auf
ihren letzten Grund zurückgeführt wird, dürfte aus der

gegebenen Deduction als selbstverständlich einleuchten. Das Gesetz, an das Gott den Menschen bindet, ist ja kein ihm Fremdes, sondern ist nur die Bestimmung seines eigenen menschlichen Wesens als Geist, also nach der Seite, welche der Mensch mit Gott gemein hat, wonach er also mit Gott wesensverwandt, Gottes Kind und Ebenbild ist. Das Gewissensgesetz ist weder ein bloss Menschliches, noch ein bloss Göttliches, sondern es ist das eine in und mit dem andern, die Offenbarung Gottes im Menschen und die Ebenbildlichkeit des Menschen mit Gott; es ist die göttlich-menschliche Potenz, welche dem endlichen Geiste von Hause aus, von seinem Ursprung aus Gott anhaftet und mitgegeben ist, mit der Bestimmung, sich zur vollendeten Aehnlichkeit und freien Gemeinschaft des Lebens mit Gott zu actualisiren.

§ 100.

Aus dieser Zweiseitigkeit des Gewissens als einer göttlich-menschlichen Potenz erklären sich zweierlei scheinbar widersprechende Erscheinungen an demselben. Weil es göttliche Potenz, eine Offenbarung des heiligen Gotteswillens an den Menschen ist, kommt es zum Bewusstsein in der Form einer unbedingten, sei es fordernden oder richtenden Gesetzgebung und unterscheidet sich eben hiedurch von allem nur endlichen Bewusstseinsinhalt, allen Trieben oder Empfindungen oder Vorstellungen von nur natürlichem Ursprung, deren keinem der Charakter des Unbedingten, schlechthin Gültigen zukommt. Zugleich ist aber das Gewissen auch menschlich in doppeltem Sinn: einmal der Bewusstseinsact selbst, in welchem der Mensch der Bezogenheit seiner Freiheit auf ein absolutes Gesetz und dieses Gesetzes auf seine Freiheit inne wird, geht im Menschen und durch seine geistige Receptivität vor, ist also sein eigener Act; sodann aber auch das Gesetz, dessen Beziehung auf die Freiheit das Gewissen ausmacht, ist, obgleich seiner Form nach unbedingt, also göttliche Offenbarung, doch seinem Inhalt nach nichts anderes als das eigene Wesen des Menschen. Ebendesswegen aber kann der Inhalt des Gewissensgesetzes nur soweit in concreto richtig verstanden werden, als das Wesen des Menschen, seine ideale Anlage in concreto richtig realisirt ist, wenn auch nicht gerade im einzelnen Subject selbst, so doch in der Gemeinschaft, unter deren erziehendem Einfluss der Betreffende steht. Dass wir in uns ein Gesetz haben, welches unbedingt fordert und richtet, fühlt Jeder unmittelbar; aber was dieses Gesetz wolle, auf was alles es sich zustimmend oder verwerfend beziehe, die Erkenntniss dessen ist keineswegs eine unmittelbar und ursprünglich gegebene, sondern ist nach ihrem Umfang und ihrer Reinheit bedingt durch den Umfang und die Normalität der Entwicklung der menschlichen Anlagen, wie diese in der Wechselwirkung zwischen dem Einzelnen und der Gemeinschaft in stetigem Fortschritt zu gewinnen ist. Daher hat zwar jeder Mensch von Natur schon ein Gewissen, aber der Inhalt desselben, der Umfang und die Beschaffenheit seiner Aussagen ist bei verschiedenen Völkern, Zeitaltern, Bildungsstufen ein mannigfach verschiedener. Daher auch die Möglichkeit eines „irrenden Gewissens“, ein Ausdruck, der freilich nicht genau ist, sofern der Fehler nicht eigentlich im Gewissen selbst unmittelbar liegt, in dem Bewusstseinsact der Beziehung des unbedingten Gesetzes auf das eigene Verhalten, sondern in der theoretischen Auffassung des Inhalts des Gesetzes, in der sittlichen Urtheilskraft. Wo das sittliche Urtheil, die Erkenntniss dessen, was aus der Idee des Menschen für sein Verhalten in den verschiedenen Lebensbeziehungen als Norm sich ergibt, nicht oder mangelhaft oder falsch ausgebildet ist, da wird nothwendig in das Gesetz des Gewissens ein beschränkter oder ein falscher Inhalt hineingelegt; im erstern Fall wird das Gewissen über viele Dinge, die keineswegs sittlich gleichgültig sind, gänzlich schweigen (z. B. über geschlechtliche Beziehungen, die bei den meisten Heidenvölkern für an sich indifferent galten); im letztern aber wird es mit seiner unbedingten Autorität geradezu das objectiv Böse sanctioniren (z. B.

Fanatismus, frommen Aberglauben, sittliche Trägheit, Menschenknechtschaft u. dgl.)

In all' den Fällen also, wo einer nicht nur mit subjectiv gutem Gewissen, sondern sogar aus Gewissenhaftigkeit das objectiv Böse thut (ein Fall, der ja gerade bei einseitig religiöser Richtung, namentlich bei kirchlich-religiöser Einseitigkeit, so sehr häufig ist), da liegt der Fehler nicht etwa in dem religiösen Prinzip des Gewissens selbst und unmittelbar, sondern in der mangelhaften Ausbildung der Erkenntniss, also in dem Mangel richtiger sittlicher Entwicklung des religiösen Prinzips — eine Entwicklung, wie sie nur durch die emsige Arbeit auf den verschiedenen Gebieten der sittlichen Gemeinschaft, besonders auch durch die staatliche Erziehung und wissenschaftliche Aufklärung zu erringen ist. Daraus können wir hier schon den naheliegenden Schluss ziehen, auf den wir später noch einmal zurückkommen werden, dass ebenso, wie die Sittlichkeit sich nur aus dem religiösen Prinzip normal entwickeln kann, ebenso auch umgekehrt das religiöse Prinzip nur gesund bleiben und heilsam wirken kann, wenn es durch die sittliche Arbeit normal entwickelt wird. — Das Gewissen ist also die göttlich-menschliche Potenz im Menschen, die als göttliche den Menschen einer Entwicklung zur sittlichen Idealität und Gottähnlichkeit fähig macht, als menschliche aber zugleich auch der Entwicklung mittelst des sittlichen Prozesses erst noch bedarf.

§ 101.

Dieser sittliche Prozess ist nun aber der weitere Punkt, auf welchen wir unser Augenmerk zu richten haben. Wie die natürliche sittliche Anlage auf der natürlichen Gottesoffenbarung im Gewissen ruht, so wird sich zeigen, dass auch die fortgehende Actualisirung dieser Anlage im sittlichen Prozess auf einer fortgehenden, also geschichtlichen Offenbarung Gottes ruht, die wir sogleich näher als erlösende Offenbarung bezeichnen mögen, weil sie die Kräfte erschliesst, durch welche der Mensch aus der Gebundenheit seiner widergeistigen Naturbestimmtheit los und wirklicher Geist zu werden vermag.

Aber hier treffen wir auf noch allgemeineren Widerspruch als beim vorigen Punkt. Auch unter denen, welche zugeben, dass das Gewissen eine göttliche Gesetzgebung sei, leugnen doch sehr Viele (Rationalisten), dass zur Erfüllung der sittlichen Aufgabe eine geschichtliche Offenbarung Gottes, eine Erlösung, nöthig sei. Vielmehr, sagen sie, habe Gott den Menschen so geschaffen, dass er von Anfang, wie das Gesetz des Guten, so auch die Freiheit zum Guten gehabt habe; darum sei es aber auch von Anfang nur Sache des Menschen und bleibe immer ausschliesslich seine Sache, durch rechten Gebrauch dieser seiner natürlichen Gaben und Kräfte aus eigenem freiem Willensentschluss seine Aufgabe und Bestimmung zu erfüllen. Die religiöse Beziehung auf Gott ist hiemit aus dem Verlauf des sittlichen Lebens hinausgedrängt und nur noch an der Schwelle desselben, in der abstracten Voraussetzung der göttlichen Gesetzgebung stehen gelassen. Gott hätte hiernach dem Menschen ein für allemal zusammen mit der sittlichen Ausrüstung seine Aufgabe gegeben, die er erfüllen kann und soll. Ob aber und wie nun der Mensch sie erfülle, das bliebe ausschliesslich des Menschen Sache, um welche Gott sich nicht kümmere.

Die metaphysische Beurtheilung dieser so weit verbreiteten Ansicht gehört nicht in diesen Zusammenhang; wohl aber haben wir hier zu zeigen, dass dieselbe von durchaus falschen psychologischen Voraussetzungen ausgeht.

Man denkt sich nehmlich den Menschen in einem ursprünglichen Zustand reiner Indifferenz, in der Mitte zwischen gut und böse, ausgerüstet mit der Wahlfreiheit, sich zwischen beiden für das eine oder andere zu entscheiden, zugleich mit dem göttlichen Gebot, das Gute zu wählen. Diese Freiheit wäre also eine von Anfang an schon fertige Fähigkeit des menschlichen Geistes, aus seiner völligen Unbestimmtheit und leeren Inhaltslosig-

keit heraus sich für das Eine oder Andere zu bestimmen;
sie bliebe aber auch nach jeder geschehenen Entscheidung immer dieselbe inhalts- und bestimmungslose Möglichkeit, die, zwischen gut und böse mitten inne stehend,
dem einen wie dem andern gleich nahe und gleich fern
stünde, nie bekäme sie eine konstante Richtung, einen
bleibenden Inhalt, einen habituellen Charakter. Aber.
wer sieht nicht, dass solch eine Freiheit nichts ist als
eine leere Abstraction, die in der Wirklichkeit nicht
existirt und nicht existiren kann? Es ist in diesem Begriff eben nur die leere Form der menschlichen Selbstthätigkeit fixirt; aber diese existirt nirgends so, sondern
immer nur an und mit ihrem bestimmten Inhalt. Der
Mensch verhält sich also nie in einem Zustand der reinen
Indifferenz zwischen gut und böse, sondern immer und
von Anfang an hat er das eine oder das andere zum Inhalt seines Willens, der ja eben nur dadurch, dass er
einen bestimmten Inhalt hat, ein wirklicher Wille ist.
Welches nun aber anfänglich der Inhalt und die Richtung des menschlichen Willens sei, das. lehrt die allgemeine Erfahrung deutlich genug für Jeden, der sie ohne
vorgefasste Theorie ansieht. Thatsache ist ja, dass schon
in den Kindern vom frühesten Alter an, lange vor dem
Erwachen des sittlichen Bewusstseins, also auch vor der
Möglichkeit freier Willensbestimmungen, schon die un-
verkennbarsten Aeusserungen eines natürlich Bösen zu
Tage treten, wie z. B. Eigensinn, Trotz, Neid, Schaden-
freude u. dgl. Thatsache ist ferner, dass jeder Mensch
ohne Ausnahme, wenn er zum sittlichen Bewusstsein und
zu freier Selbstbestimmung gelangt, allbereits das Böse
als eine intensive Grösse, als einen „radicalen“ Hang in
sich vorfindet, den er dann zwar im Einzelnen wohl oft
durch sittliche Anstrengung überwinden kann, den er
aber auch gar oft nicht, trotz des besseren Vorsatzes,
überwindet; und den er jedenfalls immer erst überwinden muss, um dem Gesetze des Guten zu entsprechen.
Also auch im besten Fall, angenommen (was doch nie in
concreto möglich ist), dass der Wille bei jedem Act der
Selbstbestimmung sich für's Gute entschiede, so ist doch

schon die Thatsache, dass erst ein Kampf und eine Selbstüberwindung nöthig ist, Beweis genug dafür, dass der actuelle Wille von Anfang keineswegs das Gute zum Inhalt hat, sondern diesem vielmehr als einem Andern gegensätzlich gegenübersteht, wogegen er in sich, als die ihm eigene Art seiner Selbstbethätigung die böse Naturbestimmtheit trägt.

§ 102.

Dass sich diess aber auch nicht anders verhalten kann, darauf führt jedes einigermassen gründliche Nachdenken über die Natur des menschlichen Geistes. Das endliche Geistwesen ist ja keineswegs, wie jene Ansicht voraussetzte, eine von Anfang schon fertige, ihrer selbst klar bewusste und völlig mächtige geistige Wirklichkeit, sondern es ist zunächst nur geistige Potenz, die aus der Natur (dem physisch-psychischen Leben) heraus erst sich entwickeln und zum wirklichen Geistsein actualisiren muss. Eben desswegen aber, weil es aus der Natur, als seiner unmittelbaren Voraussetzung herauswächst, trägt das menschliche Ich auch von Anfang die natürliche, nicht-sittliche Bestimmtheit unvermeidlich an sich; sein Wille ist, obgleich Wille eines potentiellen Geistwesens, doch actuell nur erst Naturwille, steht also zur geistigen Bestimmung (zur Idee des Menschen) noch im Gegensatz, ist also objectiv böse. Denn der Naturwille will nur sich selbst, dieses endlich-natürliche Einzelwesen, ist also selbstischer Wille; sei es nun, dass er sich unmittelbar in seiner Selbstheit will, indem er eigenwillig seine individuelle Willkühr über jede allgemeine Ordnung und sein Einzelinteresse über die Rechte aller Andern hinaushebt, — die Selbstsucht im engern Sinn; oder auch, dass er seine Freiheit in die Mannigfaltigkeit seiner sinnlichen Triebe und Begehrungen hineinlegt und sonach in der Sinnlichkeit, die nur dienendes Mittel seiner Selbstverwirklichung als Geist sein sollte, seinen letzten Zweck, sein höchstes Gut sucht, —

das Böse als Sinnlichkeit. In beiden Arten, als sinnliches und als selbstsüchtiges Böse, hat es also seinen Grund darin, dass das Ich sich selbst, sowie es als dieses endliche und aus der Natur heraus gewordene ein wirkliches Ich ist, will — und diess gegen die geistige (unendliche) Bestimmung, die ihm als Potenz innewohnt, m. a. W.: gegen das Gewissensgesetz. Diese geistige Potenz ist nun zwar keineswegs ganz regungslos; sie erscheint ja vielmehr als das Gesetz des Guten im Gewissen, mit dem Anspruch auf Gehorsam seitens des Willens. Allein diese Regungen des Guten im Gewissen, so wichtig und nothwendig sie sind als Voraussetzungen des sittlichen Prozesses, so wenig können sie doch diesen selber herbeiführen oder vollenden. Sie können vielmehr nur dazu dienen, dem Ich, das von Anfang an sich in naiver Weise von den Naturtrieben bestimmen liess, diese seine natürliche Beschaffenheit als einen Widerspruch mit seiner geistigen Bestimmung, als nichtseinsollend, als böse und als Schuld zum Bewusstsein zu bringen. Aber aufgehoben wird die Gebundenheit des actuellen Willens in der Naturbestimmtheit keineswegs durch jene Reactionen, die von der Geistespotenz ausgehen. Schon desswegen nicht, weil die böse Richtung des Willens beim Erwachen des sittlichen Bewusstseins bereits eine Gewohnheit und damit eine intensive Grösse, eine Macht über das Ich, ein „Gesetz in den Gliedern“ geworden ist; schon durch diesen der Natur der Sache nach unvermeidlichen Vorsprung in der Entwicklung haben die Naturtriebe ein bedeutendes Uebergewicht über den erst später allmählich erwachenden und erwachsenden sittlichen Trieb des Gewissens; — ein Uebergewicht, dessen nothwendige Folge die ist, dass der nun beginnende Kampf anfangs meistens ungünstig für die Seite des Guten ausfällt und auch später nie ganz aufhören kann. Sodann ist aber auch noch diess — und zwar als die Hauptsache — wohl zu beachten: Der Wille, wenn er auch der Anforderung des Gewissens sich im Gehorsam unterwirft, ist damit doch nicht in sich selbst gut, denn er hat das Gute noch nicht sich innerlich angeeignet, nicht zu seinem eigenen Inhalt, zu seiner wirklichen und dauernden Natur gemacht; sondern er hat ja das Gute als Gewissensgesetz noch immer ausser sich, sich gegenüber als ein Anderes, während er in sich selbst als seinen eigenen Inhalt gegentheils die böse Naturbestimmtheit trägt (cf. oben). So thut denn also der Mensch, auch wenn er wirklich das Gute thut, dasselbe doch nicht mit realer Freiheit als sein Eigenes, sondern nur unfrei und widerwillig als ein Fremdes; ebendaher nicht mit der Lust und mit der Energie der Selbstbefriedigung, sondern mit dem kalten und lahmen Gehorsam des Sclaven.

§ 103.

Diess also ist der Zustand des Menschen unter dem Gesetz — heisse es nun Gewissens- oder positives Gesetz: entweder thut er mit Freiheit und eigener Lust das Böse, das er nicht thun sollte, oder aber — im besten Fall — thut er zwar das Gute, das er soll, aber nicht mit Freiheit als sein Eigenes, worin er Selbstbefriedigung fände, sondern im unfreien Gehorsam gegen ein fremdes Gesetz. Und doch ist der Mensch nur dann seiner Idee wirklich entsprechend (vor Gott gut, „gerecht"), wenn er mit und aus eigener Freiheit, mit und aus eigener Lust das Gute, das er soll, auch will und thut. Erst damit ist der Widerspruch, von dem der sittliche Prozess ausgeht, zwischen göttlicher Bestimmung und Selbstbestimmung, Wesensbestimmtheit und actueller Selbstthätigkeit, kurz zwischen Gesetz und Freiheit zur wahren Einheit aufgehoben und also die sittliche Aufgabe gelöst, der sittliche Prozess vollendet.

Wie aber und wodurch soll nun diess geschehen?

Dass die Aufhebung des sittlichen Widerspruchs, in welchem das endliche Geistwesen anfängt, nicht von diesem selbst ausgehen kann, folgt auf's klarste aus allem Gesagten. Das endliche Geistwesen ist ja eben nach seiner ganzen Wirklichkeit und Selbstthätigkeit das im Widerspruch befangene, kann also, es mag sich wenden und drehen wie es will, unmöglich von sich aus über denselben hinauskommen. Die Lösung dieses Widerspruchs innerhalb des endlichen Geistwesens und die Verwirklichung der geistigen Anlage desselben muss daher nothwendig von derselben Seite ausgehen, in welcher wir auch schon die Ursache für das Dasein der geistigen Anlage des Menschen gefunden haben, also von Gott. Nur von ihrem Grund aus, der weder im endlichen Ich noch in der Natur, sondern in Gott liegt, kann des Menschen geistige Potenz zur Actualität eines Geisteslebens erhoben werden; es kann nur ein Act des unendlichen Geistes in den endlichen hinein sein, wodurch dieser letztere aus seiner ungeistigen Naturbestimmtheit erlöst und zur realen Freiheit wirklichen gottähnlichen Geisteslebens erhoben wird. Dann werden wir auch jenen verursachenden Act nicht anders auffassen können, denn als eine solche Selbstbezeugung oder Offenbarung Gottes an den Menschen, in Folge welcher der Mensch das Geistwesen, das er mit Gott gemein hat, nicht mehr bloss als eine gegebene Bestimmtheit (objectives Gesetz) an sich und seiner freien Subjectivität gegenüber hat, sondern als das eigene wahre Wesen seiner selbst in sich, in seiner subjectiven Lebendigkeit erfährt, so dass er sich im Geiste und den Geist in sich wohnend und lebend fühlt und damit sich, dieses endliche Ich, zugleich mit Gott wesensverwandt und in Lebensgemeinschaft stehend weiss. Sofern dieser Vorgang durch Gott im Menschen gewirkt ist, können wir ihn als eine Mittheilung des göttlichen Geistes an den Menschen zu dessen eigenem actuellem Lebensprinzip bezeichnen; sofern aber der Mensch ihn erfährt als Erhebung seines Ich aus Gebundenheit in der Naturbestimmtheit (aus der Herrschaft des Fleisches) zur realen Freiheit und actualen Kraft der Selbstbestimmung aus und nach dem Geist (zur Herrschaft des Geistes), insofern wird er zu bezeichnen sein als Prozess der Erlösung und prinzipiellen sittlichen Erneuerung. Von Gott aus ist es eine Vollendung der Offen-

barung, die schon in der Schöpfung des Menschen als
eines geistig angelegten Wesens begonnen war; vom
Menschen aus eine Realisirung seiner Anlage, eine
Erlösung aus dem Selbstwiderspruch zwischen seinem
geistigen Wesen und seiner ungeistigen (fleischlichen)
Wirklichkeit, in welchem er als endlicher Geist sich von
Anfang befand; eben damit zugleich Versöhnung mit
seinem schöpferischen Grund, mit welchem er als selbsti-
sches Ich entzweit war. Von Gott und Mensch zugleich aus betrachtet ist es reale Einigung des unendlichen mit dem endlichen Geist zum reinen und
wirklichen Geistesleben des Menschen in der Liebesgemeinschaft mit Gott.

Die sittliche Folge dieser erlösenden Gottesoffenbarung an resp. in den Menschen ist nun aber die, dass
in dem also Erlösten die Freiheit und das Gesetz nicht
mehr einander gegenüber und entgegen stehen, als gegenseitige Schranke einander hemmend und aufhebend.
Weder ist das Gesetz noch für den subjectiven Willen
ein drückendes Joch, das die Freiheit knechtete, noch
bethätigt der Wille seine Freiheit ohne und gegen das
Gesetz in ungebundener Willkühr. Sondern das Gesetz
ist dem actuellen Willen immanent geworden und bethätigt sich in demselben als Trieb und Kraft des Guten,
ohne dass es desswegen aufhörte, objective und absolute
Norm zu sein; und der Wille, indem er das Gute zu
seinem Zweck setzt, objectivirt damit nur seinen eigenen
Inhalt, bleibt also ganz bei sich selbst, bejaht und befriedigt sich selbst, hört also in der Angemessenheit an
das Gesetz nicht auf, sich aus sich zu bestimmen und
seine eigene Bestimmtheit zu bethätigen, kurz er hört
in der Einheit mit dem Gesetz nicht auf, frei zu sein.

Blicken wir nun von hier aus zurück auf die geschichtliche Darstelluug, so werden wir finden, dass genau
dasselbe, was wir hier als die nothwendige Voraussetzung
für die Möglichkeit der Realisirung der sittlichen Anlage
begrifflich deducirt haben, geschichtlich in die
Menschheit hereingetreten ist in dem Stifter des Christenthums, in Jesu von Nazareth; näher in dessen persön-

lichem „Selbstbewusstsein der Gottessohnschaft;" und dass es sich von ihm aus als ein in der Geschichte stetig fortwirkendes religiös-sittliches Lebensprinzip fortgepflanzt hat in dem „Geist der Gotteskindschaft", welcher dem Organismus der christlichen Gemeinde als ihr göttliches Lebensprinzip fortwährend innewohnt und in den empfänglichen Herzen der Glieder dieser Gemeinde zu selbständigem persönlichem Leben in der Liebesgemeinschaft mit Gott wird. — Den Nachweis dessen brauchen wir hier nicht mehr zu wiederholen, da er sich oben in der geschichtlichen Darstellung (cf. §§ 38 u. 39) des Näheren schon findet. Somit haben wir jetzt den Beweis für den vorangestellten Satz geliefert:

Das Prinzip des Sittlichen liegt in der Religion, und zwar nicht bloss in der natürlichen Gottesoffenbarung des Gewissens, sondern auch in der geschichtlichen Offenbarung der Erlösung, sofern in jener zwar das absolute Gesetz und damit die sittliche Anlage, in dieser aber die absolute Kraft und damit die Realisirung der sittlichen Anlage begründet ist.

§ 104.

Eben diess ergibt sich auch als die einfachste Lösung jenes Gegensatzes, den wir in der modernen deutschen Moralphilosophie zwischen Kant und Schleiermacher oben (§ 84) kennen gelernt haben. Jeder von beiden vertritt eine Hälfte der ganzen Wahrheit, wie sie im christlichen Moralprinzip gegeben ist: Kant sieht mit Recht das sittliche Prinzip in dem unbedingten Gesetz eines absoluten Vernunftideals, das dem endlichen Vernunftwesen eben vermöge seiner Endlichkeit schlechthin transcendent gegenüberstehe; aber er weiss über diesen Dualismus nicht hinauszuführen, eben daher auch bleibt sein sittliches Ideal ein leeres Ideal, sein Gesetz ist gegenüber dem radicalen Bösen unkräftig, der Mensch bringt es im besten Fall nur zu jener herben Tugend, die mit Abscheu der Neigung zuwider dem starren Gebot sich unterwirft, kurz er kommt nur zu der gesetzlichen Sittlichkeit, wo das Gute und der Wille noch ausser und wider einander stehen, nicht zu der freien und freudigen, wo der Wille das Gute aus eigenem Trieb und mit eigener Befriedigung erfüllt, weil er es in sich selbst trägt. Schleiermacher andererseits sieht mit Recht das sittliche Prinzip als ein dem Menschen immanentes Realprinzip an, das die unendliche Kraft seiner Realisirung in sich selbst trage, ebendaher nicht erst auf ein befehlendes Gesetz warten müsse, sondern sich selbst Gesetz und Kraft zumal sei; aber indem er so den Dualismus allerdings vermeidet und die herbe Tugend des kategorischen Imperativ in der schönen Sittlichkeit des individuellen Genius erweicht und gefälliger macht, weiss er seinerseits den prinzipiellen Unterschied zwischen dem sittlich guten Geiste und dem natürlichen, sittlich-bösen (selbstischen) Geiste des Menschen nicht festzuhalten; es fliesst ihm die wahre Autonomie der unendlichen realen Freiheit des guten Geistes und die Heteronomie der nur formalen Freiheit, materialen Knechtschaft des natürlichbestimmten Geistes in Eins zusammen; das freie kräftige Wollen des Genius im Menschen ist ihm als solches auch schon das Gute und die scharfe Grenzscheide zwischen gut und böse, die Kant so meisterlich fein gezogen, verwischt sich unmerklich, die höhere schöne Sittlichkeit der sich selbst auslebenden individuellen Vernunft sinkt so herab zur naturalistischen Sittlichkeit der sich frei auslebenden Naturtriebe, was eben gerade Unsittlichkeit ist.

Wir sehen, jeder dieser beiden Philosophen vertritt eine berechtigte und nothwendige Seite des Sittlichen, aber jeder auf eine einseitige und dadurch zum Irrthum führende Weise. Daraus erwächst nun offenbar das Problem, beide Seiten zur inneren Einheit zu verbinden, also ein solches Prinzip des Sittlichen zu finden, welches ebenso sehr dem Menschen als endlichem Vernunftwesen schlechthin transcendent, unverrückbare Norm seiner Selbstbeurtheilung und unbedingt forderndes

Gesetz für seine freie Selbstbestimmung wäre (nach Kant), als doch auch zugleich dem Menschen als endlichem Vernunftwesen wahrhaft immanent, sich selbst realisirende und normirende unendliche Kraft realer Freiheit (nach Schleiermacher).

Es ist unverkennbar, dass diess Problem eine vollständige Antinomie in sich schliesst, die vom Boden abstracter Reflexion aus einfach nicht zu lösen wäre. Wie ein Sittenprinzip dem Menschen als endlichem Naturwesen schlechthin transcendent und doch auch zugleich ihm — nicht etwa nur als Potenz, sondern als aktuelle Kraft seiner eigenen freien Selbstbestimmung und Selbstverwirklichung — immanent sein sollte? das ist in der That a priori gar nicht zu begreifen. Denn die Auskunft, dass der Mensch eben selber aus seiner eigenen Endlichkeit heraus jene unendliche Kraft realer Freiheit zum Guten erzeugen solle, kann nur den bestechen, der nicht weiss, dass in der Ursache nicht weniger sein kann als in der Wirkung, dass also Endliches nie ein Unendliches, blosse Potenz nie eine Actualität aus sich setbstthätig zu produciren im Stande ist.

Aber die Lösung jener Antinomie, welche ein abstractes aprioristisches Speculiren nicht zu finden vermöchte, ist der concreten christlichen Speculation ganz einfach geschichtlich gegeben — in der Thatsache des Christenthums, speciell in dem in Jesu Christo erstmals in die Geschichte hereingetretenen specifisch christlichen Moralprinzip, wie wir es in dem evangelischen Prinzip der Gotteskindschaft gefunden haben. In ihm (dem πνεῦμα ἅγιον, πνεῦμα υἱοθεσίας des Neuen Testaments) haben wir ein Prinzip, das eben so sehr dem natürlichen Menschen schlechthin transcendent gegenüber steht, als objective geistige Wesensbestimmung, als forderndes und verurtheilendes Gesetz (νόμος πνευματικός — ἐγὼ δε σάρκινος Rom. 7, 14); wie es andererseits auf Grund der geschichtlichen Erlösungsoffenbarung in Christo der christlich erneuerten Menschheit, der Gemeinde Christi und durch ihre geschichtliche Vermittlung dem einzelnen Menschen immanent wird, so dass es als lebendiger Trieb und wirksame Kraft eigener Selbstbestimmung zum Guten sich selbst in ihm und durch seine formale Freiheit hindurch verwirklicht (ὁ νόμος τοῦ πνεύματος τῆς ζωῆς ἐν Χριστῷ Ἰησοῦ ἠλευθέρωσέ με ἀπὸ τοῦ νόμου τῆς ἁμαρτίας καὶ τοῦ θανάτου Rom. 8, 2. Εἰ πνεύματι ἄγεσθε, οὐκ ἐστὲ ὑπὸ νόμον Gal. 5, 18).

So führt uns also die Unlösbarkeit jener Antinomie, wie sie in dem geschichtlichen Gegensatz der modernen Antipoden Kant und Schleiermacher zu Tage tritt, auf dem Boden des abstracten Denkens zur Anerkennung, dass sie nur in dem geschichtlichen Prinzip der Erlösungsreligion ihre Lösung finden konnte und gefunden hat, mit andern Worten: zu der Anerkennung, dass das Prinzip des Sittlichen, um nicht in eine jener beiden entgegengesetzten Einseitigkeiten zu verfallen, nicht nur in der Religion überhaupt, sondern speciell in der christlichen (aber NB.! in ihrem ursprünglichen und reinen Prinzip!) zu suchen sei. Und, beiläufig bemerkt, eben in dieser Nachweisung liegt der eigentliche Nerv aller wahrhaft speculativen Apologetik des Christenthums.

§ 105.

Wollen wir uns schliesslich nach einer Bestätigung dessen, was die wissenschaftliche Deduction ergeben hat, in der Erfahrung umsehen, so genügt es an einer kurzen Hinweisung auf die bekanntesten und unleugbaren Thatsachen des religiös-sittlichen Lebens.

Der alte Satz, dass die Furcht Gottes der Weisheit Anfang sei, findet seine allgemeinste Bestätigung in der Geschichte der menschlichen Gesittung. Die ob auch noch so sinnliche Furcht vor dem Zürnen der höheren Macht, von deren unwiderstehlicher Gewalt der Mensch sein Dasein und Wohlsein abhängig fühlte, war überall der erste und wirksamste Zaum und Zügel, der die rohen Triebe der sinnlichen Natur bändigte; der Glaube an den Willen der gemeinsamen Gottheit war überall die erste Autorität, welche an die Stelle der rohen Gewalt, des Kriegs Aller wider Alle, einen durch Zwangsgesetze geordneten Gesellschaftszustand, das Recht als Grundlage des sittlichen Daseins setzte. Daher die allgemeine Erscheinung, dass die ältesten staatlichen Gesetzgeber der Geschichte oder vorgeschichtlichen Sage im Namen und Auftrag der Gottheit ihre politischen, sittlichen und ceremoniellen Gesetze verkündigten; sei es nun, dass sie sich selber als Träger einer höheren Offenbarung, als Propheten ihres Gottes fühlten, oder dass sie ihrem Volke als solche erschienen, weil die dunkel geahnte Göttlichkeit des Sittengesetzes ihren Glorienschein auch auf dessen Träger und Verkünder reflectirte, oder — was das wahrscheinlichste — dass beides zusammenwirkte: in jedem Fall war es der gesunde Instinkt einer unverdorbenen, wenn auch rohen Natur, der das Sittengesetz der Menschheit auf die Gottheit als seinen Urheber zurückführte. Und wie sehr auch die blosse Werthschätzung der Religion als eines polizeilichen Zuchtmittels als unwürdig mit Recht in Verruf gekommen ist, so bleibt doch immerhin so viel wahr, dass noch heute wie zu allen Zeiten das stärkste und schlechthin unersetzliche Fundament der bürgerlichen Ordnung die Furcht Gottes ist. Man nehme einem Volk — um nur an das eine zu erinnern — den Glauben an die Heiligkeit des Eides und man sehe zu, was aus dem Pflichtbewusstsein, der Redlichkeit, der öffentlichen Sittlichkeit werde! Der Eid aber ist ja nur der feierliche Ausdruck dessen, dass die sittliche Verbindlichkeit in der religiösen Gebundenheit, das Pflichtgefühl in der frommen Gottesfurcht seine Wurzel habe.

Nächst der Furcht Gottes, in welcher der Mensch seiner Bedingtheit und Machtlosigkeit gegenüber dem Allmächtigen inne wird, ist es Liebe und Vertrauen zu Gott, in welchen der positive Pol im Wechselverhältniss zwischen Gott und Mensch, die gottverwandtschaftliche Seite des letztern, zur Erscheinung kommt. Und wie reiche und fruchtbare sittliche Impulse liegen auch in dieser frommen Gemüthsstimmung! Das fromme Vertrauen auf die siegreiche Macht der guten Götter in

Ueberwindung der feindlichen Mächte des Natur- und
Menschenlebens ist die erste Ahnung von der Herrschaft
des Geistes in der Erscheinungswelt, von der vernünftigen
Ordnung der natürlichen Welt und von der alleinigen
Berechtigung der Vernunftzwecke in der sittlichen Welt,
also die ahnende, phantasievolle Vorausnahme dessen,
was dann die Wissenschaft verstandesmässig zu erkennen
und das sittliche Handeln in Einzelzwecken zu realisiren
strebt: der Ordnung des Daseins nach den Vernunftge-
setzen des Wahren und Guten. Und indem die dankbare Freude an den Segnungen der Götter sich ihren
Ausdruck gibt in der frommen Festfeier und in der epischen Verherrlichung der Götter und Göttersöhne, wird
die harmonische, über Noth und Bedürfniss der gemeinen
Wirklichkeit hinausgehobene Stimmung der Cultusfeier
zur fruchtbaren Quelle schönen Schaffens und werden
die Ideale der frommen Phantasie zum natürlichen Object
der Kunst; denn nur vom frommen Glauben an die lebendige Wahrheit der Ideale konnte die Menschheit dazu
kommen, dieselben in Formen der Wirklichkeit lebenswahr
darzustellen. Indem das Gute, Schöne und Wahre in
der Gottheit verkörpert und so als die herrschende Macht
über die Welt angeschaut wird, ist der fromme Glaube
die ursprünglichste und fruchtbarste Form jenes Optimismus der Weltanschauung, ohne den weder Wissenschaft noch Kunst noch Sittlichkeit gedeihen könnte,
da man das Wahre und Schöne und Gute nur dann mit
Erfolg suchen und erstreben kann, wenn man an das
Dasein und an die Erreichbarkeit derselben in der vernünftigen Welteinrichtung glaubt. Man denke z. B. an
einen Socrates und Plato, deren religiöser Glaube an
die Weisheit und Güte der Gottheit die Quelle ihrer
theoretischen und practischen Philosophie war; oder —
um ein leuchtendes Beispiel aus der Neuzeit anzuführen
— an Leibnitz, dessen religiöse Weltanschauung, wie
sie in seiner Theodicee sich einen Ausdruck gab, die
Quelle jenes Optimismus war, vermöge dessen er in der
Welt eine Harmonie lebendiger Kräfte und in der Geschichte
einen unhemmbaren Fortschritt zum Besseren erkannte.

§ 106.

Ein besonders lehrreiches Beispiel des naturwüchsigen Zusammenhangs zwischen Frömmigkeit und Sittlichkeit ist das Gelübde. Zwar liegt ihm in seiner ursprünglichen Form die rohe, ungeistige Vorstellung zu Grunde, dass die Gottheit durch Versprechung einer Leistung seitens des Menschen zu einer Gunstbezeugung gleichsam bestochen werden könne. Aber streifen wir diese Vorstellungsform ab, so enthüllt sich uns die Vernunftidee, dass des Menschen Geschick nicht Sache blinden Zufalls sei, sondern von seinem eigenen sittlichen Thun bedingt, dass die natürliche Weltordnung im Dienste der moralischen stehe und dass der Mensch als Glied beider Welten ein nicht bloss leidendes, sondern auch selbstthätiges Wesen sei, zwischen seinem Leiden aber und seinem Thun eine geordnete, in Gott begründete Wechselwirkung bestehe. — Die höhere geistige Form des Gelübdes aber, wo der Fromme durch sein Versprechen gegen Gott nichts von Gott erhandeln, sondern nur seinen eigenen Willen in der Einheit mit dem göttlichen fest binden will, ist ganz unmittelbar ein Bekenntniss dessen, dass dem schwankenden Willen des Kindes der Zeit nur aus dem Bunde mit dem ewigen Gott die sittliche Unwandelbarkeit, die Kraft des Beharrens erwachse.

Eben daraus aber erwächst ihm, wie die unbedingte Gebundenheit, so auch die unbeschränkte Freiheit. Denn auch das Leiden selbst, diese endliche Schranke der Freiheit, in einen Act der sittlichen Freiheit umzuwandeln und damit also den Menschen über alle Naturschranken hinauszuheben zur vollendeten Freiheit eines reinen Geistwesens, also das Ideal des Sittlichen nicht bloss im Bilde, sondern in lebendiger Wirklichkeit mitten in der Unvollkommenheit der Erscheinungswelt darzustellen, — dieser höchste Triumph des Geistes über die Natürlichkeit ist das Wunderwerk der Religion. Wenn der fromme Dulder im Gebet seine Beruhigung findet, wenn er in der Erhebung zu Gott die Kraft der Ergebung unter ein widriges Geschick empfängt, in dem Gefühl der seligen Gottesgemeinschaft solchen Trost empfindet, dass er die Bitterkeit des natürlichen Leidensgefühls darüber vergisst, wenn er zuletzt dahin kommt, eben in seinem Leiden selbst das beste Mittel zur Erfüllung seiner göttlichen Bestimmung zu erkennen und sich desselben als eines Sieges seines idealen Menschen über die Natur (cf. 2 Cor. 4, 16 ff.) oder der guten Sache über die Welt (Joh. 12, 24) zu freuen und zu rühmen (Röm. 5, 3): so hat er damit aus dem natürlichen Leiden eine sittliche Freiheitsthat gemacht (cf. Joh. 10, 18), also die Schranke, die der sittliche Mensch an seiner Naturseite hat, überwunden, sein geistiges Wesen als die absolut unüberwindliche Macht über die Natur factisch erwiesen. Die Kraft aber dazu war nicht etwa sein subjectiver sittlicher Wille, der ja eben im Leiden seiner Endlichkeit und Unmacht an den Schranken der Natur inne wurde, sondern die Kraft lag einzig in der Erhebung des Glaubens über alles Endliche, über den eigenen Willen so gut wie über die äussere Natur, zur Unendlichkeit des göttlichen Willens, als des ewigen Grundes sowohl der Natur wie des endlichen Geistes, in dessen unwandelbarer Harmonie mit sich selbst die Disharmonieen der endlichen Welt objectiv aufgehoben sind und eben darum auch für die subjective Empfindung des gottinnigen Gemüths sich factisch auflösen.

So ist die Religion das Prinzip sowohl für die ersten Anfänge als auch für die höchste Vollendung des Sittlichen. Aber folgt denn nun daraus nicht, dass beide wesentlich eins seien, dass also die Sittlichkeit so ganz in der Religion aufgehe, dass alles Sittliche seine einzige und vollständige Bestimmtheit von der Religion erhalte? — Dass diess nicht der Fall ist, vielmehr die Sittlichkeit bei all' ihrem innigen prinzipiellen Zusammenhang mit der Religion doch in ihrer Entfaltung zur concreten sittlichen Welt selbständig ist und sich von der unmittelbaren Erscheinung der Religion im kirchlichen Leben sehr wesentlich unterscheidet, hat das Folgende noch zu zeigen. Es ist diess der Punkt, den die gewöhnliche theologische Apologetik zu übersehen und daher die philosophische Polemik mit um so grösserer Einseitigkeit gegen alle religiöse Begründung der Moral geltend zu machen pflegt. Die wahre Apologetik aber hat die Einseitigkeit beider Standpunkte dadurch zu vermitteln, dass sie ebenso sehr den Unterschied beider Gebiete, wie deren Zusammenhang ans Licht stellt. Dass sie in der einen Hälfte dieses Geschäfts bei der einen Partei anstösst, in der andern bei der andern, liegt unvermeidlich in der Natur der Sache selbst.

2. Die Erscheinung des Sittlichen in der sittlichen Welt ist selbständig und geht der Erscheinung der Religion in der Kirche vor.

§ 107.

Das Prinzip des Sittlichen, für welches im Obigen die Nothwendigkeit einer religiösen Begründung nachgewiesen wurde, liegt in der Gesinnung und besteht ganz im Allgemeinen im Willen des Guten, in der Angemessenheit des menschlichen Willens an den göttlichen oder darin, dass der erstere sich die Realisirung des göttlichen Willens zum unbedingten und Alles bedingenden Zweck, also zur massgebenden Norm für alle seine einzelnen Zwecke und Handlungen setze.

Fragen wir nun aber, welches denn das Gute oder der zu realisirende Zweck des göttlichen Willens sei, so gibt uns darauf die Religion zwar wohl eine formal erschöpfende Antwort, nehmlich: dass der Mensch das göttliche Ebenbild in sich vollkommen realisire und die Menschheit als ein Reich Gottes die Fülle des göttlichen Lebens in unendlicher Mannigfaltigkeit darstelle. Allein damit ist material noch keineswegs gesagt, welches denn nun im Einzelnen die Zwecke und Handlungen seien, durch welche der göttliche Wille erreicht werde. Und hierüber kann auch unmöglich die Religion etwas aussagen. Denn sie hat es nur mit der Beziehung des Menschen auf Gott und mit der Beziehung Gottes auf den Menschen, nehmlich auf das Centrum des menschlichen Personlebens, auf sein Herz, zu thun. Die einzelnen Zwecke und Handlungen des Menschen aber liegen in der Welt, in der breiten Mannigfaltigkeit des endlichen, besondern Daseins, näher im Verhältniss des Menschen zur Naturwelt und zu seinen Mitmenschen. Auf diese beiden Gebiete allein kann er überhaupt handelnd einwirken, hier und nur hier concrete Zwecke realisiren. Sobald also das Sittliche aus dem Prinzip heraustritt in die Erscheinung, aus der Innerlichkeit der guten Gesinnung hervorgeht in die That, ohne welche das Sittliche nichts ist, ohne welche die Gesinnung eine todte, also nur scheinbar gute wäre, ebenso bald bedarf es auch eines besondern, nicht aus der Religion zu entnehmenden Materialprinzips oder einer das sittliche Handeln im Einzelnen leitenden Norm. Diese kann natürlich nur da liegen, wo die einzelnen Handlungen ihren Ort haben, also in der Beziehung des Menschen zur Natur und zu seinen Mitmenschen oder — wodurch diese Beziehung selber wieder bedingt ist — in der gesammten Organisation der menschlichen Natur, ihren mannigfachen Trieben und Bedürfnissen, Kräften und Fähigkeiten.

Hiernach bestimmt sich also die Erscheinung des Sittlichen im practischen Handeln einzig und allein nach der menschlichen Natur im weitesten Sinn des Worts. Bei oberflächlicher Betrachtung könnte man glauben, diess stehe im Widerspruch damit, dass oben das Prinzip des Sittlichen im Willen Gottes, in der Theonomie aufgezeigt wurde. Aber bei genauerem Zusehen wird sich dieser Schein sofort aufheben.

Die menschliche Natur hat ihr Urbild an Gott und ihren Grund im schöpferischen Willen Gottes. Was also zur menschlichen Natur wesentlich und nothwendig gehört — die Gesammtheit ihrer Organisation — das ist auch in der göttlichen Idee des Menschen präformirt, ist also von Gott gewollt als Moment des Menschen und als

Mittel zur Realisirung des letzten Schöpfungszwecks, des gottebenbildlichen Geistlebens. Dieser göttliche Wille bezüglich des Menschen offenbart sich nun zwar in seiner formalen Allgemeinheit im Gesetz des Gewissens, aber in seiner materialen concreten Bestimmtheit doch nirgends anderswo als in dem concreten Ganzen der menschlichen Natur. Es ist daher an sich beides gleich wahr und kommt materialiter ganz auf das Gleiche hinaus: ob wir sagen, das Prinzip des Sittlichen sei der göttliche Wille oder sei die menschliche Natur; denn der göttliche Wille ist in dieser Beziehung jedenfalls näher zu bestimmen als: die göttliche Idee des Menschen, die Präformation des Menschen im zwecksetzenden Gedanken Gottes; und die menschliche Natur in ihrer Wahrheit ist ja eben nichts anderes als die reine Darstellung dieser göttlichen Menschheitsidee in der creatürlichen Welt, mit Abstraction von allem Zufälligen oder Ideewidrigen. Gleichwohl ist beides, wenn auch gleich wahr, doch nicht einerlei, sondern jede von beiden Betrachtungsweisen ist an ihrem Orte die allein berechtigte: so dass also beide sich gegenseitig zur Ergänzung fordern.

Einerseits nehmlich für die prinzipielle sittliche Gesinnung ist die religiöse Betrachtungsweise unentbehrlich (vorausgesetzt natürlich, dass jene Gesinnung nicht eine bloss instinctive bleiben, sondern ihrer Gründe bewusst, reflectirt sein soll, was jedoch keineswegs bei allen sittlich Gesinnten der Fall ist!). Denn nur dadurch, dass der verpflichtende Grund des Sittengesetzes auf den übermenschlichen Willen Gottes zurückgeführt ist, wird dasselbe seine unbedingte Reinheit und Kraft gegenüber den Zufälligkeiten der wechselnden individuellen Stimmung und der sophistischen Reflexion behaupten und dem sittlichen Charakter einen unverrückt festen Halt geben können.

Ebenso gewiss aber ist andererseits für das concrete sittliche Handeln die specifisch sittliche (rein menschliche) Betrachtungsweise unentbehrlich; denn das einzelne sittlich Zweckmässige und Gute ist nicht unmittelbar aus dem allgemeinen Prinzip des Ganzen, aus dem göttlichen Willen in seiner abstracten Allgemeinheit, abzuleiten, sondern diess ist vielmehr unmittelbar nur bestimmt und ganz bestimmt durch seinen Zusammenhang mit allem Uebrigen, durch seine Stelle im Gesammtorganismus der sittlichen Thätigkeiten, schliesslich also durch seine Angemessenheit an irgend welches Erforderniss der menschlichen Natur.

Es ist sonach mit dem sittlichen Handeln genau so wie mit der wissenschaftlichen Erkenntniss: während die prinzipielle (philosophische) Erkenntniss der Welt zu keinem Abschluss kommt und keinen Zusammenhalt findet, ohne auf den schöpferischen Grund der Welt in Gott zurückzugehen, so darf dagegen die naturwissenschaftliche Erkenntniss des Einzelnen in der Welt keineswegs auf das allgemeine Weltprinzip unmittelbar zurückgehen, sondern sie hat jede einzelne Erscheinung in der Welt nach ihrem Zusammenhang mit dem andern Einzelnen, zunächst aus ihren nächsten besondern Ursachen zu erklären, weiterhin nach ihrer Stellung im Ganzen des Weltorganismus zu begreifen. Ebenso also ist's auf dem Gebiet des Sittlichen: das Einzelne des practischen Handelns kann und darf nicht dadurch als sittlich gut und pflichtmässig motivirt werden, dass es unmittelbar auf den göttlichen Willen zurückgeführt wird; denn dieser in seiner Allgemeinheit kann ja nichts Einzelnes als dieses Bestimmte und Besondere motiviren, sondern eben nur für das Ganze des sittlichen Thuns als Ganzes der Grund sein. Es muss also vielmehr alles Einzelne des sittlichen Handelns motivirt werden dadurch, dass es als ein an seiner Stelle nothwendiges Glied des Gesammtorganismus der sittlichen Zweckthätigkeiten nachgewiesen wird. Ein Rekurs auf den göttlichen Willen zur Begründung einzelner bestimmter sittlicher Handlungen wäre genau ebenso ein Deckmantel der sittlichen Grundlosigkeit d. h. aber: der nichtsittlichen Willkühr, wie derselbe Rekurs zur Erklärung einzelner Welterscheinungen ein „asylum ignorantiae“ ist.

§ 108.

Aber neben dieser Sphäre der reinen Sittlichkeit, die nur in ihrem Prinzip, nicht unmittelbar im Einzelnen von der Religion bestimmt wird, ebendarum aber auch nirgends mit der Religion in Conflict kommen kann, besteht factisch auch noch eine Sittlichkeit, die unmittelbar religiös, und eine Religiosität, die unmittelbar sittlich sein will, eine gemischte Sphäre also, die eben wegen dieser unreinen Mischung mit der reinen Sittlichkeit, theilweise auch mit der reinen Frömmigkeit in Conflicte geräth: es ist diess die Sphäre des kirchlichen Lebens oder die Erscheinung der Religion im System der kirchlichen Vorstellungen und Handlungen. Es ist diess gleichsam der Leib, den der religiöse Geist sich selbst bildet, um sein eigenthümliches Leben unter den Naturbedingungen seiner endlichen Existenzweise im Individuum und in der Gemeinschaft dadurch zu vermitteln; und eben in dieser seiner Nothwendigkeit für die Religion als Organs derselben liegt Recht und Bedeutung des kirchlichen Systems. Freilich liegt aber auch in der Eigenthümlichkeit dieses Systems der Grund, warum es in Conflict mit der reinen Sittlichkeit geräth und zugleich der Grund dafür, dass das höhere Recht auf Seiten der Sittlichkeit liegt. Wir haben zunächst ersteres zu zeigen.

Der religiöse Glaube ist ein Act des Herzens, des persönlichen Lebenscentrums in seiner ungetheilten Einheit, welches sich der bestimmenden Einwirkung Gottes mit Freiheit hingibt, um von ihm die Bestimmtheit des eigenen Lebenszustandes zu empfangen. Diess kann nicht geschehen, ohne dass eine bewusste Vorstellung von Gott und eine bestimmte Willensbethätigung in Beziehung auf Gott sich mit dem Gefühl des Bestimmtwerdens durch Gott verbände. Der eigentliche Inhalt jener Vorstellung und Zweck jener Willensbethätigung ist nun zwar nur das religiöse Wechselverhältniss zwischen Gott und Mensch, dieser rein innerliche Prozess

zwischen unendlichem und endlichem Geist, wie er sich
eben im Totalact des Glaubens vollzieht und im Total-
zustand (Stimmung) des Gemüths für die Empfindung
des Menschen subjectiv reflectirt. Allein wie anders soll
dieses Innerliche zum bestimmten Gegenstand der Vorstellung und des Wollens gemacht werden können, als
mittelst der Anschauungsbilder, welche der vorstellenden
Phantasie aus der äussern Erfahrung her gegeben und
geläufig sind? Es ist ja nicht der abstracte Mensch, der
sich in's Verhältniss zu Gott setzt, sondern der Mensch
in der ganzen concreten Bestimmtheit seines Selbst- und
Weltbewusstseins; nothwendig also muss das, was den
Inhalt seines Weltbewusstseins ausmacht, auch auf die
Gestaltung seines Gottesbewusstseins von Einfluss sein.
Da nun aber die Religion lange vor der Wissenschaft
sich entwickelt, also das Gottesbewusstsein seine Gestalt
erhält, ehe noch das Weltbewusstsein ein verständig auf-
geklärtes geworden ist, so wird unvermeidlich die Vorstellung von Gott und seinem Verhältniss zu Mensch
und Welt bestimmt werden durch den Einfluss einer
nicht verstandesmässigen sondern phantasievollen Weltanschauung, wird also selbst auch nicht begrifflich gedacht, sondern unter sinnlichem Anschauungsbild
vorgestellt werden. Dieser sinnlichen Vorstellungsweise wird dann aber ferner auch das Verhalten des
Willens zu Gott entsprechen; man wird dem nach Men-
schenweise gedachten Gott auch menschliche Beweggründe
des Handelns zuschreiben und demgemäss seine Gunst
auf ähnlichem Wege wie die eines mächtigen Menschen
zu gewinnen suchen. Hieraus entsprangen alle die zahllosen religösen Handlungsweisen, welche, ohne in
der sittlichen Natur des Menschen begründet oder einem
sittlichen Zweck in der objectiven Welt dienstbar zu
sein, sich direct auf Gott beziehen und nur den
Zweck haben, Gottes Wohlgefallen und Gunst zu
erwerben, sei es durch ein ausserordentliches Thun
oder durch ein ausserordentliches Leiden (Ascese), jedenfalls durch etwas ausser der Ordnung des an und
für sich nöthigen sittlichen Handelns Liegen-

des. (Dass diese Handlungen gleichwohl auch einen reellen Zweck und Erfolg haben, aber einen subjectiv religiösen, werden wir später (§ 111) sehen; hier handelt es sich nur um ihren bewussten Zweck, der auf die angegebene phänomenologische Weise zu erklären ist.)

§ 109.

Ausser diesen in der Natur des religiösen Bewusstseins liegenden Gründen der Entstehung eines kirchlichen Systems von Vorstellungen und Handlungsweisen kommt aber auch noch die Natur der religiösen Gemeinschaft selbst in Betracht, sofern auch sie theils zur Erzeugung religiöser Vorstellungen und Handlungen beiträgt, theils die vorhandenen in gesetzlicher Weise fixirt. Ersteres desswegen, weil Entstehen und Bestehen jeder Gemeinschaft der Religion dadurch bedingt und vermittelt ist, dass die Beziehung auf Gott von den Einzelnen auf gleiche Weise vollzogen wird, dass also das Gottesbewusstsein sich in gleichen und Allen gemeinsamen Vorstellungen und Handlungen ausdrückt. Und eben darum, weil die Gemeinsamkeit der religiösen Vorstellungen und Handlungen das zusammenhaltende Band der Religionsgemeinde ist, hat diese das Bedürfniss und Interesse, jene für ihre Glieder irgendwie zu fixiren, also aus dem, was ursprünglich unwillkürlicher Ausdruck der gemeinsamen Gemüthsstimmung ist, ein positives Statut, eine äussere Gesellschaftsordnung für die Mitglieder ihrer Gemeinschaft zu machen. Wo aber eine Gesellschaftsordnung ist, da sind auch irgendwelche Organe ihrer Handhabung und Aufrechterhaltung unentbehrlich. Diese treten als Träger des religiösen Gemeingeistes und Leiter des religiösen Gemeinlebens den andern Gliedern gegenüber und bekommen von selbst jene Autorität, wie sie überall dem Centralorgan, dem Träger des Gemeinbewusstseins und -willens zukommt. So entsteht ein herrschender Stand, der Clerus, und damit zugleich das Particularinteresse einer geistlichen Aristokratie, das bei der Bestimmung des kirchlichen

Handelns als ein neuer höchst einflussreicher Faktor hinzutritt.

Von grösster Bedeutung ist nun das Verhältniss dieser so constituirten kirchlichen Gemeinschaft zu der bürgerlichen. Dabei sind aber verschiedene Fälle denkbar. Ist die religiöse Gemeinschaft mit der Volksgemeinschaft von Haus aus eins, so werden die bürgerlichen Institutionen und Sitten des Volkslebens unmittelbar als solche, in ihrer zeitlichen und örtlichen Beschränktheit, als Theile des nationalen Religionssystems sanktionirt; und umgekehrt die Vorstellungen und Gebräuche des nationalen Glaubens und Cultus werden von selbst zugleich bürgerliche Gesetze und ihre Verletzung gilt als Staatsverbrechen. Ist nun auch noch die Leitung des Religionswesens in den Händen einer wohl organisirten und abgeschlossenen, etwa an einen Geschlechtsverband geknüpften Priesterschaft, und gelingt es dieser, mit der Leitung der religiösen auch die der bürgerlichen Verhältnisse in ihre Hände zu bringen, so vermischt sich die religiöse und bürgerliche Gesellschaftsordnung vollständig zu jenem Gemisch von Staat und Kirche, welches man als Gottesherrschaft, Theokratie bezeichnet hat. Hier verschwindet der Unterschied von Religion und Sittlichkeit vollständig, keine von beiden wird durch die andere unterjocht, und doch kommt auch keine von beiden zu ihrem eigenthümlichen Recht, sie sind noch in ununterschiedener Einheit (Indifferenz) verschmolzen.

Ganz anders gestaltet sich das Verhältniss, wenn die religiöse Gemeinschaft von Hause aus nicht national ist, sondern als rein religiöse Gemeinschaft über die nationalen Unterschiede der Völker hinausgreift, als universal ist. Hier können vorneweg bürgerliche Institutionen und Sitten nicht die gleiche Bedeutung bekommen, wie die religiösen, denn die universelle Religionsgemeinschaft steht jenen, schon sofern sie immer ihren nationalen Charakter haben, fremd gegenüber. Dafür aber wird sie ihrem eigenen System von Vorstellungen und Handlungen um so mehr einen bindenden Charakter geben, als sie eben nur hierin (in Ermangelung aller natürlichen

Bindemittel) das zusammenhaltende Einigungsmittel hat. Ueberdiess wird hier der Stand der geistlichen Leiter um so höhere und unbeschränktere Autorität erlangen, da er innerhalb einer reinen Religionsgemeinschaft dieselbe nicht mit den rivalisirenden Trägern des bürgerlichen Regiments zu theilen hat. So ist hier der eigentliche Boden zur Bildung einer Priesterherrschaft (Hierarchie), die zwar zunächst nur in den religiösen Angelegenheiten der Gemeinschaft Geltung hat, aber von diesem Centrum aus unwillkührlich immer mehr das gesammte Leben ihrer Angehörigen zu beeinflussen bestrebt ist, daher stets versucht, das Regiment auch in den rein sittlichen Angelegenheiten, wie Staat oder Schule oder Ehe, an sich zu reissen. Je stärker nun in einer solchen ursprünglich rein religiösen Gemeinschaft das religiöse Interesse über das weltlich-sittliche naturgemäss überwiegt, desto leichter wird es begreiflicher Weise denen, welche das Regiment in der höheren und centralen Sphäre besitzen, gelingen, sich mit der Zeit auch des Regiments in dem niederen und peripherischen Gebiet des für profan geltenden Weltlebens zu bemächtigen. Damit wird dann aber die Hierarchie zu einer Theokratie höherer Ordnung als jene oben besprochene nationale, in welcher Religiöses und Sittliches unterschiedslos gemischt sind; hier ist nun vielmehr das abstract religiöse, resp. kirchlich-hierarchische Interesse das unbeschränkt alleinherrschende, dem alle Interessen des natürlich-sittlichen Lebens, Staat und Cultur schlechthin unterworfen, unter Umständen geradezu aufgeopfert werden. Es ist diess die unvermeidliche Consequenz davon, dass das religiöse Prinzip einer Religionsgemeinde, welches allerdings das ganze sittliche Leben bestimmen soll (§§ 98—106), verwechselt wird mit dem System der kirchlichen Gesellschaftsordnung, welches nur der äussere Leib jenes Prinzips ist.

§ 110.

Man sieht wohl, der Conflict, der im Kampfe der Hierarchie mit der sittlichen Welt seine Spitze findet, geht nicht eigentlich von der Religion selbst, sondern von der Erscheinung der Religion in der Kirche aus. Und dieser Punkt ist für die Beurtheilung der beiderseitigen Ansprüche von entscheidender Bedeutung. Denn sobald die Gegensätze so bestimmt werden, ergibt sich ja das Urtheil ganz von selbst, dass das Sittliche durchaus Selbstzweck, also absolut berechtigt und nothwendig, das Kirchliche hingegen nur dienendes Mittel, Erscheinungsform der Frömmigkeit, also bloss relativ berechtigt und bedingungsweise nothwendig ist. Denn alles Sittliche ist ja nichts anderes als die concrete Realisirung der göttlichen Idee des Menschen und der Menschheit; jede sittliche Lebensform und Funktion hat also in sich selbst (ihre Normalität, versteht sich, vorausgesetzt) unbedingten Werth, ist an und für sich ein wesenhaftes Gut. Bei den Erscheinungsformen des religiösen Lebens ist es umgekehrt: sie haben ihren Zweck nicht in sich, sondern nur in dem Inneren des frommen Gemüths, zu dem sie sich als dienende Mittel und Formen verhalten. Wir zeigen diess noch näher an dem System der kirchlichen Vorstellungen und Handlungen.

Die kirchliche Vorstellungswelt ist nicht ein den logischen Erkenntnissgesetzen entsprechendes objectives Wissen, weder von der Welt, ihren Erscheinungen, noch auch vom Wesen Gottes an sich; sondern sie ist nur eine in sinnlicher Bildersprache sich bewegende Veranschaulichung der inneren Geistesprozesse des Glaubenslebens, der frommen Gemüthsbestimmtheit. So gewiss nun auch dieser ihr Inhalt lebendige Realität und wirksame Kraft auch für das äussere Leben ist, so gewiss kommt doch der Vorstellungsform, in welcher jener Inhalt zum äussern Ausdruck gebracht wird, durchaus keine andere Bedeutung zu, als die eines für die Kreise Gleichgestimmter verständlichen Ausdruckmittels, Zeichens, Sinnbilds für innerliche Erlebnisse. Freilich wird das kirchliche Vorstellungssystem von der Frömmigkeit selbst, die eben in der Vorstellung noch unreflectirend befangen ist, nicht dafür angesehen; die Unterscheidung zwischen Form und Inhalt ist ja erst die Sache der verstandesmässigen Reflexion; ehe also diese auftritt, wird begreiflicherweise die Form der religiösen Vorstellung mit dem Inhalt der Herzensfrömmigkeit unmittelbar identificirt und sonach um der praktischen Wahrheit der letztern willen auch der ersten theoretische Wahrheit im Sinn eines objectiv wahren Wissens von äussern Objecten beigelegt. Diess ist nun zwar so lange ganz unverfänglich, als die religiösen Vorstellungen dem übrigen Weltbewusstsein wesentlich entsprechen. Sobald aber dieses letztere in Folge der sittlichen Erkenntnissthätigkeit sich wesentlich ändert, zeigt sich sofort zwischen der sittlichen Erkenntnissthätigkeit und ihrem Produkt, der weltlichen Wissenschaft, einerseits und der religiösen Vorstellungsweise andererseits eine Kluft, die nothwendig je länger desto weiter werden muss, da beide völlig heterogene Bewusstseinselemente (heterogen nach Ursprung, Zweck und Bedeutung) dennoch gleich sehr auf objective Wahrheit Anspruch erheben. Hiebei liegt nun das Recht unbedingt auf Seiten des sittlichen Erkennens, der Wissenschaft, die es mit dem objectiven Wesen der Dinge zu thun hat, gegenüber der kirchlichen Vorstellungswelt, die nur die subjective Wahrheit eines Sinnbilds hat. Wie sehr nun auch der eigentliche Austrag des Conflicts durch Compromisse hinausgezogen werden mag: geschlichtet wird er doch nur dadurch, dass die kirchlichen Vorstellungen aufhören, mehr sein zu wollen, als was sie sind: dienende Mittel und sinnbildliche Formen für geistige Prozesse.

§ 111.

Ein Gleiches gilt von dem System der kirchlichen Handlungsweisen, seien sie nun Handlungen des Cultus im engern Sinn, deren symbolische Bedeutung einleuchtet, oder erweiterte Cultushandlungen, wie die ascetischen Uebungen und frommen Werke. Solche Cultushandlungen wollen nichts in der sittlichen Welt zu Stande bringen, keine objectiven Zwecke realisiren, sondern sie sind nur religiöse Erbauungs- und Tugendmittel zur Anregung und Förderung der Frömmigkeit in den Einzelnen und in der Gemeinschaft. Freilich sieht 'die religiöse Vorstellung sie nicht dafür an; sondern indem sie die psychologisch vermittelte subjective Wirkung dieser Handlungen objectivirt, betrachtet sie als den nächsten Zweck derselben eine Wirkung ausserhalb des Menschen, auf Gott, leitet dann die subjective Heilsamkeit dieser Handlungen von ihrer objectiven Gottgefälligkeit ab und kommt so dahin, das, was eigentlich nur subjectiv heilsam und unter Umständen empfehlenswerth ist, für etwas objectiv nothwendiges, für eine Erfüllung des göttlichen Willens, für eine Pflicht des Gehorsams gegen Gott zu halten, welche den Pflichten der sittlichen Welt nicht nur gleich, sondern sogar übergeordnet sei. Diess ist nun so lange unverfänglich, als diese Handlungsweisen wirklich der subjectiven Frömmigkeit dienstbar und förderlich sind, und als sie namentlich mit dem sittlich Nothwendigen nicht in Widerspruch treten. Aber eben diess wird unvermeidlich eintreten, je mehr einerseits das kirchliche System frommer Handlungen sich komplicirter ausbildet und andererseits die weltliche Sittlichkeit sich freier und reicher entwickelt; es tritt dann je länger je mehr zu Tage, dass beide Sphären nach Umfang und Art völlig divergiren.

Nach Umfang. Denn die kirchlicher Seits für nothwendig ausgegebenen Handlungen sind grössern Theils sittlich ganz leer und werthlos; erweisen sich also, je mehr sie Zeit und Kraft in Anspruch nehmen, als Hemmungen des sittlich Guten (so z. B. die kirchliche Ascese.) Andererseits werden eine Menge von sittlich nothwendigen Thätigkeiten vom kirchlichen System aus theils als gleichgültig, nicht pflichtmässig nothwendig, sondern höchstens zulässig betrachtet, theils auch geradezu mit Misstrauen verfolgt und befehdet, oder doch in ihrer freien Entwicklung durch Bevormundung gehemmt (z. B. die Wissenschaft, Kunst, Politik). Auch da aber, wo beide Theile material zusammentreffen, wie in den Werken der barmherzigen Nächstenliebe, wird doch der Umfang des pflichtmässigen Handelns kirchlicher Seits meistens auf eine dem Wesen dieser sittlichen Pflicht widersprechende Weise beschränkt, indem es an die Gemeinschaft des Glaubens, die Genossenschaft des kirchlichen oder konfessionellen oder Partei-Verbandes, an die Gleichheit des dogmatischen Bekenntnisses als an die bedingende Voraussetzung geknüpft wird. Diess ist nicht etwa einer hierarchischen Kirche eigen, sondern jede specifisch kirchliche Sittlichkeit leidet an diesem Grundgebrechen, die protestantisch-konfessionelle und pietistische ganz ebenso wie die römisch-katholische; es liegt diess eben unvermeidlich in der Natur einer unmittelbar religiösen und zwar kirchlich-religiösen Sittlichkeit, dass sie an den Schranken der Religionsgemeinschaft (incl. religiösen Parteigemeinschaft) auch ihrerseits endet.

Diess hängt aber mit dem Weiteren zusammen, dass das kirchliche Handeln vom rein sittlichen auch der Art nach grundverschieden ist. Letzteres ist durchaus objectiv, das an sich Nothwendige auf eine der Natur der Sache selbst entsprechende Weise anstrebend; erstere dagegen ist stets beeinflusst durch Rücksichten, die, wenn auch nicht subjectiv im rein individuellen Sinn, so doch nicht objectiv sind, nehmlich nicht in der Natur der sittlichen Sphäre begründet, dieser vielmehr fremdartig und äusserlich, daher für das sittliche Handeln verwirrend und verletzend. Es sind mit einem Wort die Rücksichten des specifisch kirchlichen (confessionellen) Interesses, welche bald bewusst und absichtlich, bald unbewusst und unwillkührlich das kirchliche Handeln auch auf völlig fern liegenden rein sittlichen Gebieten (Staat, Schule, Familie, Volkswirthschaft, Polizei u. dgl.) beeinflussen und beirren. Kommt nun noch hinzu, dass in einer Kirche infolge ihrer aristokratischen Organisation die unbedingte Autorität des geistlichen Standes über die Andern herrscht,

so wird dadurch nicht bloss die Richtung des sittlichen
Handelns verwirrt, sondern schon die sittliche Gesinnung
auf's tiefste gefährdet. Denn alle sittliche Gesinnung
wurzelt, wie oben gezeigt wurde, im Gewissen und in der
Vernunft, welche die Stimme des Gewissens deutet; sie
sind die einzig mögliche absolute Autorität in sittlichen
wie in religiösen Dingen. Wird ihr nun aber eine positive menschliche Autorität als die höhere übergeordnet,
so wird dadurch das Gewissen, die wahre Quelle alles
Sittlichen, theils geschwächt, theils getrübt und verwirrt.
Geschwächt: denn es lernt nie sich selbständig regen
und bewegen; das Gängelband der äussern Autorität lässt
weder das Bedürfniss noch die Fähigkeit einer sittlichen Selbstbeurtheilung und Selbstregierung aufkommen,
schwächt eben damit aber auch die Geltung des gesetzgebenden oder richtenden Gewissensurtheils ab. Bekannt
ist die Thatsache und sehr erklärlich, dass in den Län-
dern, wo die Erziehung ausschliesslich durch Priester
und Beichtstuhl besorgt wird, die Gewissen viel laxer
sind, als innerhalb des Protestantismus, der seine Glieder von Jugend an auf ihr eigenes Gewissen verweist.
Getrübt aber wird das Gewissen durch Menschenautori-
tät schon desswegen, weil nie, auch beim besten Willen
nicht, ein Anderer mir mit gleicher Sicherheit, wie mein
eigenes Gewissen, meine concreten eben für mich indivi-
duell aus der Lage des Augenblicks erwachsenden Pflichten sagen kann. Das Schlimmste endlich ist, dass die
priesterliche Autorität auch gar nicht den reinen Willen
hat, die Gewissen der Einzelnen bloss über sich selbst
aufzuklären und das an sich Gute zur Pflicht zu machen,
sondern dass sie durch die fremden Nebenrücksichten
des kirchlichen, näher hierarchischen Interesses mehr
oder weniger bestimmt und beeinflusst ist und damit die
Gewissen, statt aufzuklären, vielmehr gründlich verwirrt. Es wird jener oben schon erwähnte Conflict zwischen Hierarchie und sittlicher Welt bis in die Gewissen
der Einzelnen hineingetragen, dass sie sich im peinlich-
sten Zwiespalt finden zwischen dem, was ihr sittliches
Bewusstsein von ihnen als Menschen, Bürgern, Trägern

von Cultur- und Gesellschaftsinteressen fordert, und dem, was ihre kirchliche Frömmigkeit ihnen auf Grund der priesterlichen Autorität als Pflicht des Gehorsams gegen Gott vorhält.

§ 112.

Doch eben in dem, was der tiefste Schaden einer kirchlich geleiteten und bevormundeten Sittlichkeit ist, liegt auch die Quelle der Heilung. Indem das kirchliche System die Gewissen antastet und in den unseligen Zwiespalt zwischen der menschlich-sittlichen und der kirchlich-religiösen Pflicht hineinstösst, greift es nicht bloss der Sittlichkeit sondern auch der Frömmigkeit selber an das Leben, unterbindet also die Adern seiner eigenen Kraft. Auch die Frömmigkeit selbst leidet ja Noth, wenn sie im Gewissen, dieser ursprünglichen Gottesoffenbarung, die doch nur eine sein kann, eine Zwiespältigkeit findet, wenn die religiöse Wahrheit, deren Offenbarung die Kirche vermittelt, widersprechend sein soll der sittlichen, deren Offenbarung Natur und Geschichte vermitteln. Diese Gewissensnoth ruft nun von selbst bald den Verstand auf zur Prüfung der beiderseitigen Ansprüche; und dabei ergibt sich dann, dass die den rein sittlichen Pflichten widersprechenden kirchlich vorgeschriebenen Pflichten grundlos sind, dass ihnen mit dem objectiv sittlichen Gehalt, mit der inneren Vernünftigkeit auch jeder objective Werth, jedwede Verpflichtungskraft schlechthin fehlt. —

Wird nun, was in natürlicher Ueberschreitung der sittlichen Nothwehr gegen kirchliche Attentate leicht geschehen kann, die Verurtheilung des kirchlich-hierarchischen Systems auch auf die Frömmigkeit selbst ausgedehnt, dann ist die Folge jener einseitige religionslose Moralismus, wie er oben näher geschildert und beurtheilt wurde, und von dem wir jetzt auch begreifen, warum er erfahrungsmässig sich so oft als Rückschlag gegen eine kirchliche Religiosität und namentlich gegen hierarchisches Kirchenthum findet. Ist hingegen die Frömmigkeit lebendig und kräftig genug, um die Krisis zu überdauern, so geht sie aus derselben unfehlbar auch ihrerseits gereinigt und geläutert hervor. Sie erkennt nun im ganzen System des Kirchenwesens nicht mehr etwas an sich Werthvolles und unbedingt Heiliges, das den sittlichen Gütern des Reiches Gottes koordinirt oder gar übergeordnet wäre, sondern einfach das, was es in allen seinen Theilen und unter jeder Gestaltung und Entwicklung ist und bleibt: den sichtbaren und zeitlichen Leib für die unsichtbare und ewige Herrlichkeit des in die Herzen gegossenen göttlichen Geistes. So ist die Reaction der selbständigen sittlichen Welt gegen ihre Vergewaltigung durch die Kirche so wenig eine Gefährdung der Religion, dass sie vielmehr dieser den Anstoss gibt, sich auf sich selbst zu besinnen und aus sich selbst, aus ihrem eigensten Geisteswesen heraus zu verjüngen, ihre irdisch-stofflichen Bande zu sprengen und mit der verklärten Schönheit und unbezwinglichen aber auch zwanglosen Herrschermacht des reinen Geistes im Reiche Gottes zu walten.

Hiemit nun erst haben wir das Verhältniss von Religion und Sittlichkeit vollständig nach dem Unterschied sowohl als nach der Einheit im Unterschied erkannt, nehmlich als ein Verhältniss gegenseitiger Wechselwirkung. Die Sittlichkeit, sahen wir, wurzelt in der Religion, entnimmt aus ihr die Heiligkeit des Gesetzes, das Ideal, und Freudigkeit des Willens, die reale Kraft des Guten. Aber damit die Religion wirklich die Quelle und die reine Quelle idealer Sittlichkeit sein könne, bedarf sie selber stets der regelnden und läuternden Einflüsse der sittlichen Welt. Nur das reine Gottesbewusstsein vermag auch einen reinen und heilsamen Einfluss auf das Weltleben und Weltbewusstsein auszuüben; ist aber jenes selber weltlich getrübt, in die Endlichkeit herabgezogen, mit den Beschränktheiten des Menschlichen behaftet, dann ist nothwendig auch seine Einwirkung auf die sittliche Welt geschwächt oder getrübt und gefälscht. Diesen üblen Folgen einer unreinen, Göttliches und Weltliches irrthümlich und willkührlich vermischenden Religion kann nun offenbar bloss dadurch gesteuert werden, dass der falschen Mischung von Göttlichem und Weltlichem, wodurch Beides verkümmert und verzerrt wird, zunächst die reine Realität der Welt in ihrer Wahrheit und Gesetzmässigkeit entgegengehalten wird. Diess aber ist eben die Sache des sittlichen Geistes, der es mit der Erkenntniss und Ordnung der Welt zu thun hat. Indem er also seine durch die reelle Welt ihm vorgezeichneten unveräusserlichen Rechte und Pflichten gegen die vermeintlichen Ansprüche einer Göttliches und Weltliches fälschlich vermischenden Religion geltend macht, gibt er dieser Anlass und Norm zur Selbstkritik, zur Scheidung zwischen dem, was an ihr wirklich göttlich, und dem, was nur menschliche Form ist, also zur Reinigung ihres Wesens von den unwesentlichen Hüllen und Nebenwerken. Und da nun die Religion doch immer irgend welche Hüllen und Vermittlungen für ihr äusseres Dasein braucht, also auch jederzeit in der Gefahr steht, diess Aeussere mit dem Inneren zu verwechseln und dadurch ihren göttlichen Gehalt zu verunreinigen und zu entstellen: so bedarf sie um ihrer eigenen Gesundheit und Lebendigkeit willen fortwährend des anregenden und regulirenden Einflusses von Seiten der sittlichen Welt. Diess der Grund, warum eine einseitig religiöse, namentlich kirchliche Richtung nicht nur sittlich unfruchtbar oder schädlich ist, sondern auch zur Verkümmerung und Ertödtung des religiösen Lebens selbst führt. Sind Gott und Welt die beiden Pole, zwischen denen des Menschen Leben wesentlich oscillirt, so gehört zu seiner Gesundheit, dass keine von beiden Beziehungen in ihm einseitig herrsche, sondern dass beide, also Religion und Sittlichkeit in der Einheit seines Wesens sich zur lebendigen Wechselwirkung verschlingen.

§ 113.

Zum Schluss mag das praktische Resumé dieser ganzen Untersuchung in folgenden Sätzen über das Verhältniss von Staat und Kirche zusammengefasst werden.

1) Da das Prinzip des Sittlichen in der Frömmigkeit liegt, so bedarf der Staat zu seiner Selbsterhaltung der Religion. Aber da sein Gebiet das Sittliche ist, so kann er nicht als Staat die Pflege der Religion auf sich nehmen, sondern er bedarf dazu der Kirche als der geordneten Pflegerin und Hüterin des religiösen Lebens.

2) Da der Zweck der Kirche in der centralen Innerlichkeit des auf Gott gerichteten Gemüths, der des Staats in dem Umkreis des auf die Welt gerichteten (erkennenden und gestaltenden) Handelns liegt, so ist prinzipiell und also auch wirklich bei normalem Verhalten (sofern sich beide in ihren Schranken halten) das Verhältniss beider das der friedlichen Ergänzung.

3) Conflicte entstehen also nur aus dem der Idee beider widersprechenden Ueberschreiten der eigenen Schranken und Eingreifen in die fremde Sphäre.

4) Der Staat überschreitet seine Schranke dann, wenn er in das religiöse Gemüthsleben dadurch störend eingreift, dass er religiöse Lehren oder Cultuselemente, die nur wahr sind, sofern sie organisch aus dem Gemeinleben der Frömmigkeit hervorgewachsen sind und mit demselben noch lebendig zusammenhängen, von aussen durch mechanische Gewalt bestimmen will; sei es nun, dass er neue aufoctroyire, oder alte, die noch im Gemeinbewusstsein wurzeln, aufhebe, oder auch alte, die veraltet und abgestorben sind, gewaltsam konservire und gegen das Zeitbewusstsein stütze.

5) Die Kirche aber überschreitet ihre Schranken dann, wenn sie für ihre Lehren und Institutionen eine andere Bedeutung als die: subjectiv wahre und relativ berechtigte Mittel und Formen des religiösen Innenlebens zu sein, in Anspruch nimmt, wenn sie dieselben als objectiv und absolut wahre und berechtigte Normen dem

äussern sittlichen Leben aufoctroyiren will. Diess geschieht a) dadurch, dass die Kirche ihre Dogmen zu Normen der sittlichen, auf Natur und Geschichte gerichteten Erkenntnissthätigkeit macht — die Schule, die Wissenschaft und die Kunst bevormundet; und b) dadurch, dass sie ihre practischen Regierungsmaximen und Satzungen zu Normen der sittlichen Gesellschaftsordnung macht — die Politik bevormundet.

6) Da durch dieses beides die nach ihren eigenen Gesetzen verlaufenden sittlichen Thätigkeiten gestört werden, so ist es die Pflicht des Staats, als des Vertreters der sittlichen Interessen, derartige Uebergriffe in sein Gebiet kräftig zurückzuweisen.

7) Hierin befindet sich der Staat gegenüber der protestantischen Kirche insofern in günstiger Lage, als diese prinzipiell mit ihm darüber einverstanden ist, dass das Religiöse unmittelbar Sache des Herzens sei, also mit dem natürlichen Wissen und weltlichen Regiment nicht unmittelbar zu schaffen habe. Ein Protest des Staats gegen Uebergriffe der protestantischen Kirche wird also von dieser stets als einfache Mahnung zur Selbstbesinnung aufzunehmen sein.

8) Dagegen ist das Verhältniss zur katholischen Kirche insofern immer und unvermeidlich schwierig, als die geschichtliche Eigenthümlichkeit dieser Kirche gerade darin besteht, das Aeussere mit dem Inneren, die kirchlichen Organe und Institutionen mit dem religiösen Leben, dem sie zur Vermittlung dienen, zu verwechseln, damit aus dienenden Mitteln des Glaubens absolut berechtigte und allgemein giltige Gesetze des äussern Lebens zu machen, welche nothwendig mit den sittlichen Zwecken in Collision gerathen, ja dieselben bei konsequenter Durchführung des Prinzips aufheben müssen. Die katholische Kirche ist also nicht bloss, wie die protestantische es werden kann, zufällig und ausnahmsweise, sondern sie ist im Prinzip und Wesen Gegnerin des Staats; und diese Gegnerschaft wird um so entschiedener hervortreten, je mehr sich das Selbstbewusstsein dieser Kirche, nicht als christlicher, wohl aber als katholischer

Kirche im confessionellen Gegensatz zum Protestantismus schärft.

9) Gemildert kann dieser Gegensatz dadurch werden, dass die katholische Kirche sich mit dem Staat auf den gemeinsamen Boden des nationalen Volkslebens stellt und nichts sein will, als die religiöse Organisation des Volkslebens, wie der Staat die sittliche, wobei die beiderseitigen Interessen öfter zusammengehen als divergiren werden.

10) So lange aber die katholische Kirche sich als Universaltheokratie über die einzelnen Staaten und Völker stellt, so lang ist sie ein fremder Staat im Staat, also natürlicher Feind des nationalen Staatslebens. In diesem Conflict liegt aber so sehr das ideale wie reale Recht auf Seiten des Staats, dass kein Zweifel am Ausgang sein kann: die katholische Kirche scheitert am unbedingten und Alles umfassenden sittlichen Recht des Staats [1]).

---

[1]) Diese 1869 geschriebenen Sätze haben inzwischen durch den Gang der Ereignisse in der katholischen Kirche eine merkwürdige Bestätigung erhalten. Der Gegensatz der römischen Universaltheokratie gegen den Staat ist in Italien wie in Deutschland zur unverhüllten Erscheinung gekommen und auf eine Spitze getrieben, wo eine Vermittlung nicht mehr möglich sein dürfte. Von dem Unfehlbarkeitsdogma, in welchem die tausendjährigen theokratischen Ansprüche des Papstthums sich gipfelnd zusammenfassen, erklären die bedeutendsten katholischen Theologen, wie Döllinger und Schulte, einstimmig, dass es mit seinen „Ansprüchen auf Unterwerfung der Staaten und Monarchen und der ganzen politischen Ordnung unter die päpstliche Gewalt und durch die eximirte Stellung, welche es für den Clerus fordert, den Grund legt zu endloser verderblicher Zwietracht zwischen Staat und Kirche, zwischen Geistlichen und Laien, — dass diese Lehre, an deren Folgen das alte deutsche Reich zu Grunde gegangen ist, falls sie bei dem katholischen Theil der deutschen Nation herrschend würde, sofort auch den Keim eines unheilbaren Siechthums in das eben erbaute neue Reich pflanzen würde." (Döllingers Antwort an den Erzbischof von München, vom 28. März 1871.) Was aber noch bedeutsamer ist, diese Männer ziehen aus der Thatsache des vorhandenen unheilbaren Conflicts schon auch dieselben praktischen Consequenzen, welche oben in Satz 9 und 10 angedeutet sind: dass die Universaltheokratie des römischen Katholicismus am höheren Recht des Staats und der sittlichen Cultur scheitere und dass nur durch decentralisirende Emanzipation der

11) Umgekehrt geht das richtig verstandene Interesse des Protestantismus mit dem des Staats

—

einzelnen Nationalkirchen eine Versöhnung der Kirche mit der Weltcultur, ja auch der Sonderkirchen mit einander zu erreichen sei. In dem
„Aufruf an die Katholiken Deutschlands" sagt Döllinger: „Wir leben
der Hoffnung, dass der jetzt ausgebrochene Kampf unter höherer Leitung
ein Mittel sein wird, die längst ersehnte unabweisbar gewordene Reform
kirchlicher Zustände sowohl in der Verfassung als im Leben der Kirche
anzubahnen und zu verwirklichen. — Wenn uns gegenwärtig allenthalben
in der Kirche die überwuchernden Missbräuche begegnen, welche durch
den Sieg der vaticanischen Dogmen gestärkt und unantastbar gemacht,
ja schliesslich bis zur Vernichtung alles christlichen Lebens gesteigert
werden würden; wenn wir trauernd das Streben nach geistlähmender
Centralisation und mechanischer Uniformität wahrnehmen; wenn wir die
wachsende Unfähigkeit der Hierarchie beobachten, welche die grossartige
geistige Arbeit der neuen Zeit nur mit dem Schellengeklingel altgewohn-
ter Redensarten und ohnmächtiger Verwünschungen zu begleiten oder zu
unterbrechen vermag, — so ermuthigt uns doch die Erinnerung an bessere
Zeiten und die Zuversicht auf den göttlichen Lenker der Kirche. In
solcher Rückschau und Vorschau zeigt sich uns ein Bild ächt kirchlicher
Regeneration, ein Zustand, in welchem die Culturvölker katholischen Bekenntnisses, ohne Beeinträchtigung ihrer Gliedschaft am Leibe der allgemeinen Kirche, aber frei von dem Joch unberechtigter Herrschaft, jedes
sein Kirchenwesen entsprechend seiner Eigenart und im Einklang mit
seiner übrigen Culturmission in einträchtiger Arbeit von Clerus und Laien
gestaltet und ausgebildet, und die gesammte katholische Welt sich der
Führung eines Primats und Episkopats erfreut, der durch Wissenschaft
und durch die thätige Theilnahme an einem gemeinsamen Leben sich die
Einsicht und die Befähigung erworben hat, um der Kirche die ihrer einzig
würdige Stellung an der Spitze der Weltcultur wieder zu verschaffen und
auf die Dauer zu erhalten. Auf diesem Wege, und nicht durch die vaticanischen Dekrete werden wir zugleich uns dem höchsten Ziele christlicher Entwicklung wieder nähern, der Vereinigung der jetzt getrennten
christlichen Glaubensgenossenschaften, die von dem Stifter der Kirche
gewollt und verheissen ist, die mit immer steigender Kraft der Sehnsucht
von unzähligen Frommen, und nicht am wenigsten in Deutschland, begehrt und herbeigerufen wird. Das gebe Gott!" — So Döllinger. Diesen
zukunftsvollen Worten muss jeder Christ, der die Versöhnung der Religion mit der sittlichen Weltcultur, freilich nicht gerade die Stellung der
Kirche an der Spitze der Weltcultur, als dringende Nothwendigkeit erkennt, gleichviel ob er Katholik oder Protestant sei, aus vollem Herzen
zustimmen. Es ist auch nicht abzusehen, warum die hier ausgesproche-
nen, ob auch noch so idealen Hoffnungen und Wünsche nicht sollten in
näherer oder fernerer Zukunft realisirbar sein. Hat sich erst einmal

immer Hand in Hand; eine Rivalität beider — wie in den modernen Streitigkeiten über Staatskirche oder kirchliche Autonomie — setzt immer abnorme, dem eigenen Begriff beider widersprechende Zustände und Tendenzen voraus: sei es nun, dass die Kirche zu politischen Zwecken missbraucht werde nicht sowohl vom Staat, als vielmehr von einer besondern politischen Partei; oder dass die sittlichen Zwecke des Staats beeinträchtigt werden nicht sowohl von der protestantischen Kirche als solcher (was unmöglich ist), als vielmehr von einer theologischen Partei. Derartige Uebelstände sind aber hier immer nur zufällig und finden ihre sichere Lösung aus dem eigenen Prinzip des Protestantismus.

12) Ebenso ist auch die Frage nach der Form der Kirchenverfassung hier eine nur accidentelle, nach localen und temporellen Interessen zu entscheidende; sofern bei jeder Form das Prinzip festgehalten werden kann: dass das rein religiöse Interesse der Kirche und das universell-sittliche des Staats sich gegenseitig nicht aufheben, sondern ergänzen. Die unleugbare Thatsache, dass in den meisten protestantischen Staatskirchen der Gegenwart die beiden im vorigen Satz erwähnten Uebelstände seit Jahren im Schwange gehen, darf, da sie aus zufälligen geschichtlichen Verhältnissen zu erklären ist, für die prinzipielle Beurtheilung der Frage nicht entscheidend sein.

auch nur ein katholisches Kulturvolk von dem „Joch unberechtigter Herrschaft" einer „unfähigen Hierarchie", von der „geistlähmenden Centralisation und mechanischen Uniformität" des römischen Kirchenwesens emanzipirt und „entsprechend seiner Eigenart und im Einklang mit seiner übrigen Culturmission in einträchtiger Arbeit von Clerus und Laien gestaltet", so ist damit in der That schon der prinzipielle Gegensatz aufgehoben, der bisher den Katholicismus vom modernen Staat wie vom Protestantismus getrennt hatte, nehmlich eben das falsche, theokratisch und hierarchisch gestaltete Kirchenthum. In diesem einen Punkt wurzeln und gipfeln ja doch auch zuletzt alle wirklich prinzipiellen, also wirklich trennenden Unterschiede der dogmatischen Bekenntnisse beider Kirchen. Mit seiner Beseitigung wäre also auch die Möglichkeit wenn nicht zu einer formalen Union beider Kirchen, so doch zu einem innigeren Zusammengehen derselben auf dem Boden des nationalen Culturlebens gegeben.